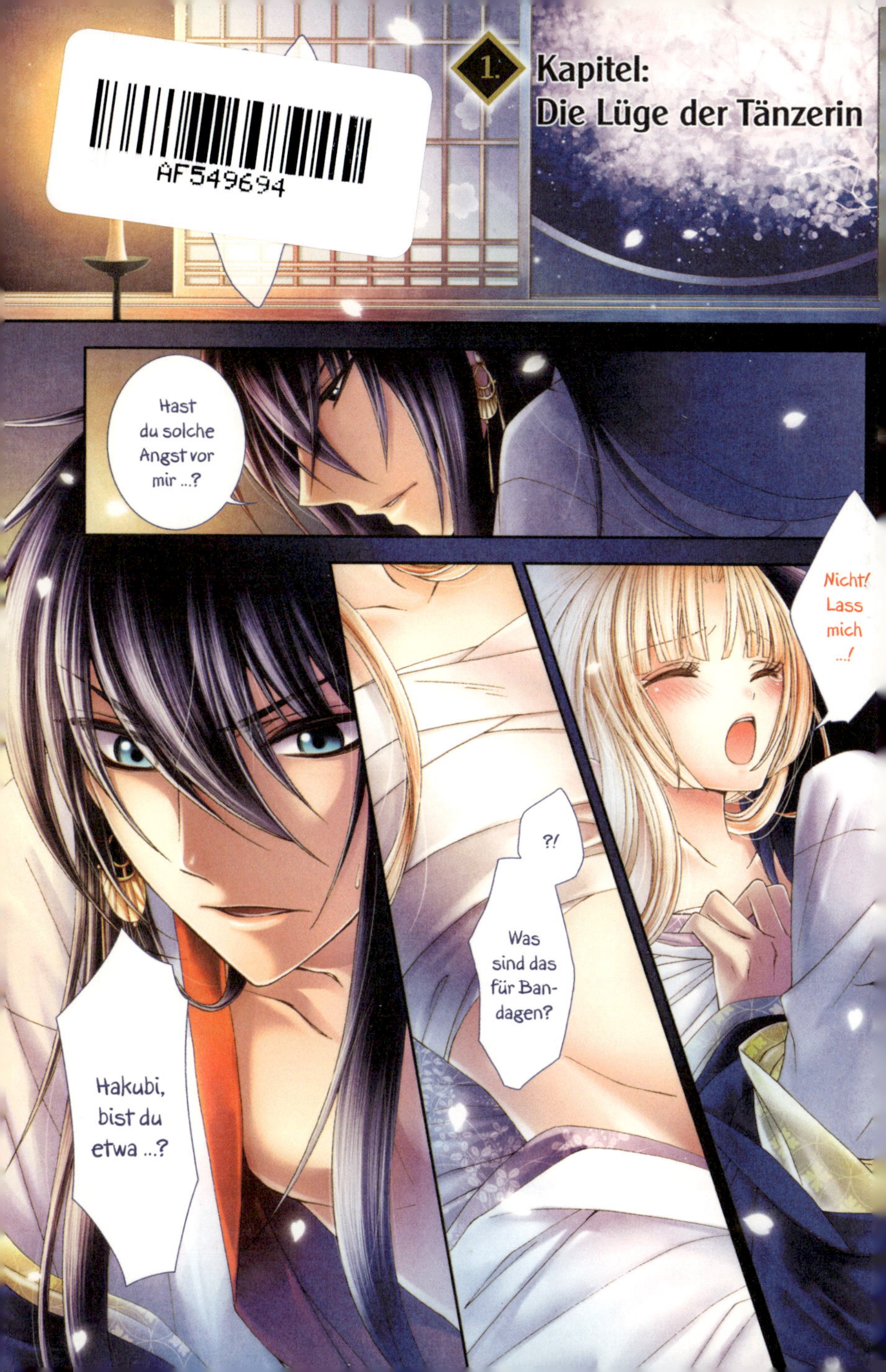
1.
Kapitel:
Die Lüge der Tänzerin
Hast du solche Angst vor mir ...?
Nicht! Lass mich ...!
?!
Was sind das für Bandagen?
Hakubi, bist du etwa ...?

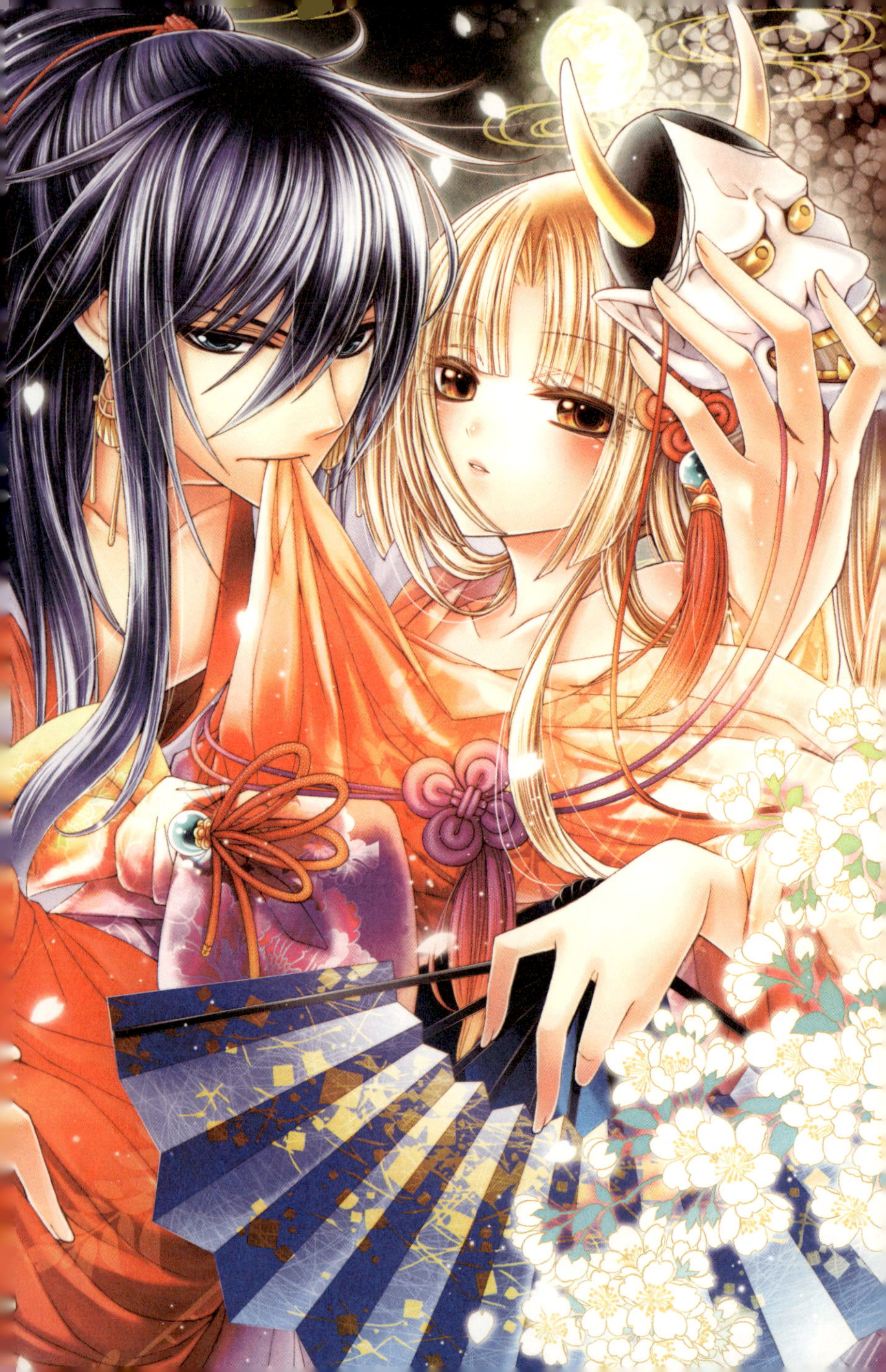

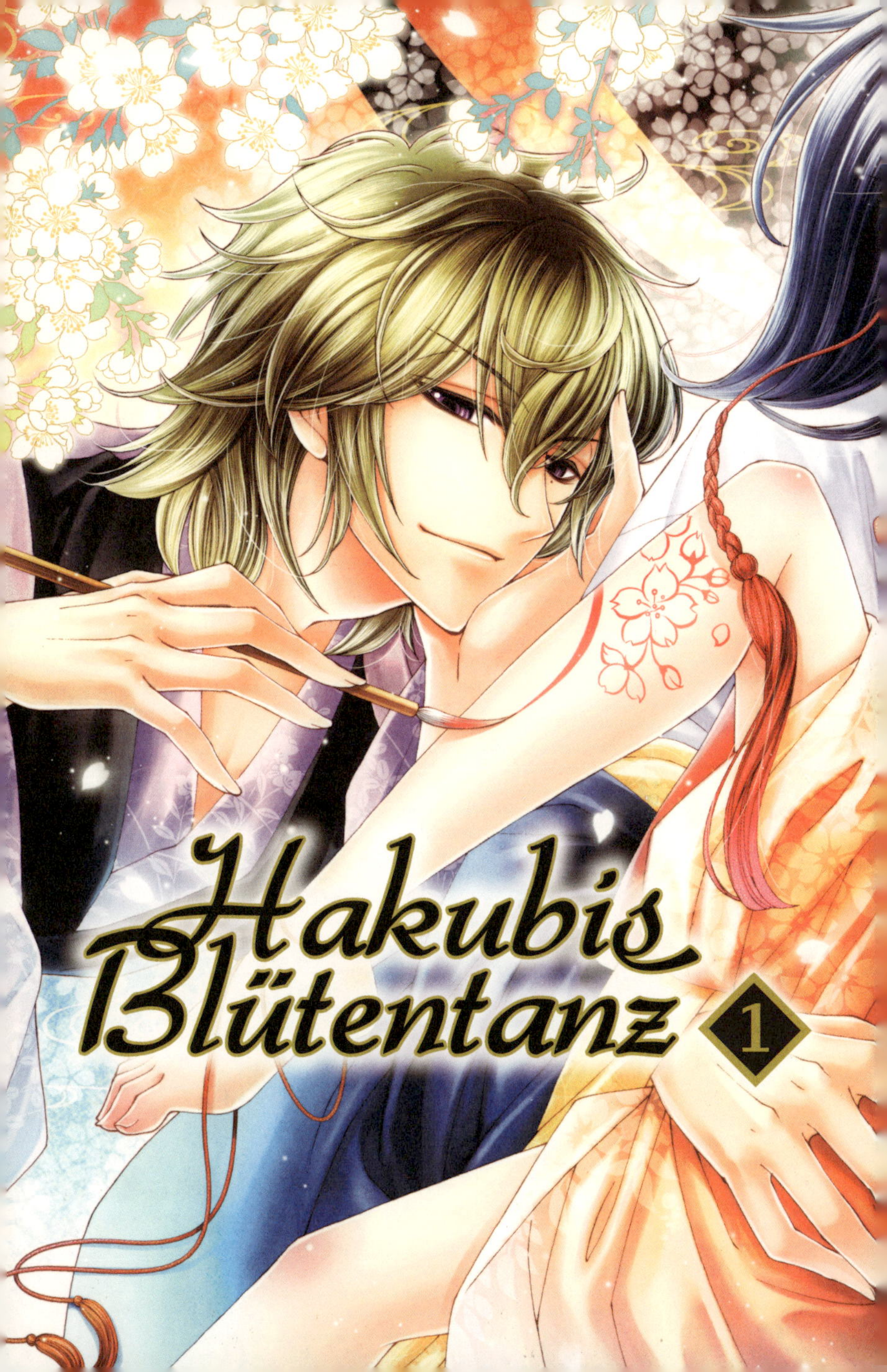

Hakubis Blütentanz
1

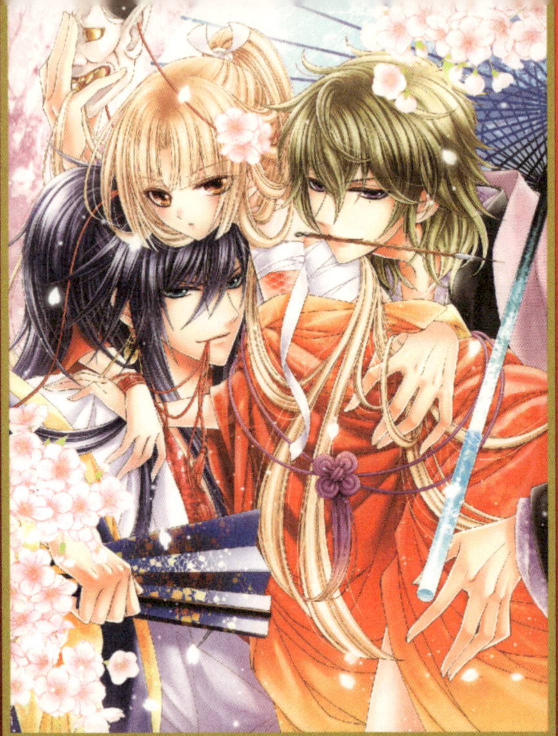

Inhaltsverzeichnis

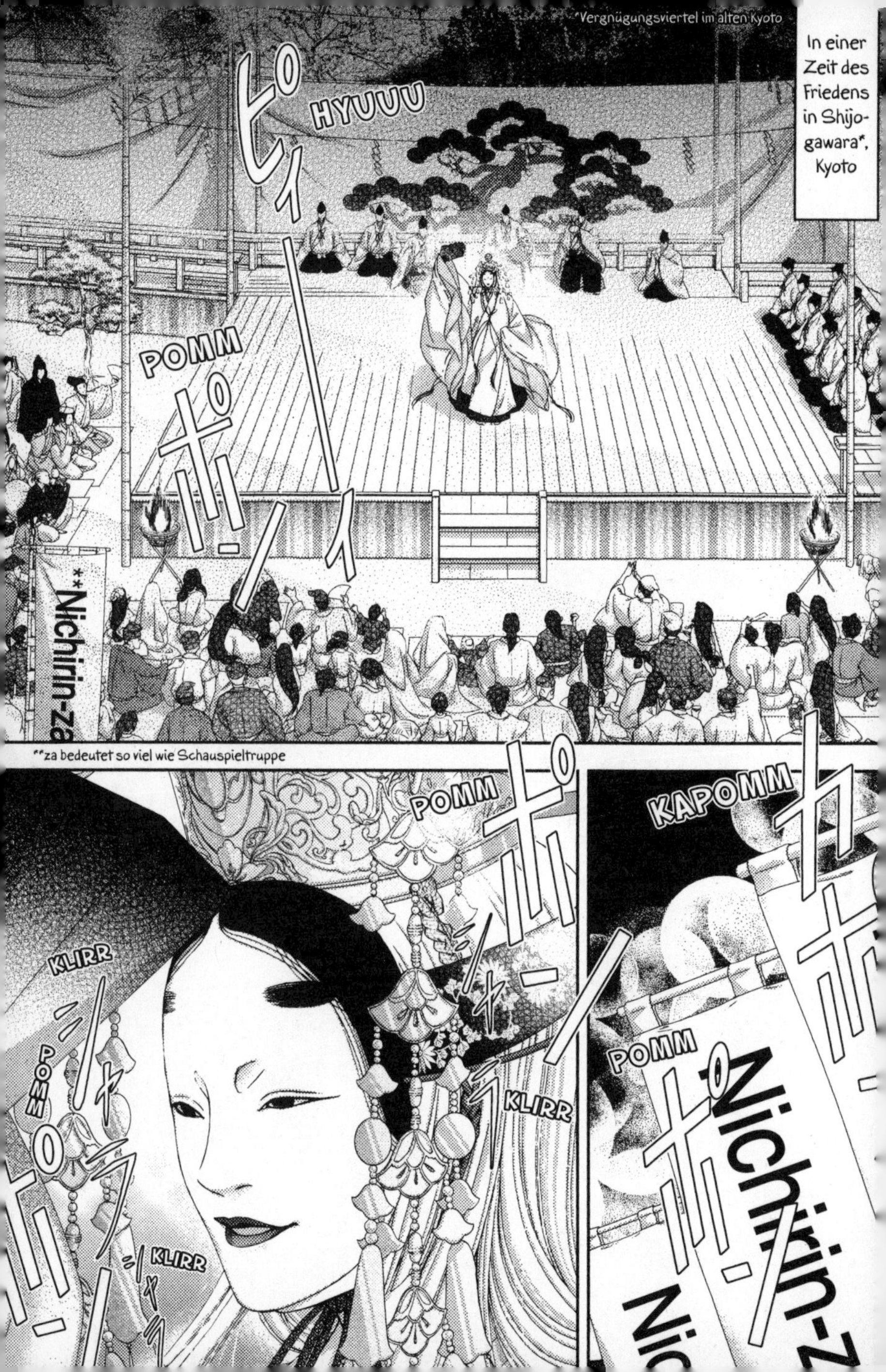
*Vergnügungsviertel im alten Kyoto
In einer Zeit des Friedens in Shijo-gawara*, Kyoto
HYUUU
ピィーーイ
POMM
ポン
**Nichirin-za
**za bedeutet so viel wie Schauspieltruppe
KAPOMM
カポ
POMM
ポン
KLIRR
POMM
KLIRR
KLIRR
POMM
Nichirin-z
Nic

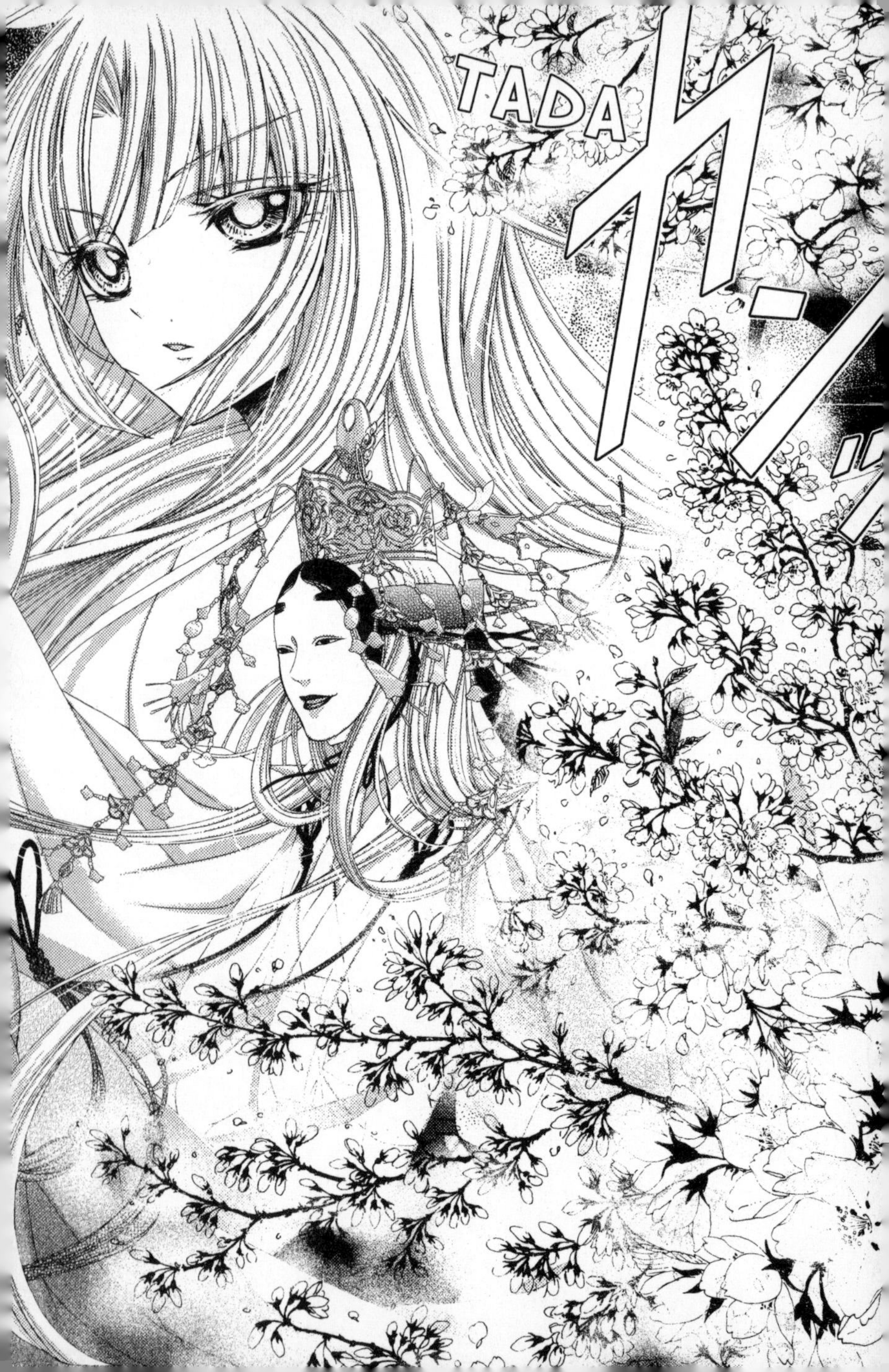
TADA

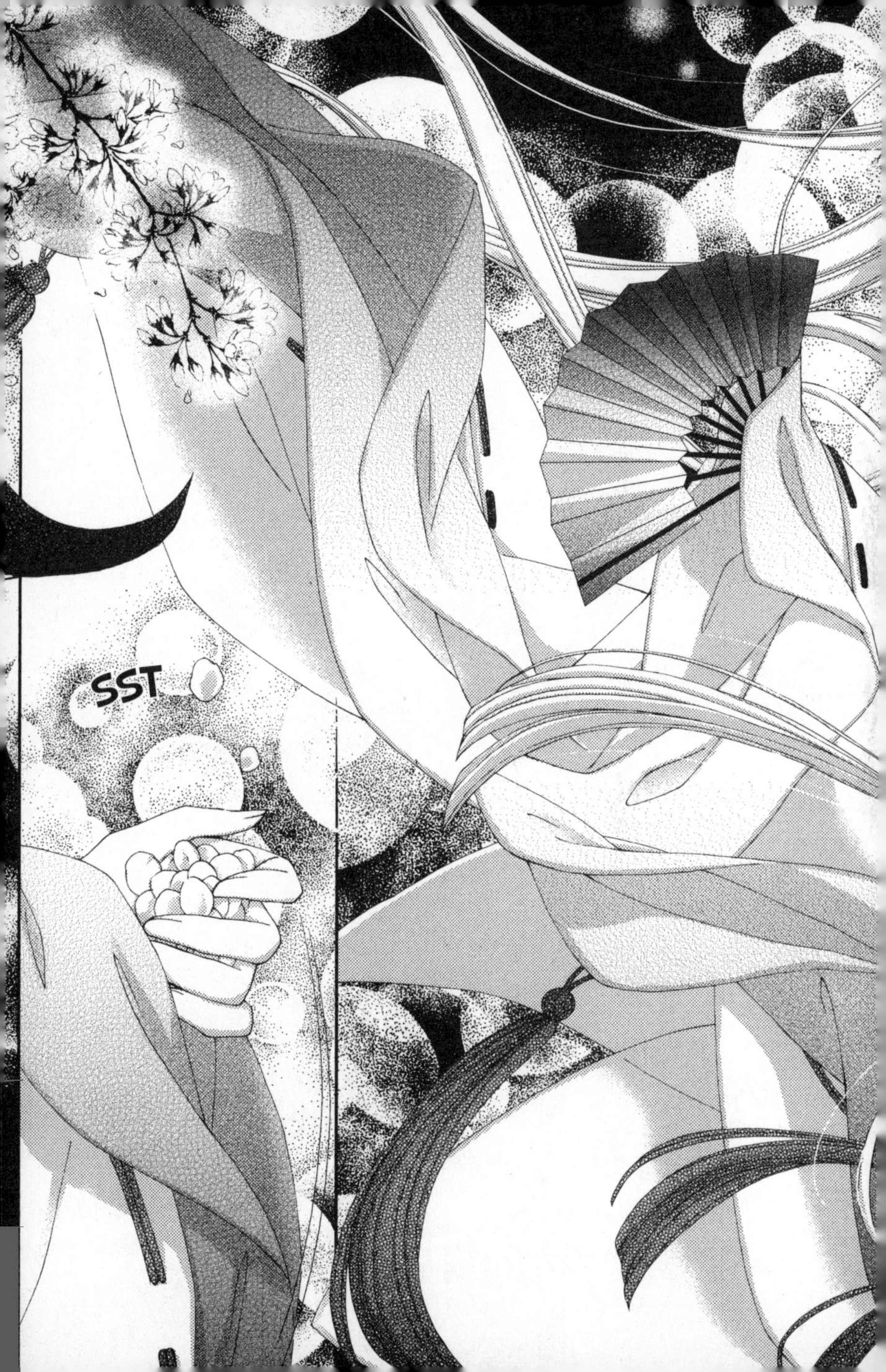
SST

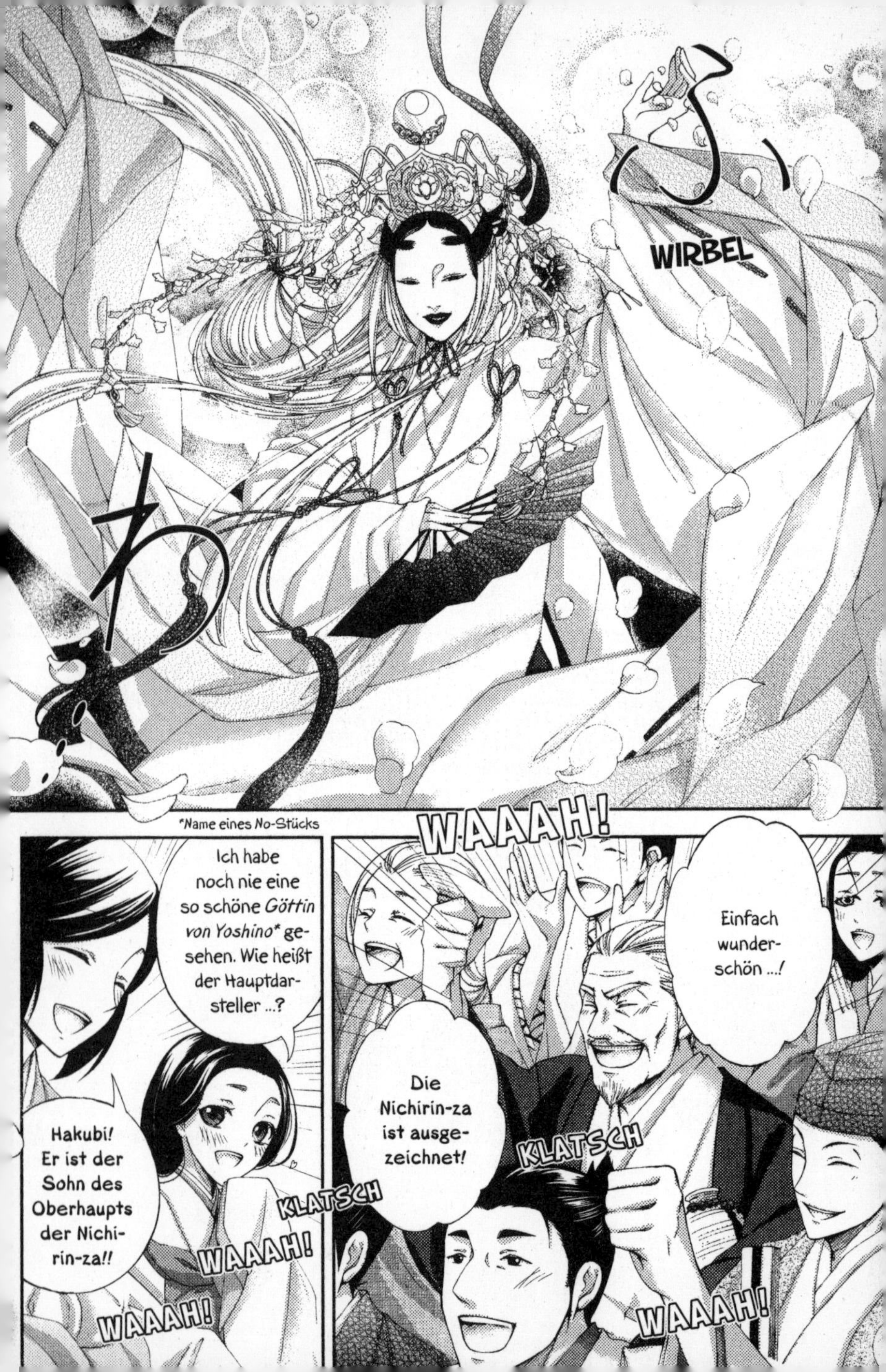

*Name eines No-Stücks

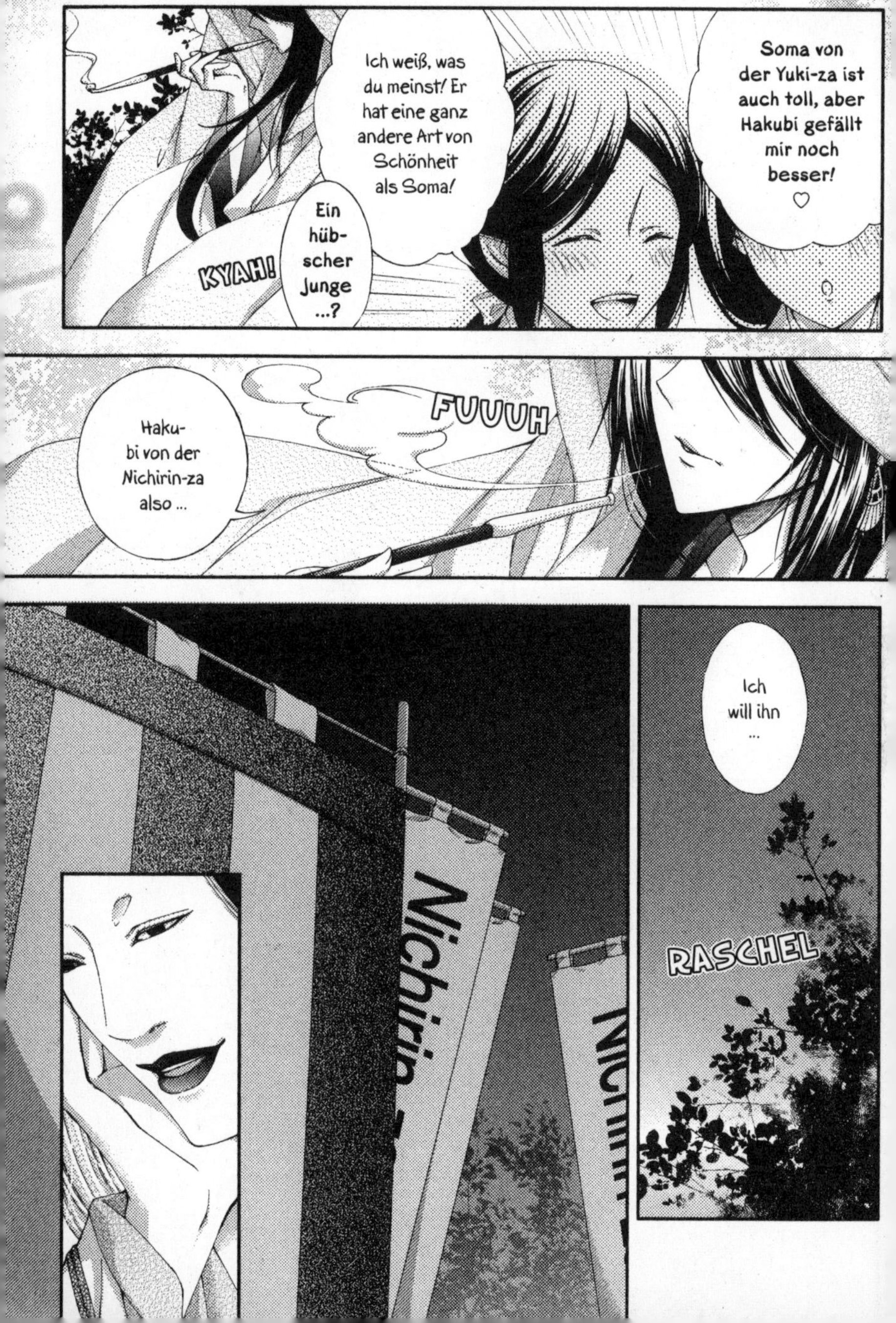

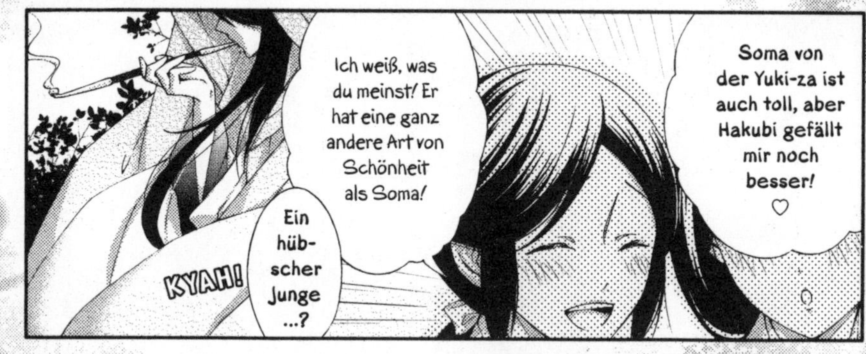

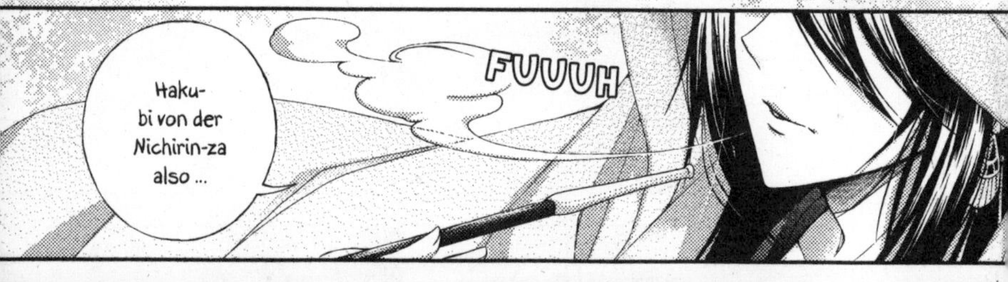

Ich will ihn ...

RASCHEL

Nichirin

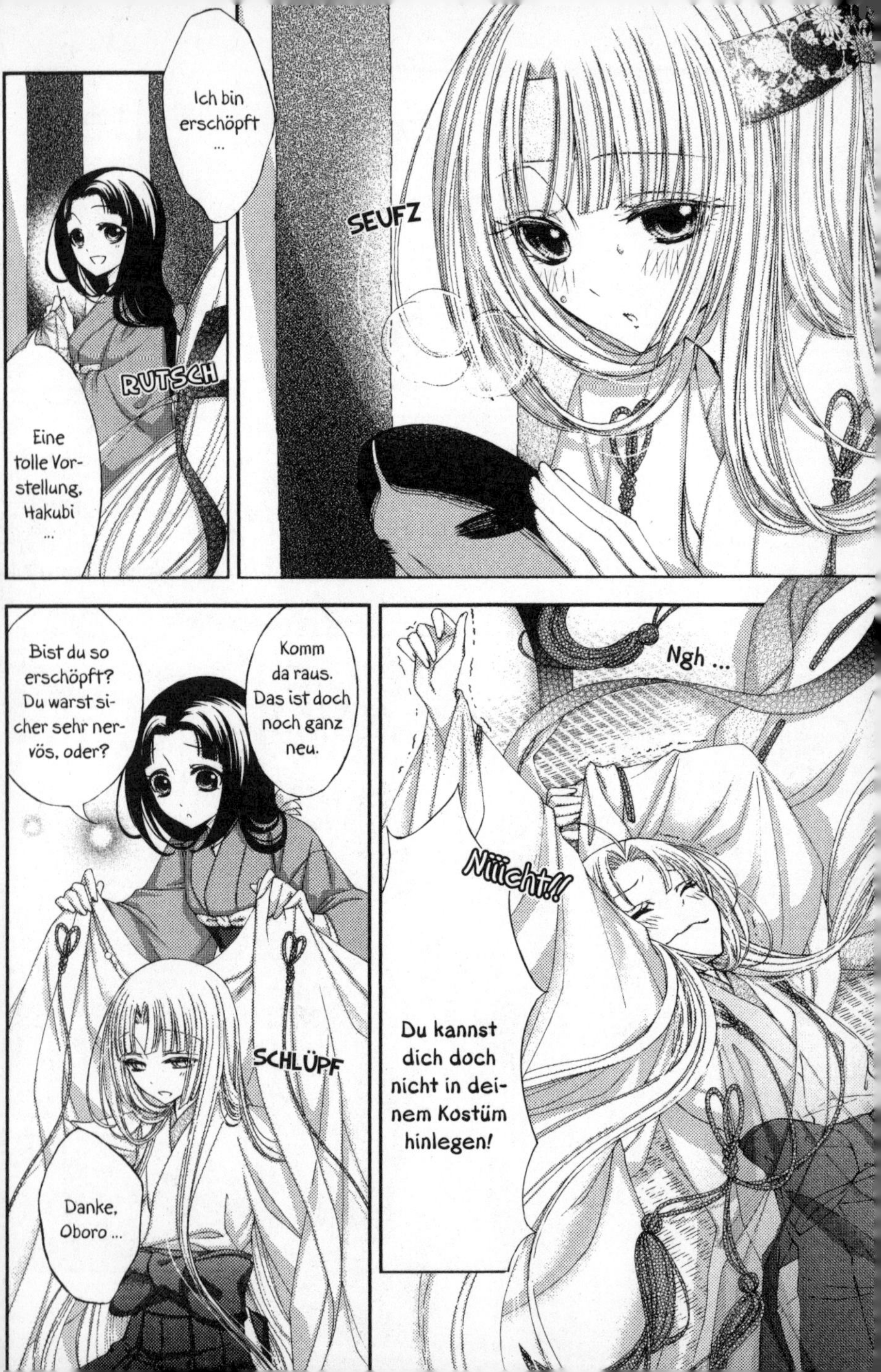

SEUFZ

Ich bin erschöpft ...

RUTSCH

Eine tolle Vorstellung, Hakubi ...

Ngh ...

Niiicht!!

Du kannst dich doch nicht in deinem Kostüm hinlegen!

Komm da raus. Das ist doch noch ganz neu.

Bist du so erschöpft? Du warst sicher sehr nervös, oder?

SCHLÜPF

Danke, Oboro ...

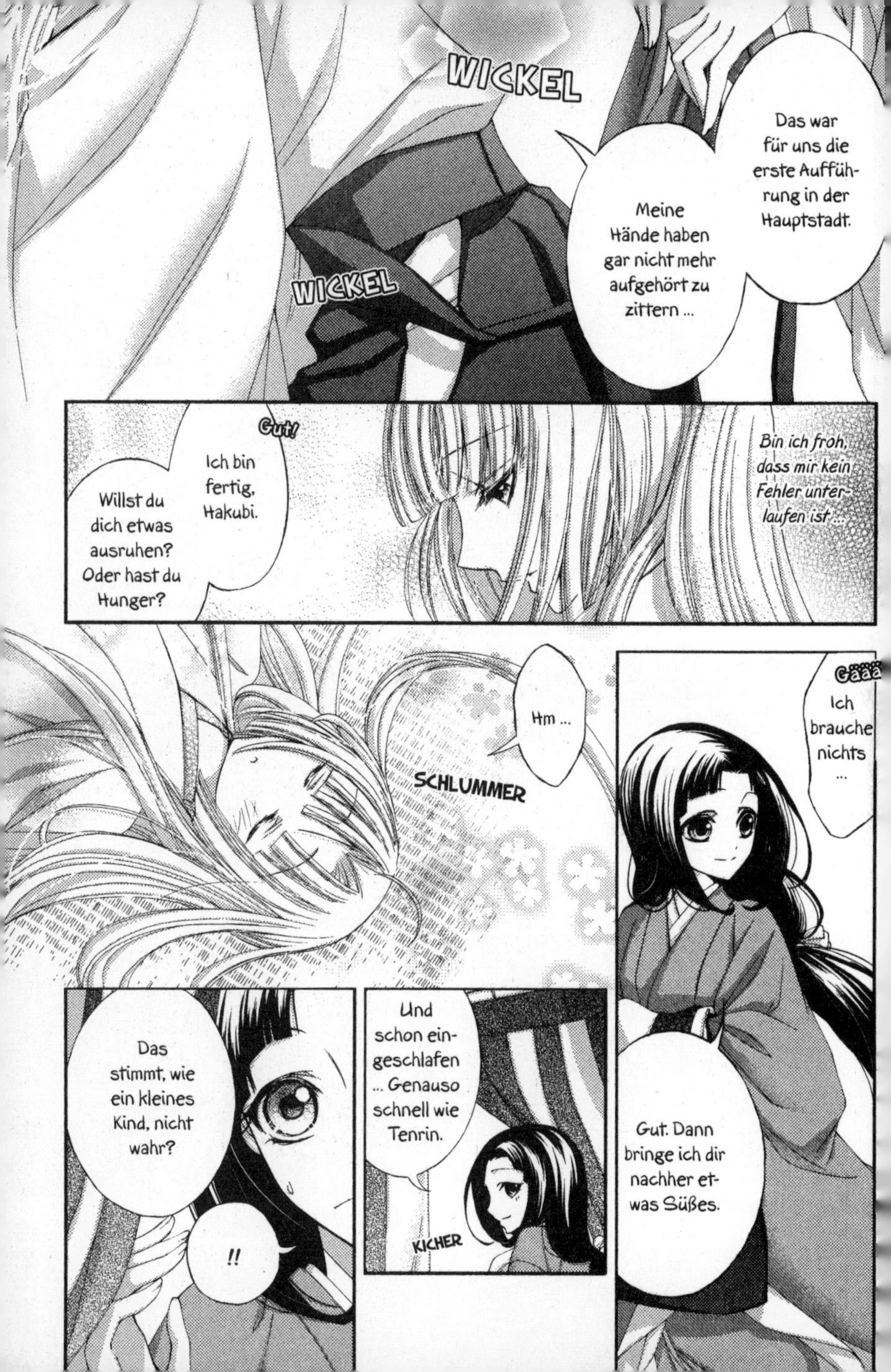
Das war für uns die erste Aufführung in der Hauptstadt.
Meine Hände haben gar nicht mehr aufgehört zu zittern ...
WICKEL
WICKEL
Bin ich froh, dass mir kein Fehler unterlaufen ist ...
Gut!
Ich bin fertig, Hakubi.
Willst du dich etwas ausruhen? Oder hast du Hunger?
Gäää
Ich brauche nichts ...
Hm ...
SCHLUMMER
Gut. Dann bringe ich dir nachher etwas Süßes.
Und schon eingeschlafen ... Genauso schnell wie Tenrin.
KICHER
Das stimmt, wie ein kleines Kind, nicht wahr?
!!

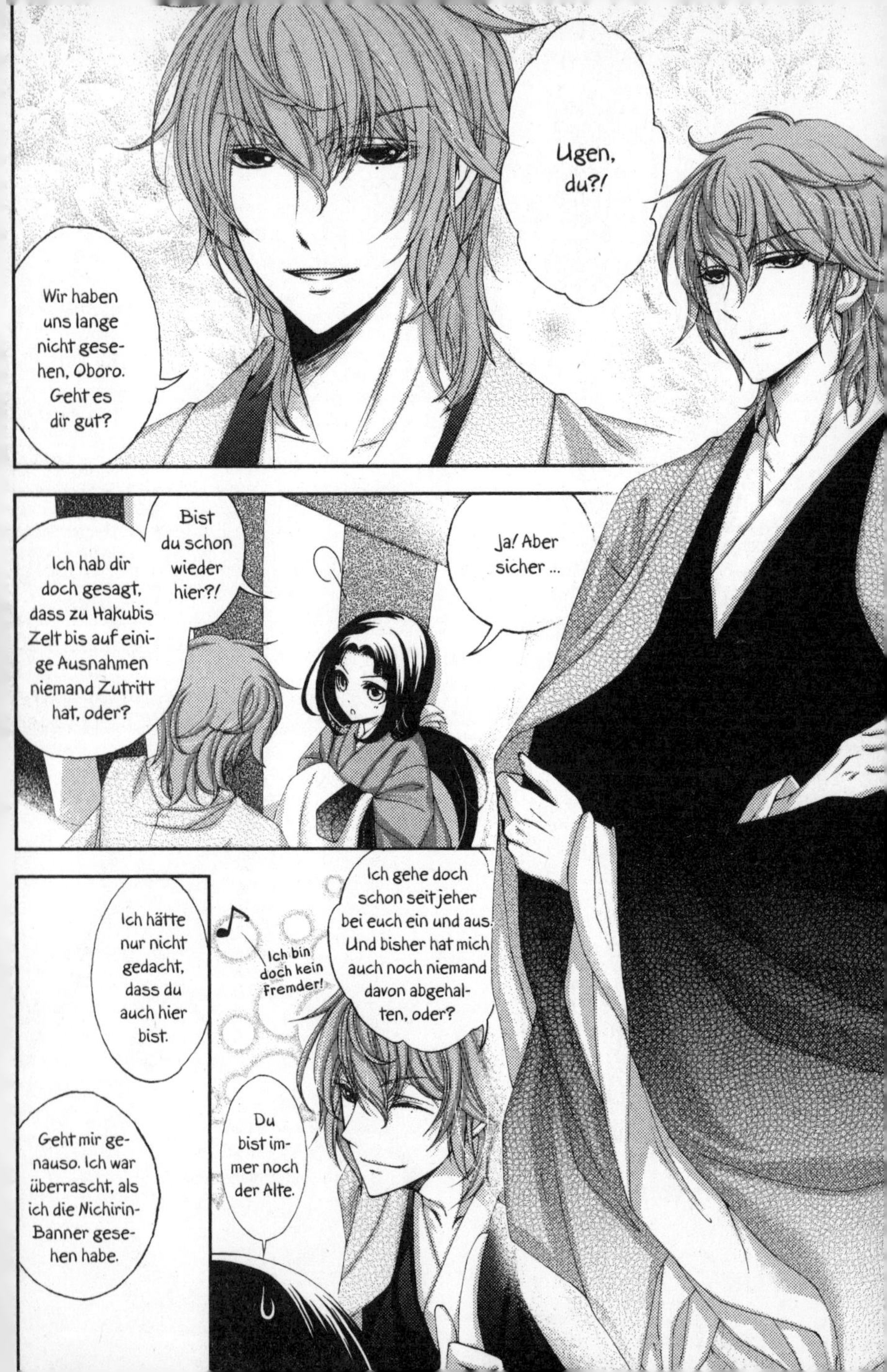
Ugen, du?!
Wir haben uns lange nicht gesehen, Oboro. Geht es dir gut?
Ja! Aber sicher ...
Bist du schon wieder hier?!
Ich hab dir doch gesagt, dass zu Hakubis Zelt bis auf einige Ausnahmen niemand Zutritt hat, oder?
Ich gehe doch schon seit jeher bei euch ein und aus. Und bisher hat mich auch noch niemand davon abgehalten, oder?
Ich bin doch kein Fremder!
Ich hätte nur nicht gedacht, dass du auch hier bist.
Du bist immer noch der Alte.
Geht mir genauso. Ich war überrascht, als ich die Nichirin-Banner gesehen habe.

Wir sind schon bei der ersten Vorstellung ausverkauft Wenn es so weite geht, werden wir vi leicht bald zum Ge sprächsthema in der Stadt.
Wir sind bisher nur auf dem Land aufgetreten, sind nicht sehr groß und auch nicht wohlhabend.

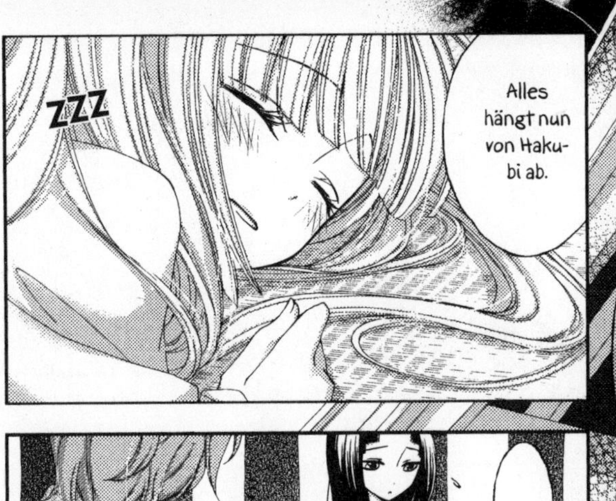

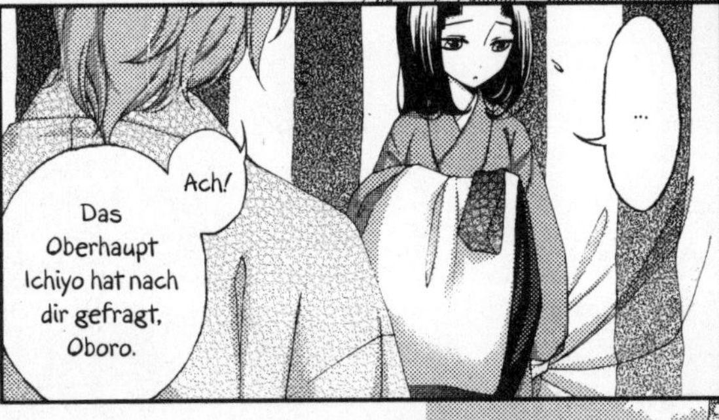

Können wir tatsächlich gegen die Kanze za mit ihrer lan gen Geschicht oder die Yuki-z mit ihrem herausragender Können bestehen ...?

Er hat einen Botengang für dich. Da du hier ja fertig bist, kannst du ruhig gehen.
Aber ich will Hakubi nicht allein lassen ...
Keine Sorge, ich werde für dich aufpassen. Ich habe sowieso noch etwas zu besprechen.

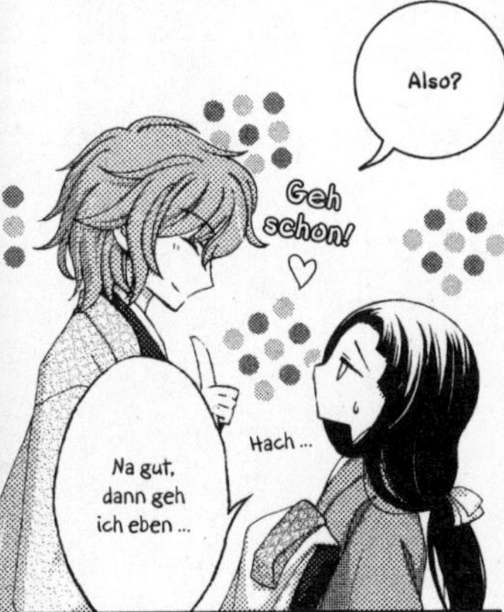

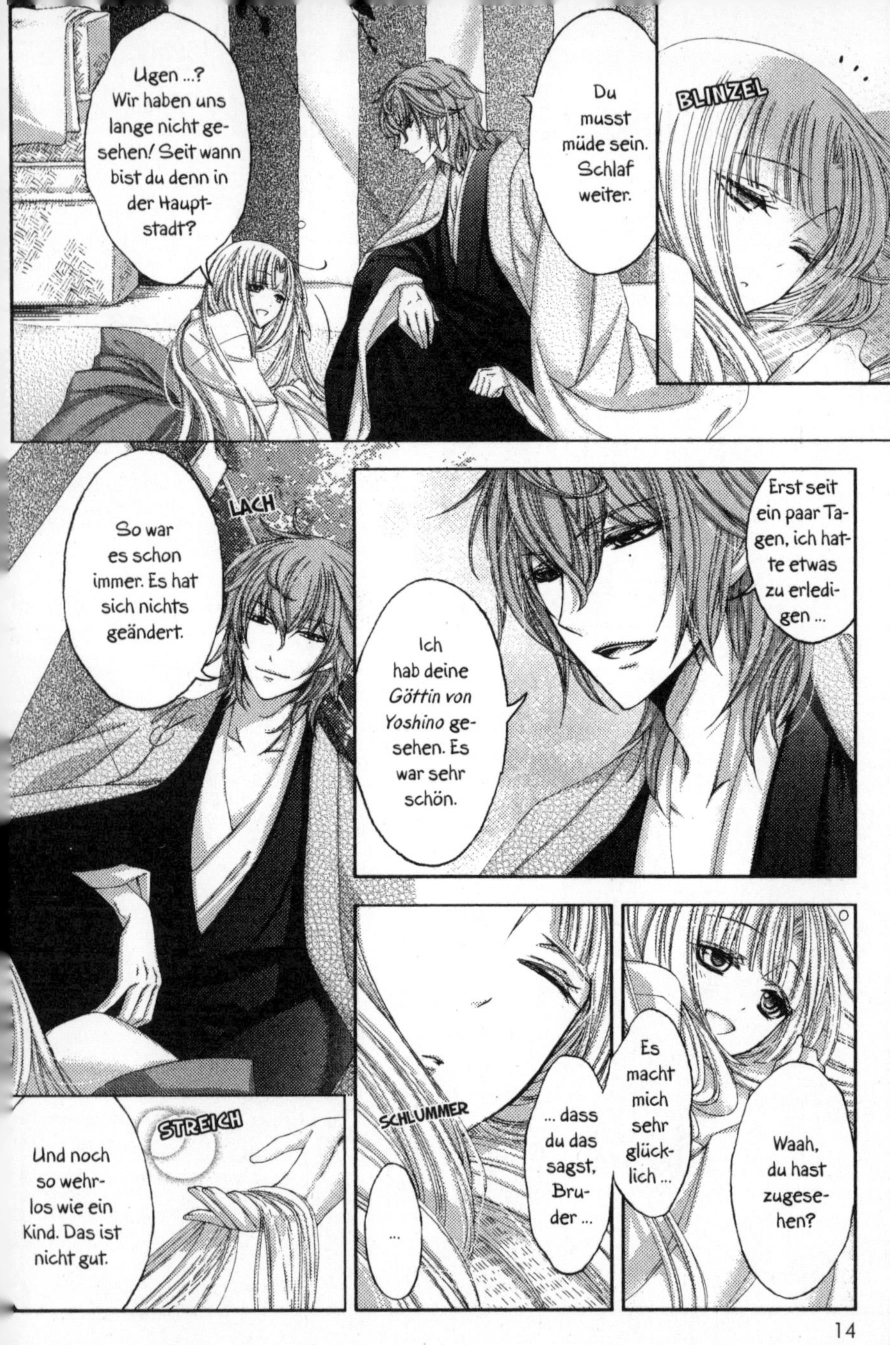

...
BLINZEL
Du musst müde sein. Schlaf weiter.
Ugen ...? Wir haben uns lange nicht gesehen! Seit wann bist du denn in der Hauptstadt?
Erst seit ein paar Tagen, ich hatte etwas zu erledigen ...
Ich hab deine *Göttin von Yoshino* gesehen. Es war sehr schön.
LACH
So war es schon immer. Es hat sich nichts geändert.
Waah, du hast zugesehen?
Es macht mich sehr glücklich ...
... dass du das sagst, Bruder ...
SCHLUMMER
...
STREICH
Und noch so wehrlos wie ein Kind. Das ist nicht gut.

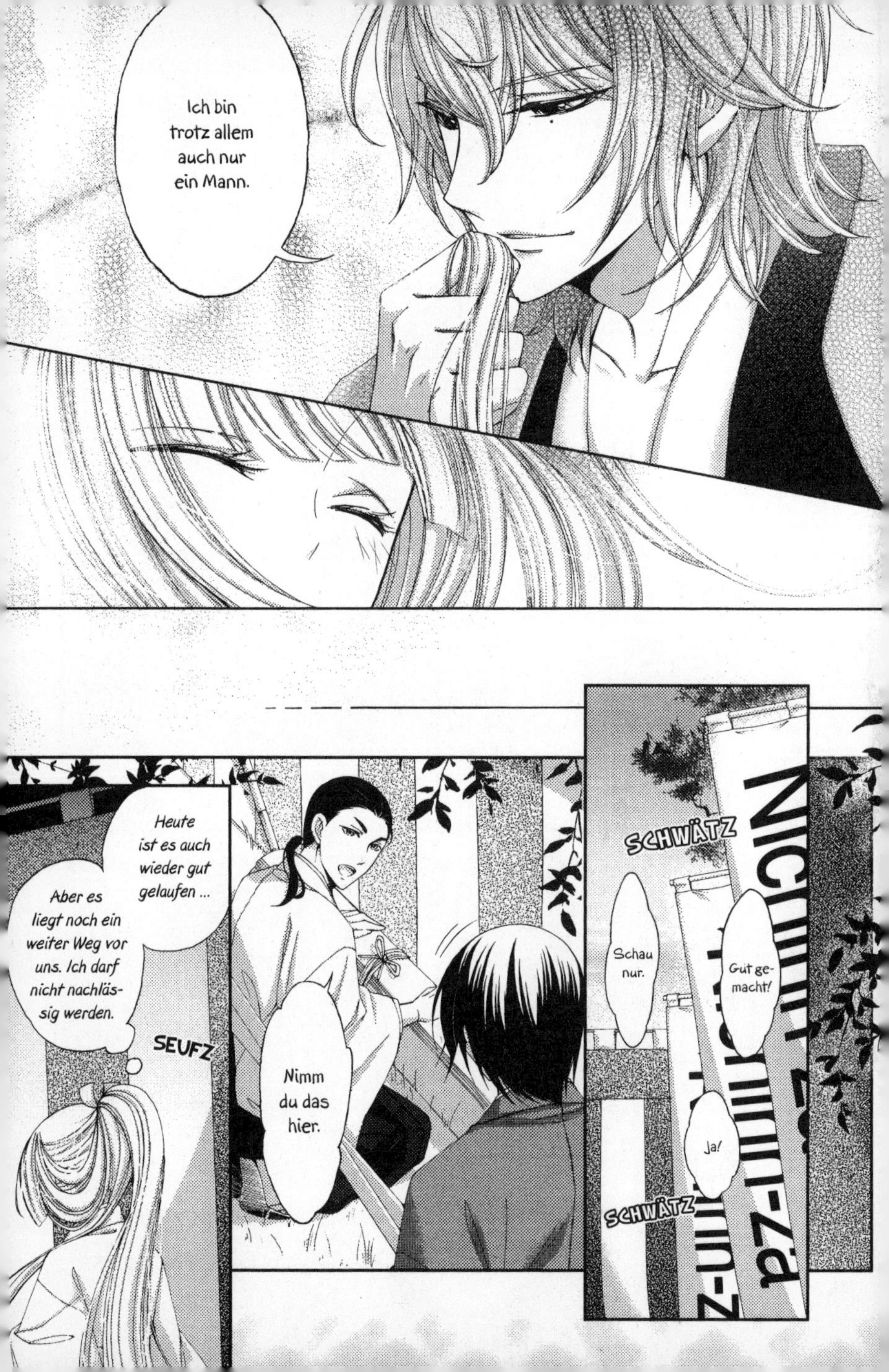

Ich bin trotz allem auch nur ein Mann.

SCHWÄTZ

Gut gemacht!

Schau nur.

Ja!

SCHWÄTZ

Nimm du das hier.

Heute ist es auch wieder gut gelaufen ...

Aber es liegt noch ein weiter Weg vor uns. Ich darf nicht nachlässig werden.

SEUFZ

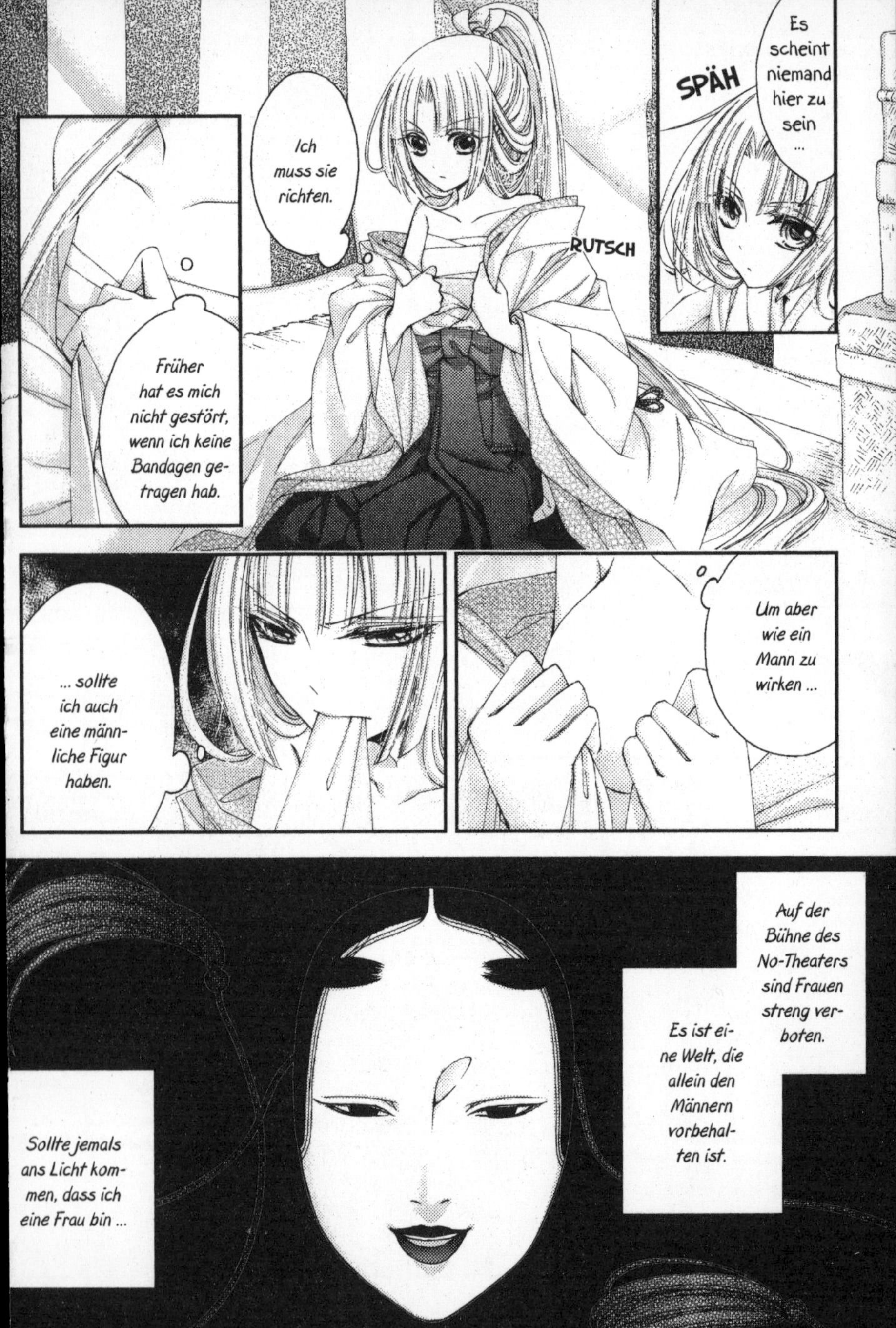
SPÄH
Es scheint niemand hier zu sein ...
RUTSCH
Ich muss sie richten.
Früher hat es mich nicht gestört, wenn ich keine Bandagen getragen hab.
Um aber wie ein Mann zu wirken ...
... sollte ich auch eine männliche Figur haben.
Auf der Bühne des No-Theaters sind Frauen streng verboten.
Es ist eine Welt, die allein den Männern vorbehalten ist.
Sollte jemals ans Licht kommen, dass ich eine Frau bin ...

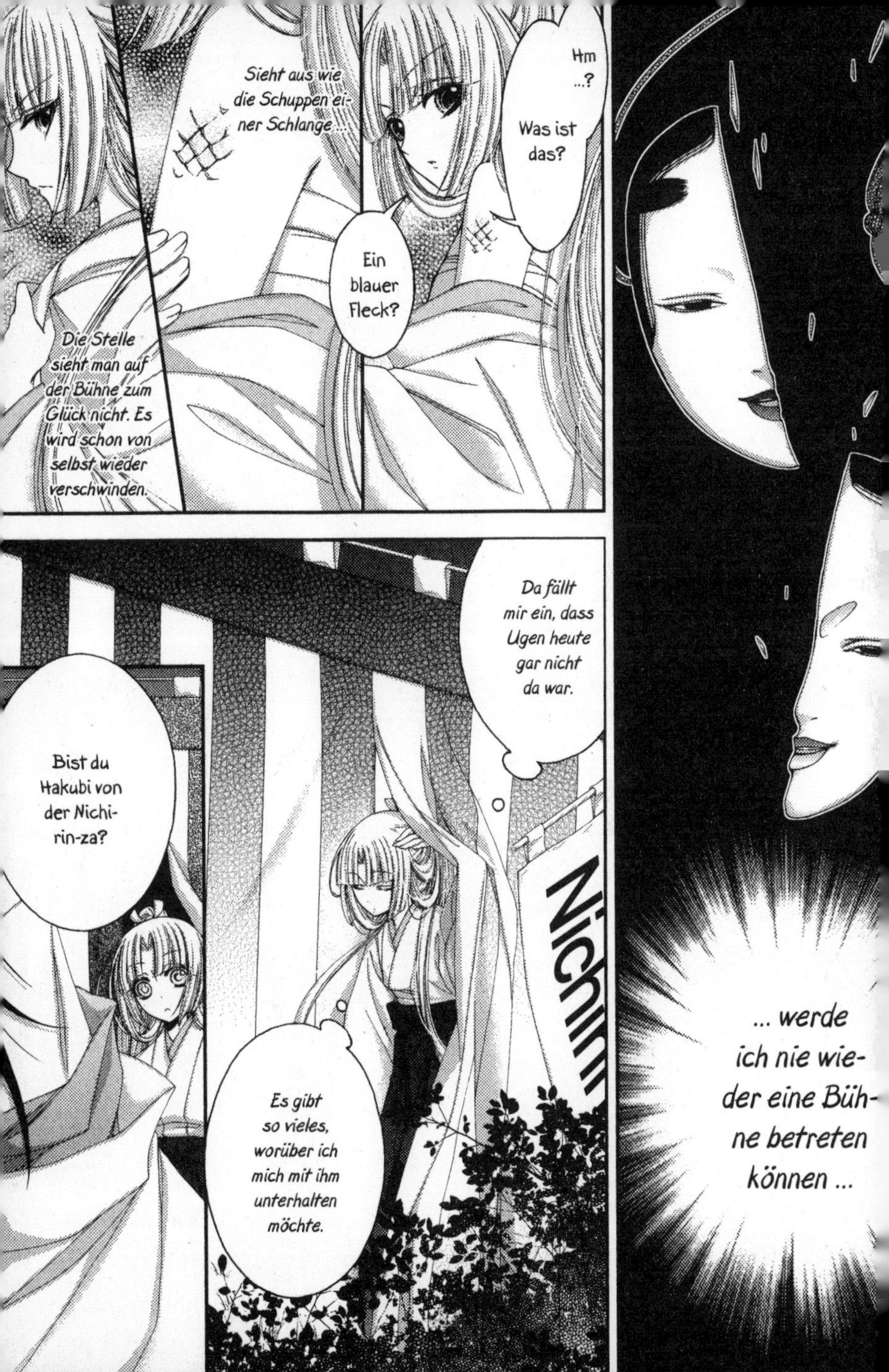
... werde ich nie wieder eine Bühne betreten können ...
Hm ...?
Was ist das?
Ein blauer Fleck?
Sieht aus wie die Schuppen einer Schlange ...
Die Stelle sieht man auf der Bühne zum Glück nicht. Es wird schon von selbst wieder verschwinden.
Da fällt mir ein, dass Ugen heute gar nicht da war.
Nichirin
Es gibt so vieles, worüber ich mich mit ihm unterhalten möchte.
Bist du Hakubi von der Nichirin-za?

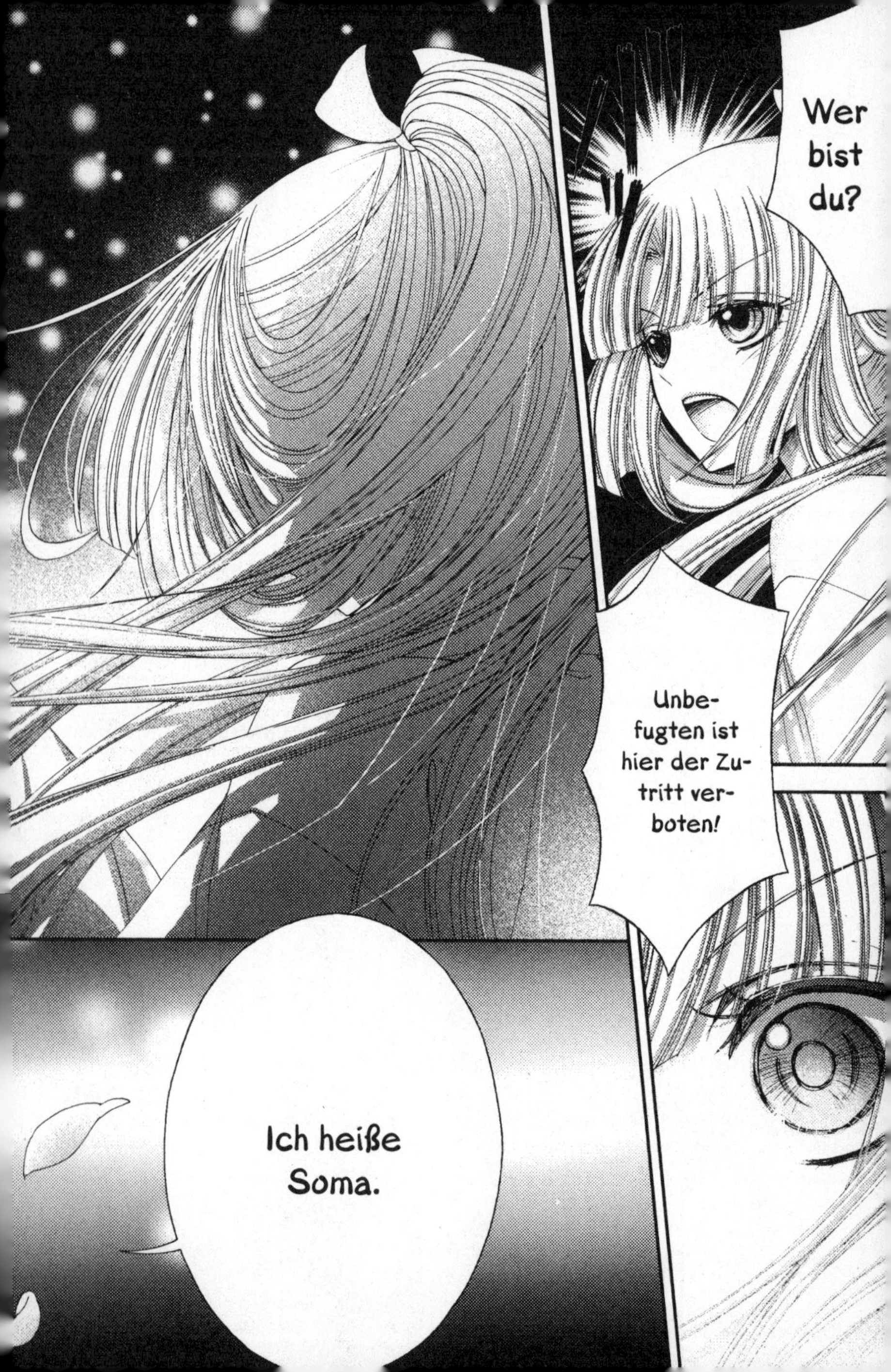
Wer bist du?
Unbefugten ist hier der Zutritt verboten!
Ich heiße Soma.

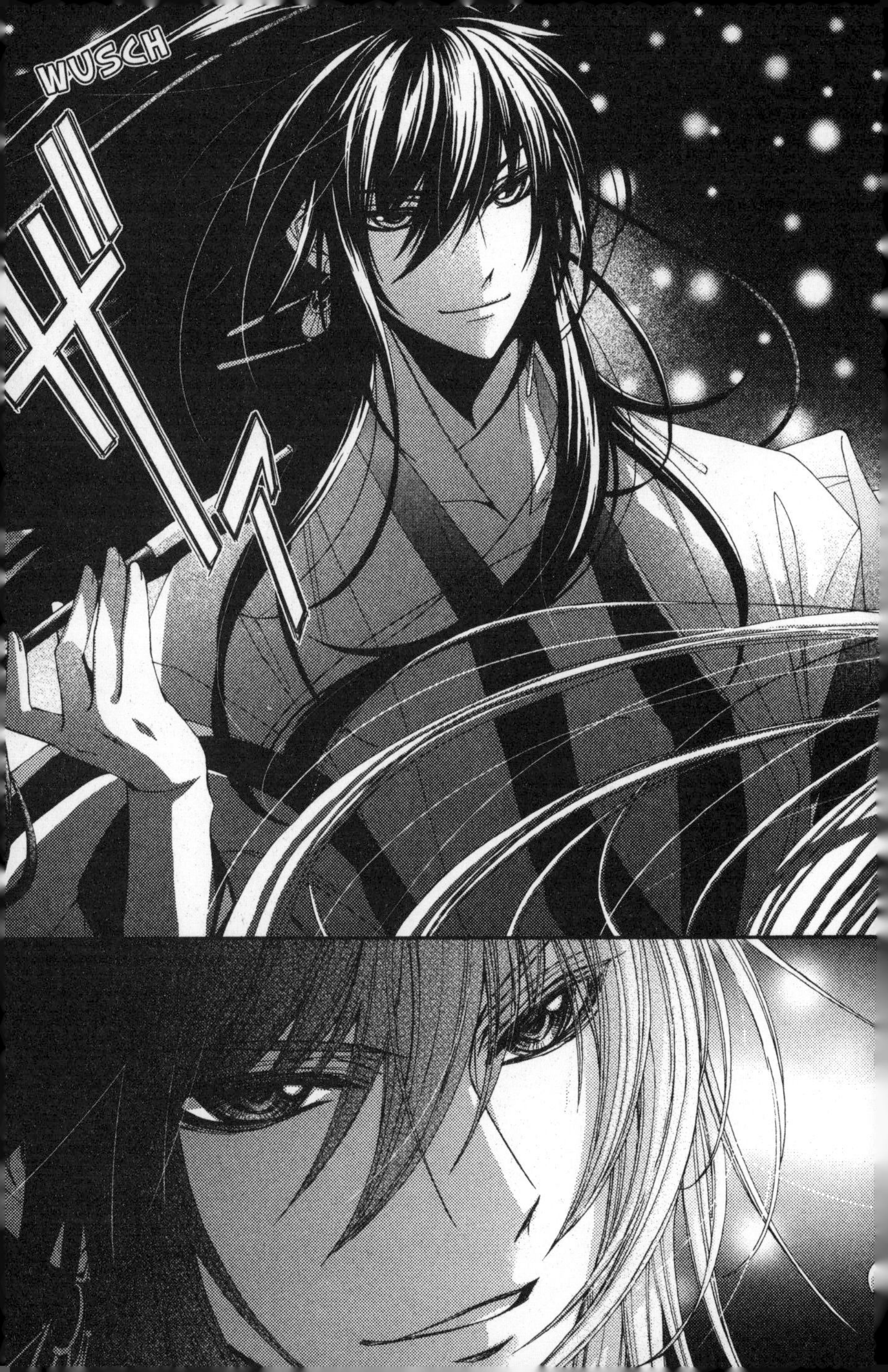
WUSCH

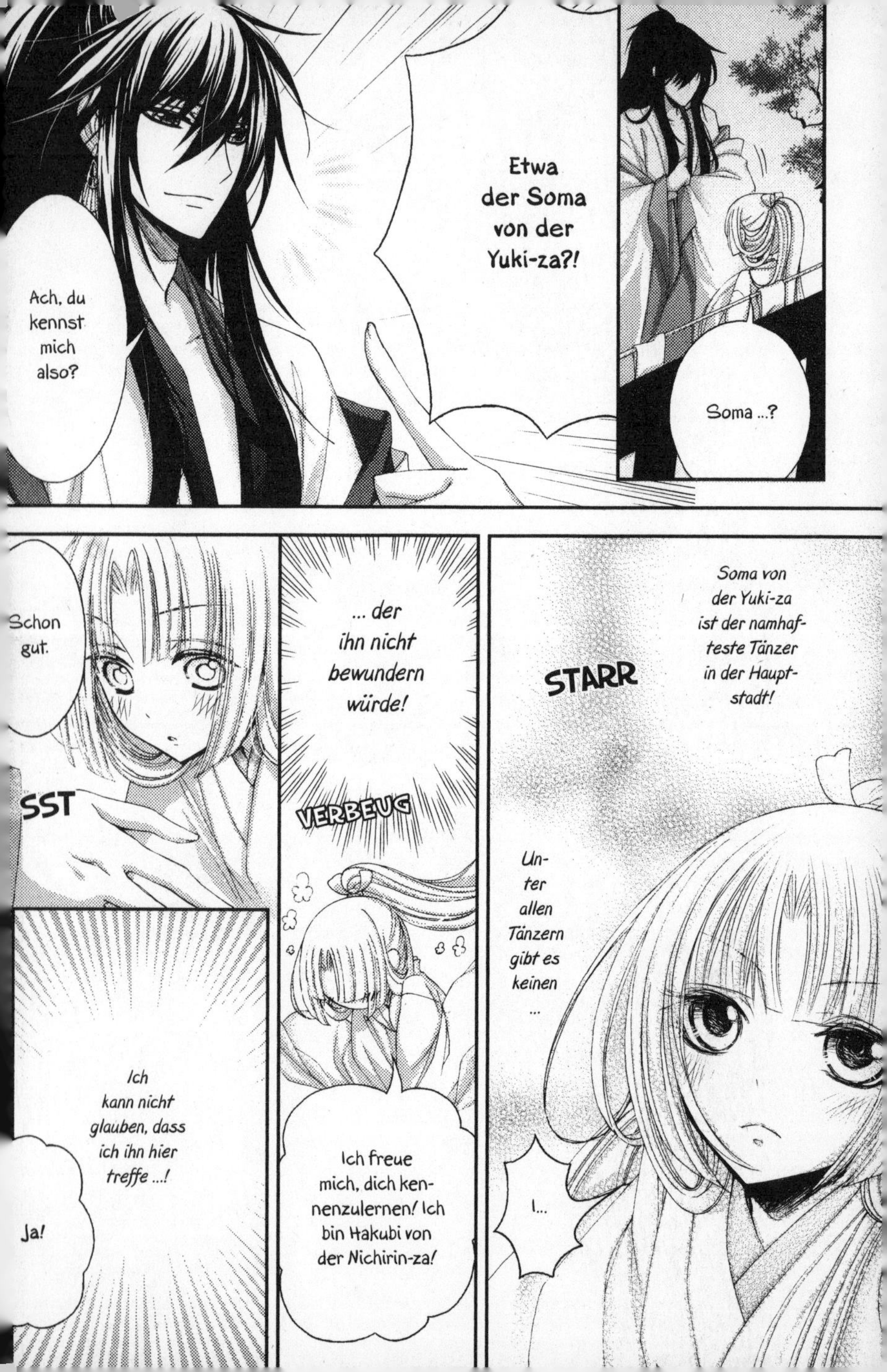

Soma ...?

Etwa der Soma von der Yuki-za?!

Ach, du kennst mich also?

Soma von der Yuki-za ist der namhafteste Tänzer in der Hauptstadt!

STARR

Unter allen Tänzern gibt es keinen ...

... der ihn nicht bewundern würde!

VERBEUG

Ich freue mich, dich kennenzulernen! Ich bin Hakubi von der Nichirin-za!

I...

Schon gut.

SST

Ich kann nicht glauben, dass ich ihn hier treffe ...!

Ja!

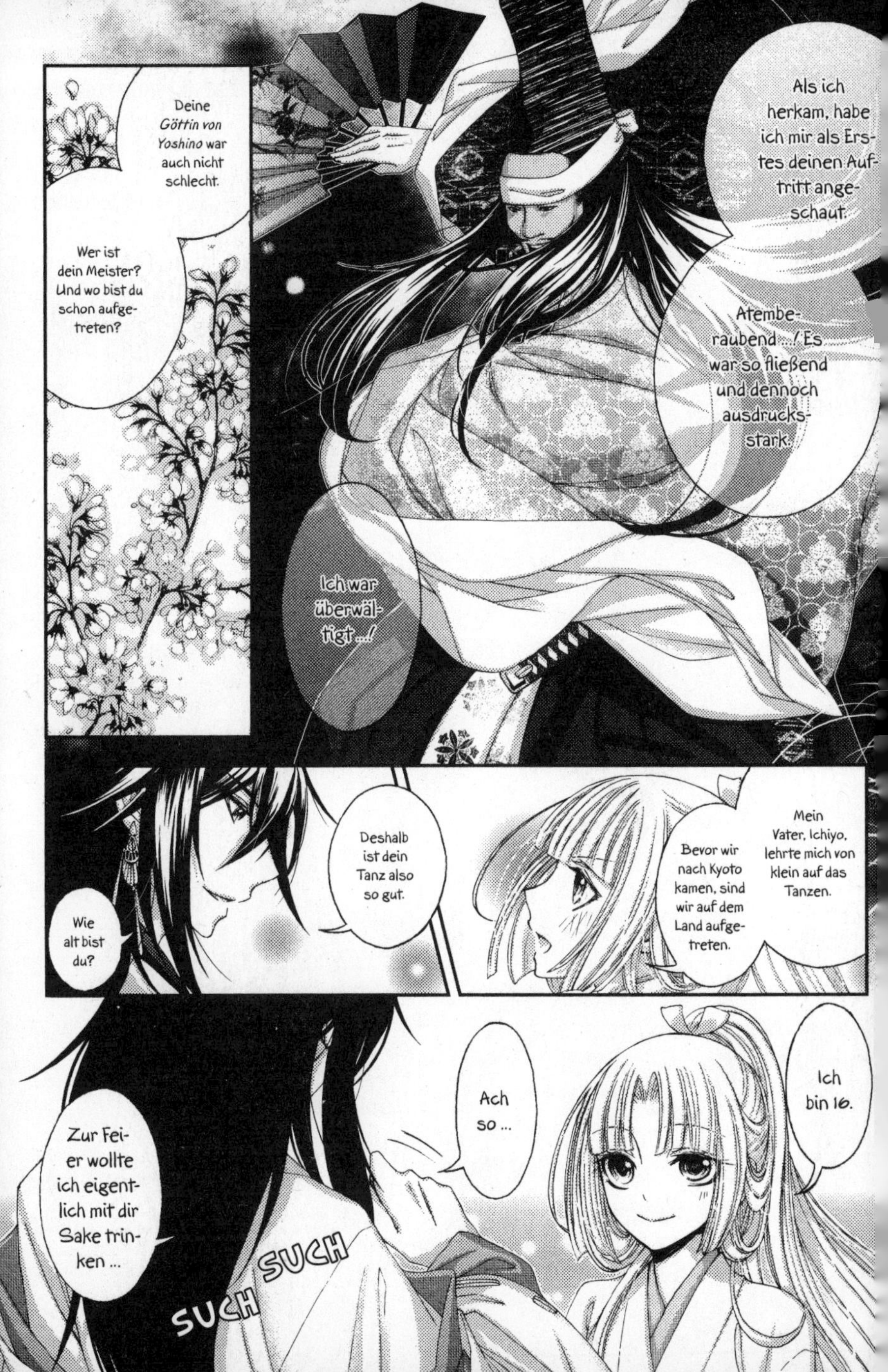
Als ich herkam, habe ich mir als Erstes deinen Auftritt angeschaut.
Atemberaubend ...! Es war so fließend und dennoch ausdrucksstark.
Ich war überwältigt ...!
Deine *Göttin von Yoshino* war auch nicht schlecht.
Wer ist dein Meister? Und wo bist du schon aufgetreten?
Mein Vater, Ichiyo, lehrte mich von klein auf das Tanzen.
Bevor wir nach Kyoto kamen, sind wir auf dem Land aufgetreten.
Deshalb ist dein Tanz also so gut.
Wie alt bist du?
Ich bin 16.
Ach so ...
Zur Feier wollte ich eigentlich mit dir Sake trinken ...
SUCH SUCH
SUCH

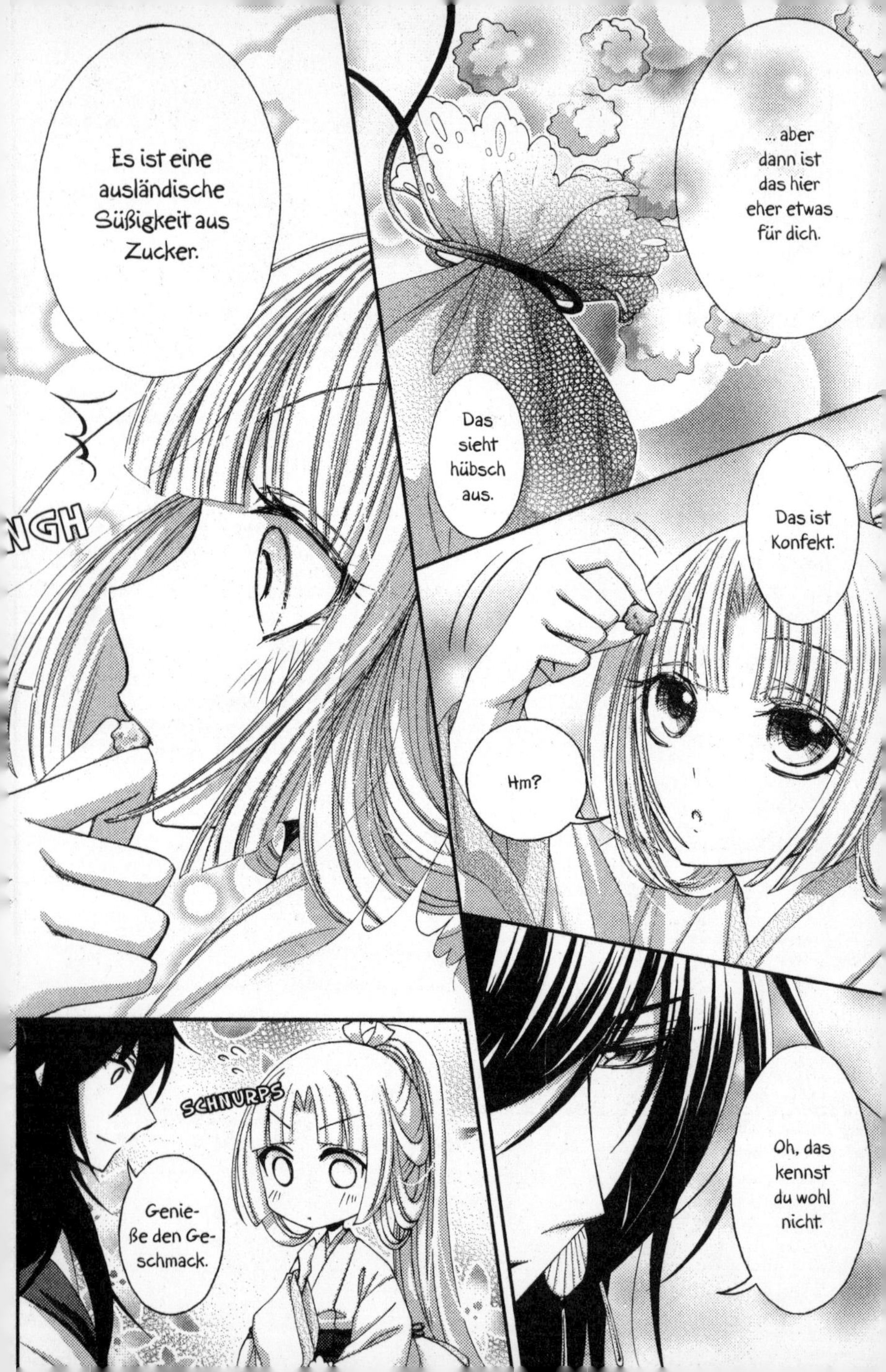
... aber dann ist das hier eher etwas für dich.
Das sieht hübsch aus.
Es ist eine ausländische Süßigkeit aus Zucker.
NGH
Das ist Konfekt.
Hm?
Oh, das kennst du wohl nicht.
SCHNURPS
Genie-ße den Ge-schmack.

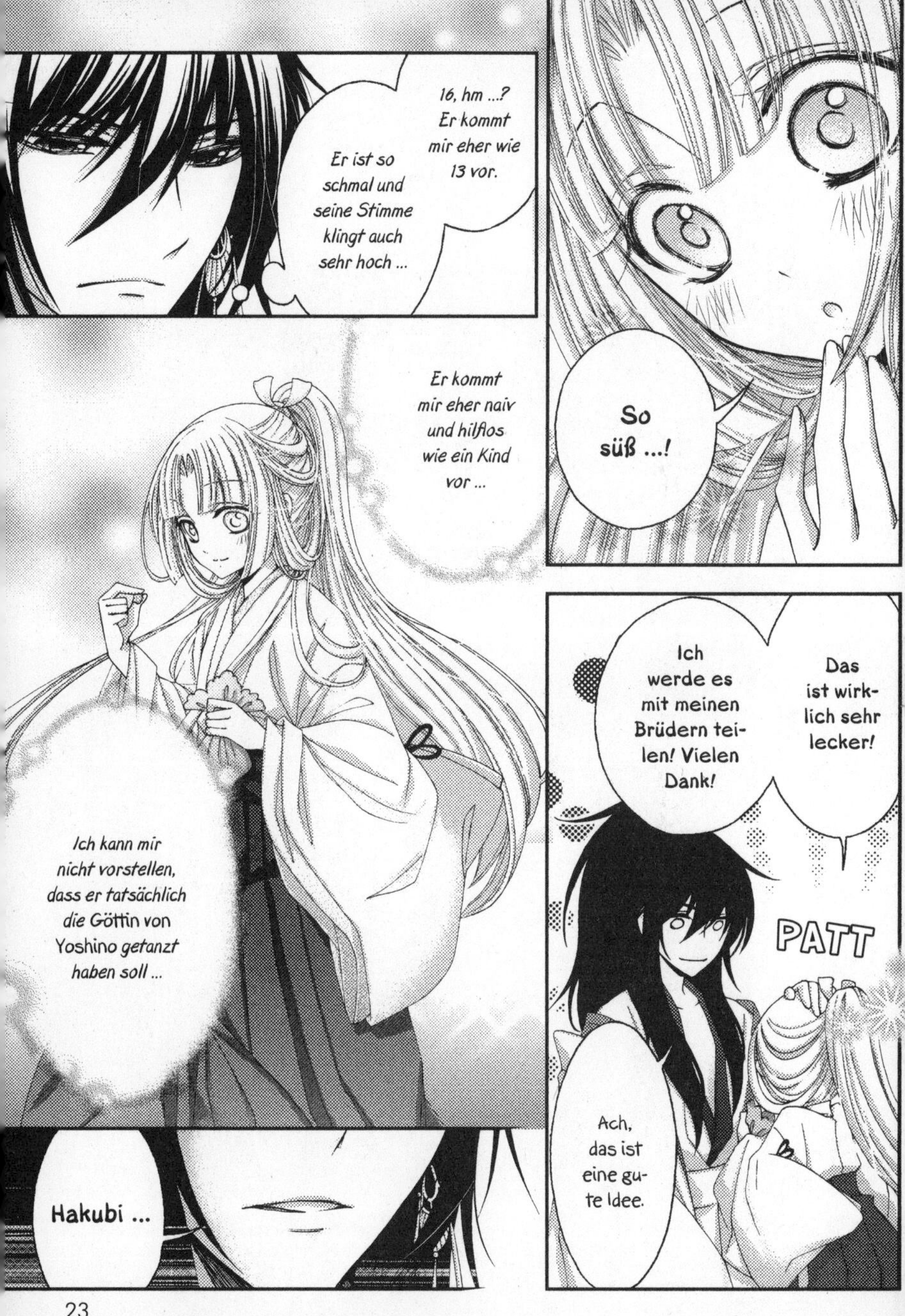
So süß ...!
16, hm ...? Er kommt mir eher wie 13 vor.
Er ist so schmal und seine Stimme klingt auch sehr hoch ...
Er kommt mir eher naiv und hilflos wie ein Kind vor ...
Ich kann mir nicht vorstellen, dass er tatsächlich die Göttin von Yoshino getanzt haben soll ...
Das ist wirklich sehr lecker!
Ich werde es mit meinen Brüdern teilen! Vielen Dank!
PATT
Ach, das ist eine gute Idee.
Hakubi ...

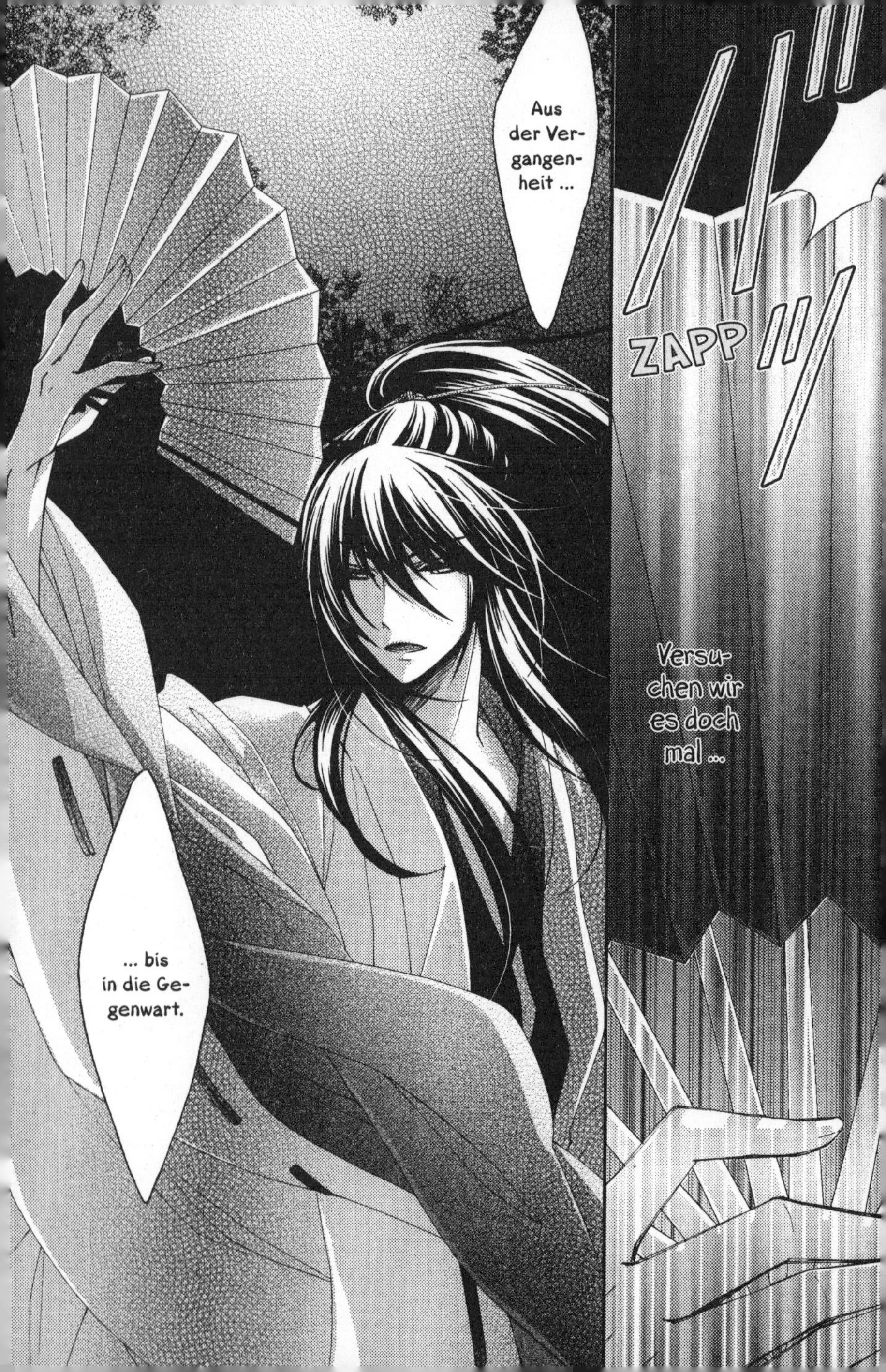
ZAPP
Versuchen wir es doch mal ...
Aus der Vergangenheit ...
... bis in die Gegenwart.

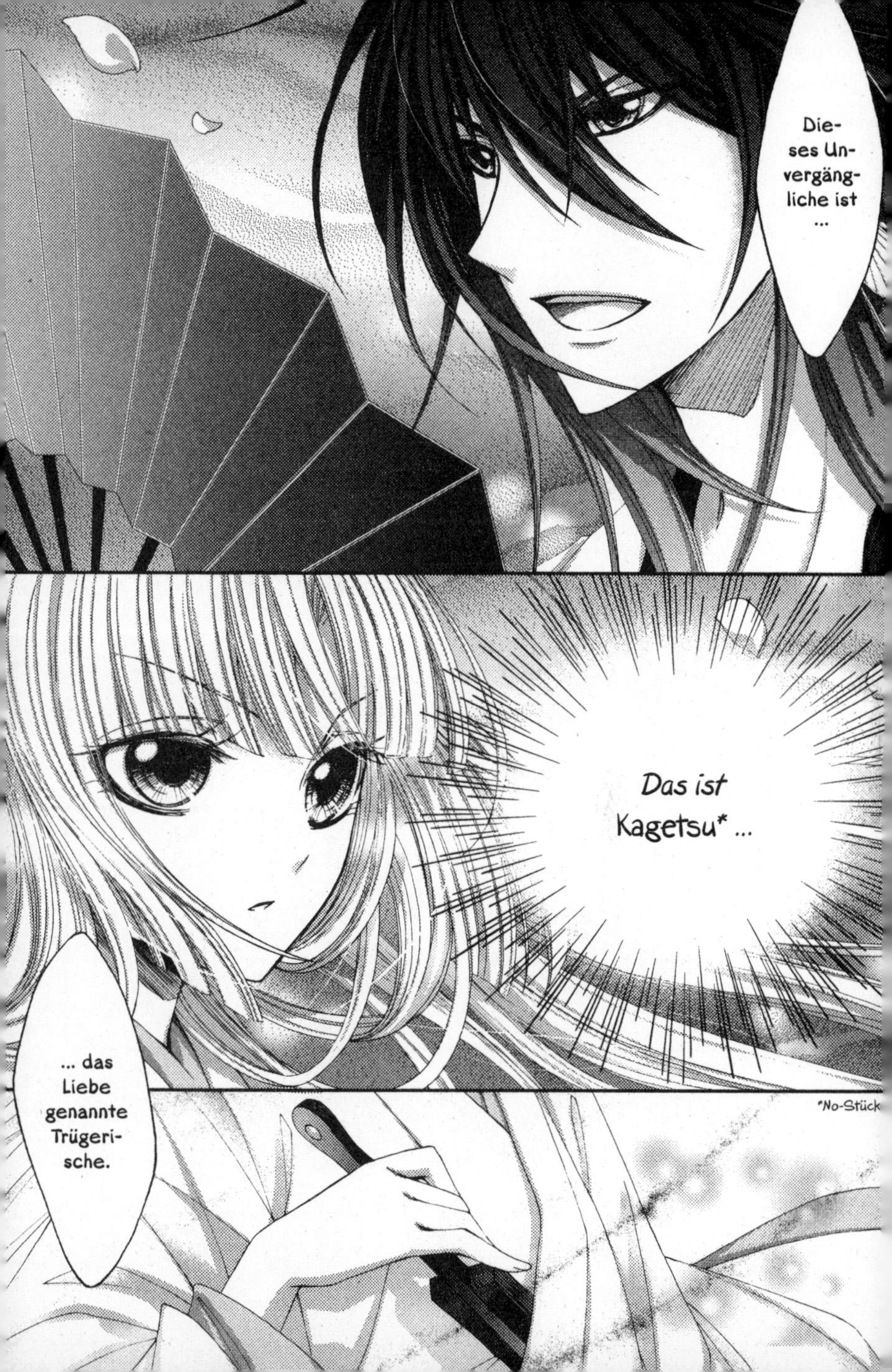
Dieses Unvergängliche ist ...
Das ist Kagetsu* ...
... das Liebe genannte Trügerische.
*No-Stück

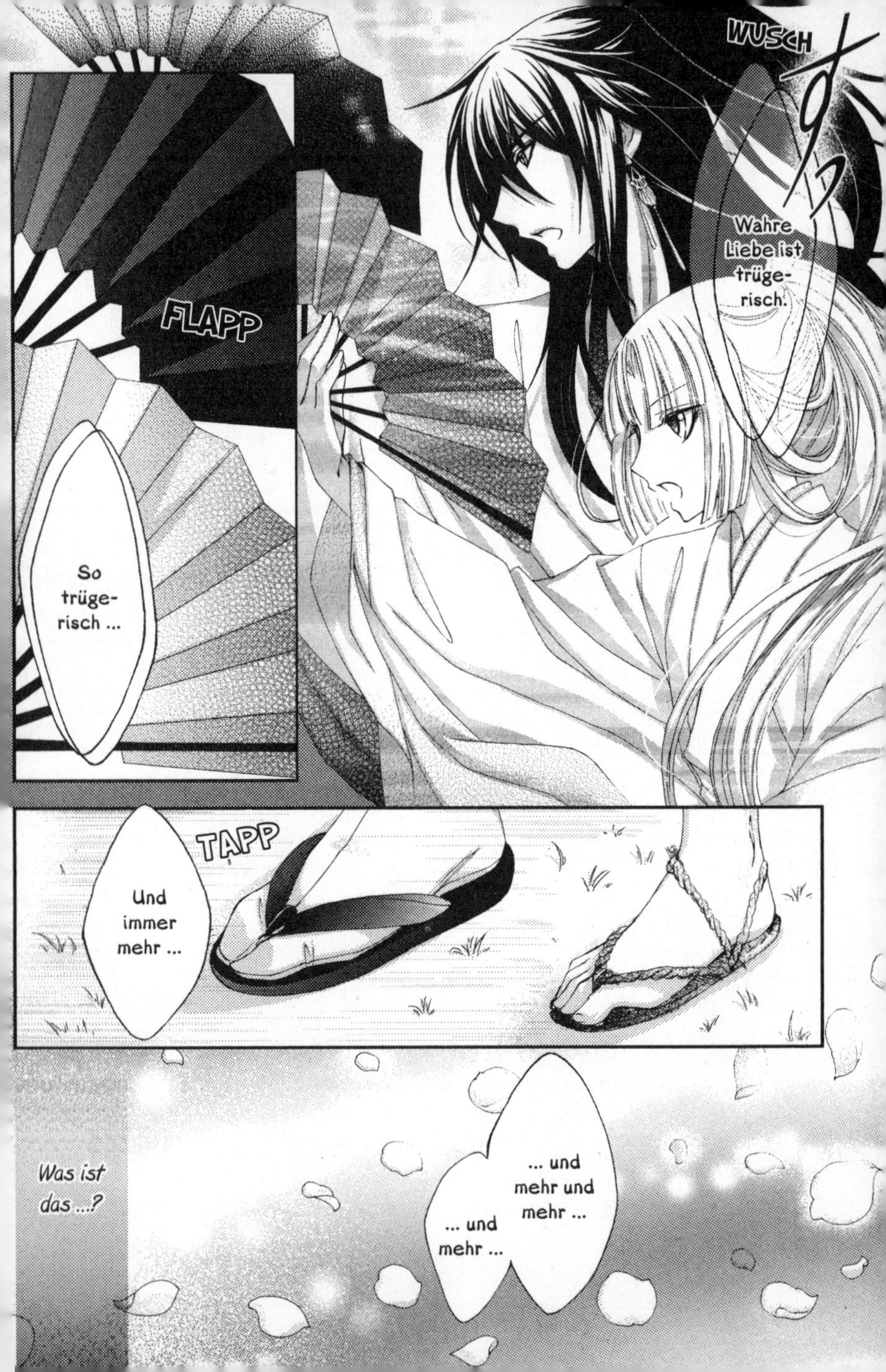
WUSCH
Wahre Liebe ist trüge-risch.
FLAPP
So trüge-risch ...
TAPP
Und immer mehr ...
... und mehr und mehr ...
... und mehr ...
Was ist das ...?

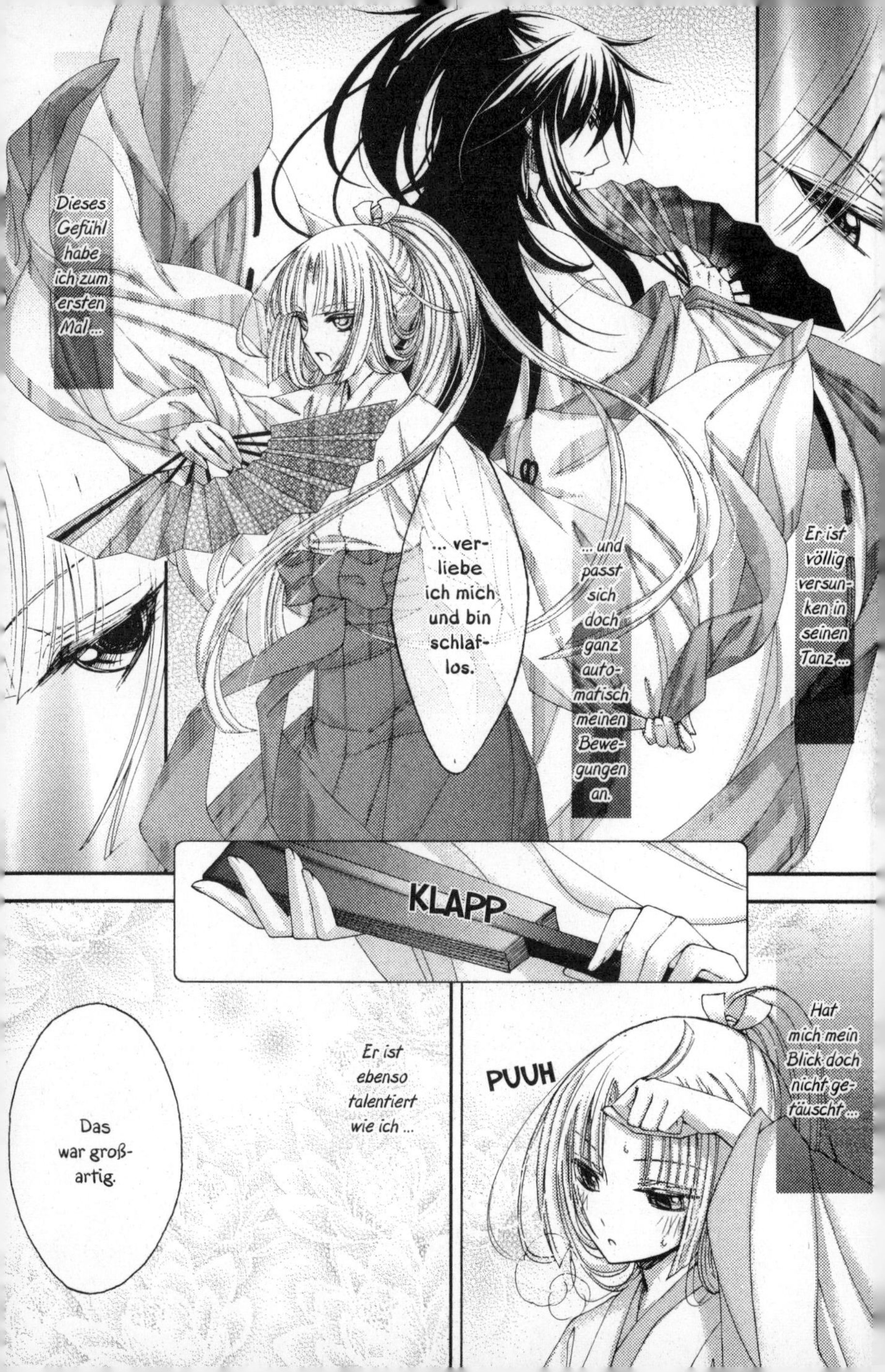
Er ist völlig versunken in seinen Tanz ...
... und passt sich doch ganz automatisch meinen Bewegungen an.
... verliebe ich mich und bin schlaflos.
Dieses Gefühl habe ich zum ersten Mal ...
KLAPP
Hat mich mein Blick doch nicht getäuscht ...
PUUH
Er ist ebenso talentiert wie ich ...
Das war großartig.

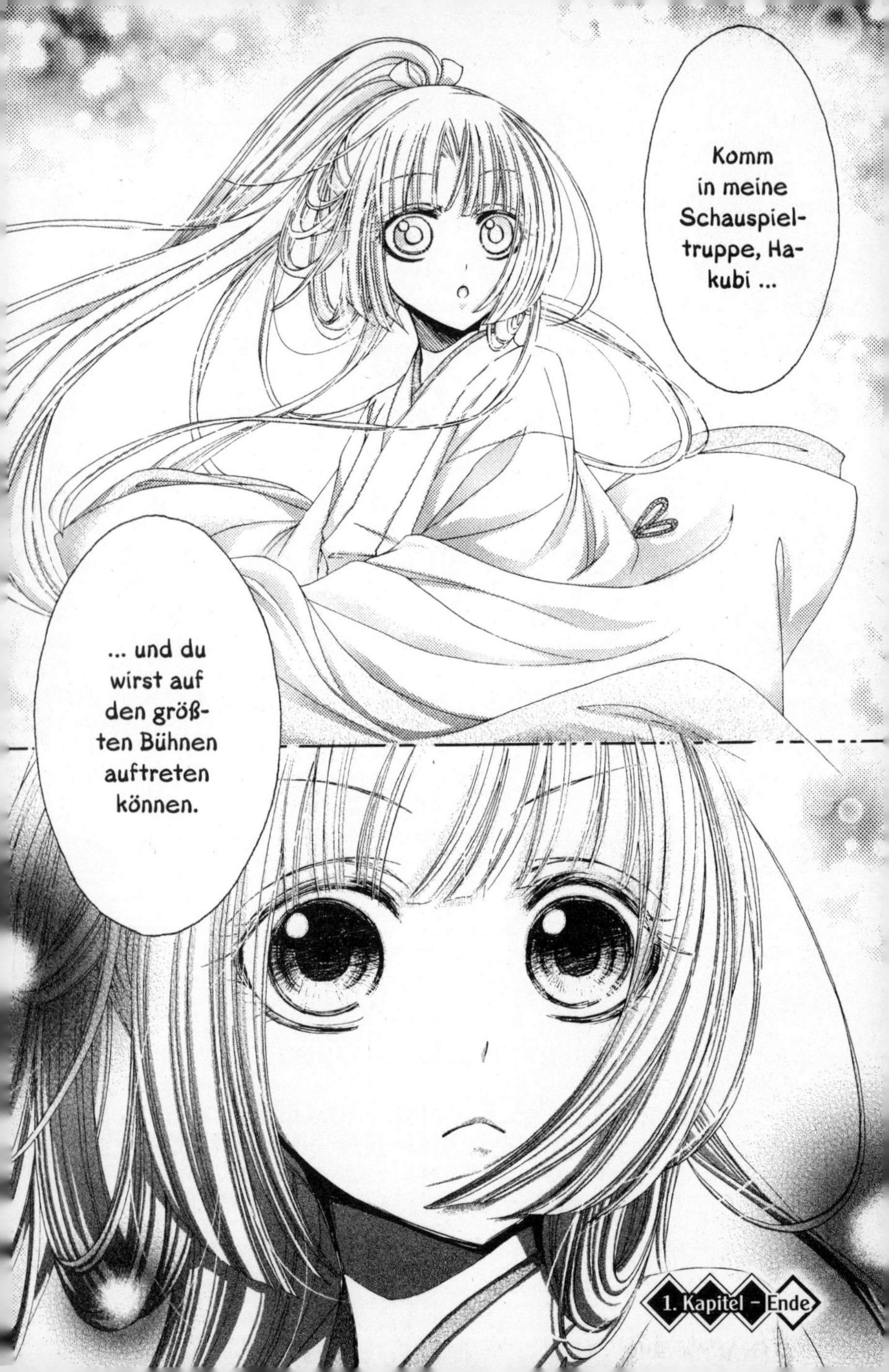
Komm in meine Schauspiel-truppe, Ha-kubi ...
... und du wirst auf den größ-ten Bühnen auftreten können.
1. Kapitel – Ende

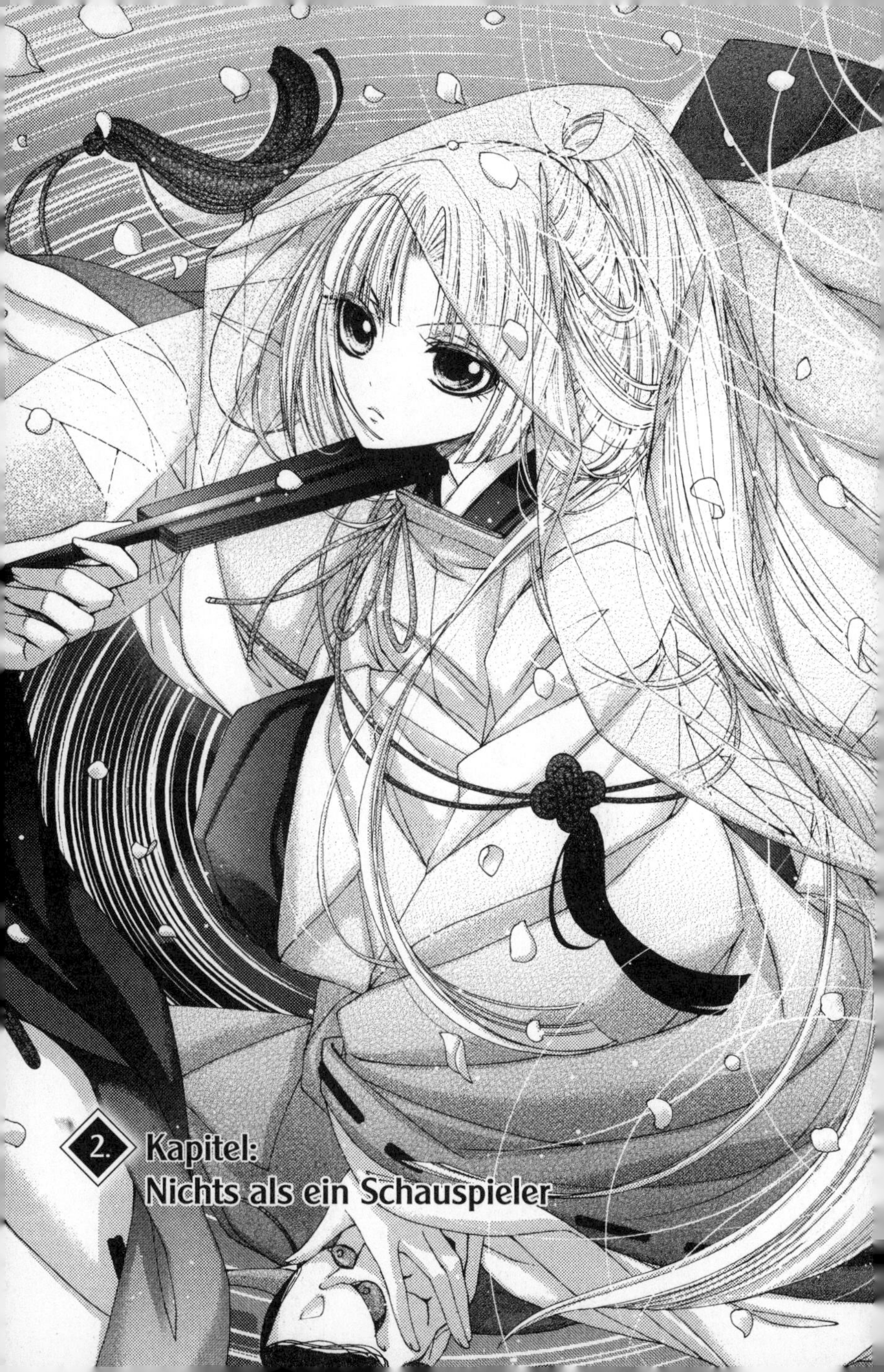
2. Kapitel:
Nichts als ein Schauspieler

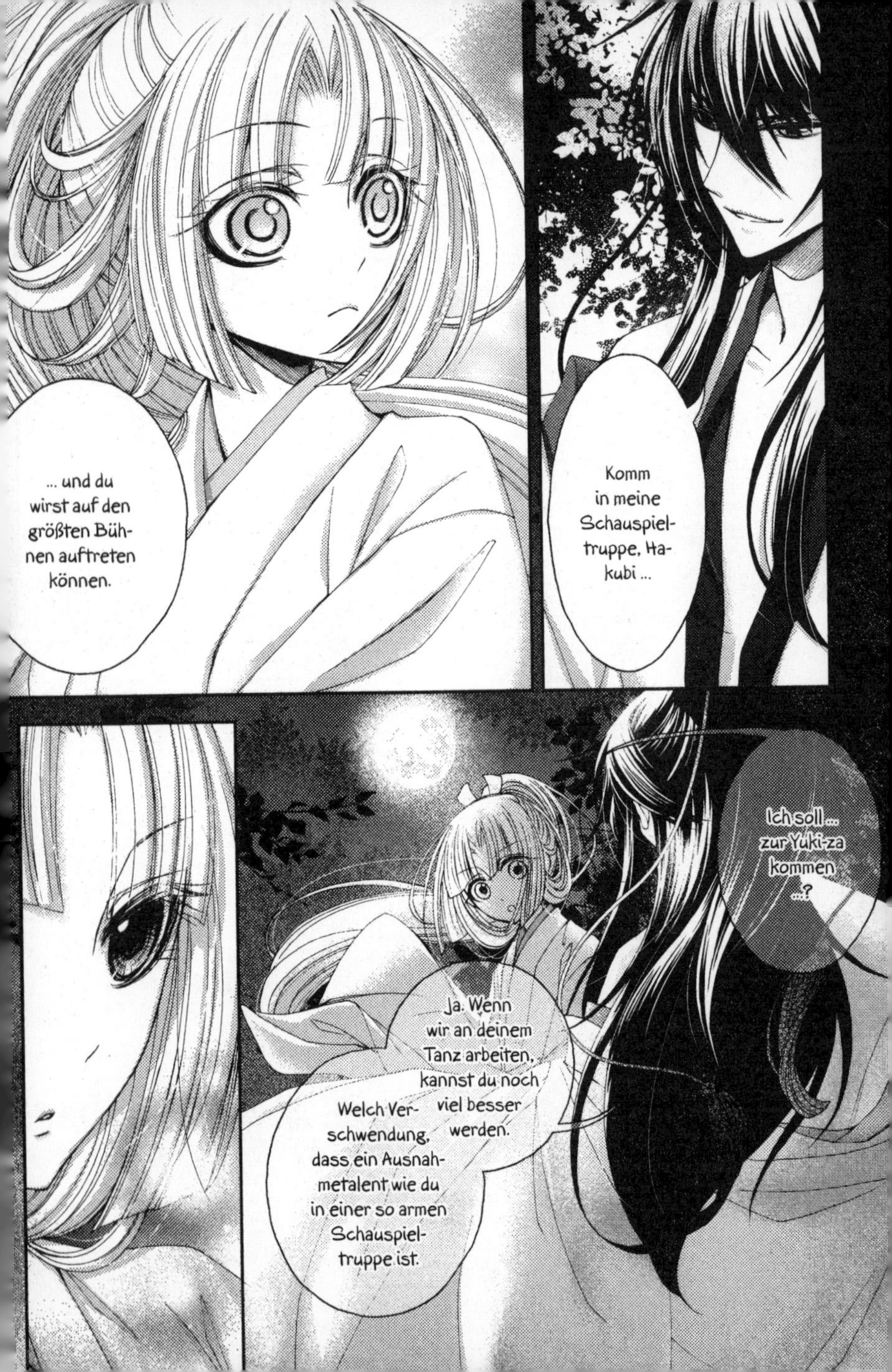
Komm in meine Schauspiel-truppe, Ha-kubi ...
... und du wirst auf den größten Büh-nen auftreten können.
Ich soll ... zur Yuki-za kommen ...?
Ja. Wenn wir an deinem Tanz arbeiten, kannst du noch viel besser werden.
Welch Ver-schwendung, dass ein Ausnah-metalent wie du in einer so armen Schauspiel-truppe ist.

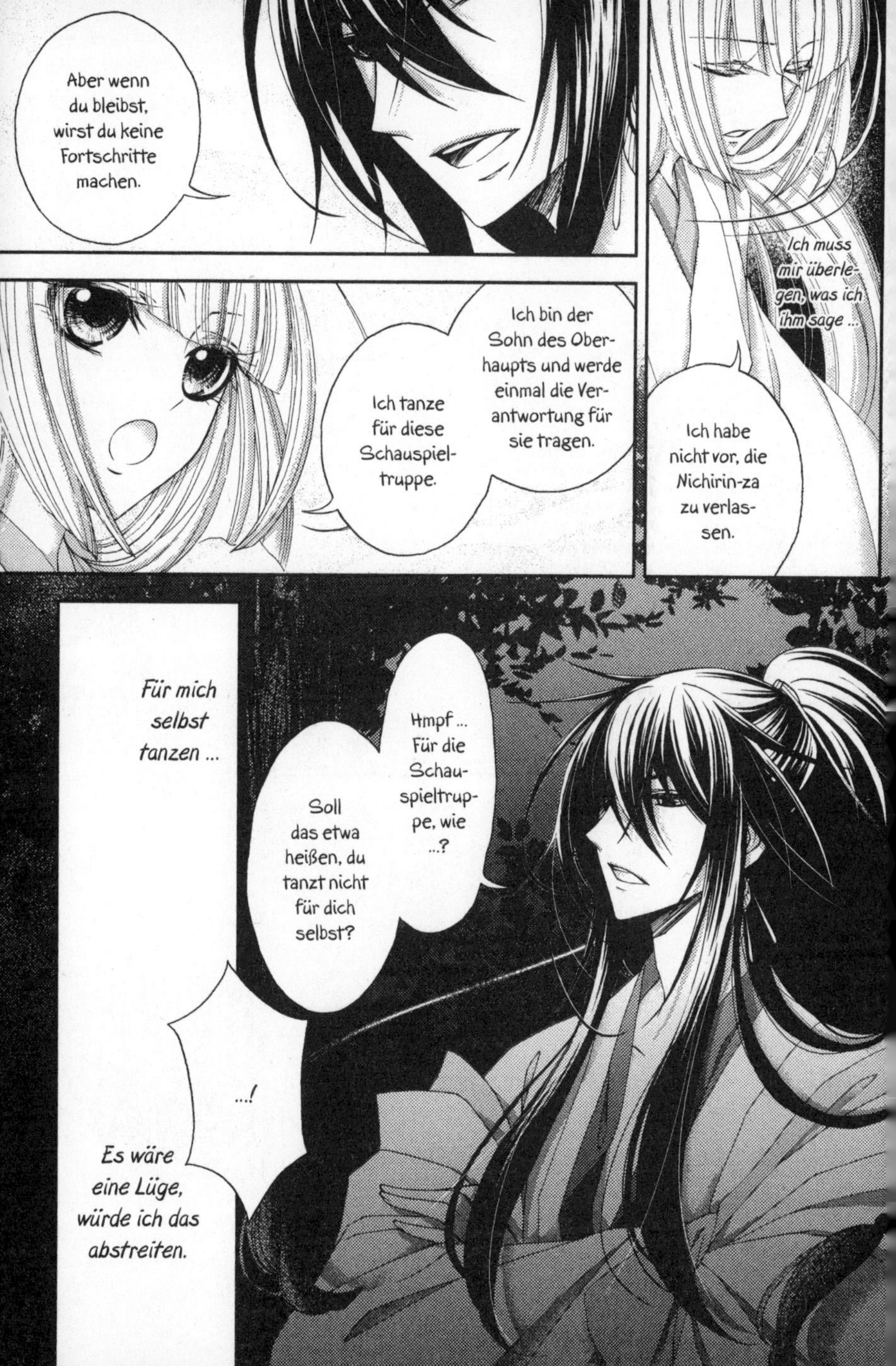
Aber wenn du bleibst, wirst du keine Fortschritte machen.
Ich muss mir überlegen, was ich ihm sage ...
Ich habe nicht vor, die Nichirin-za zu verlassen.
Ich bin der Sohn des Oberhaupts und werde einmal die Verantwortung für sie tragen.
Ich tanze für diese Schauspieltruppe.
Hmpf ... Für die Schauspieltruppe, wie ...?
Soll das etwa heißen, du tanzt nicht für dich selbst?
...!
Für mich selbst tanzen ...
Es wäre eine Lüge, würde ich das abstreiten.

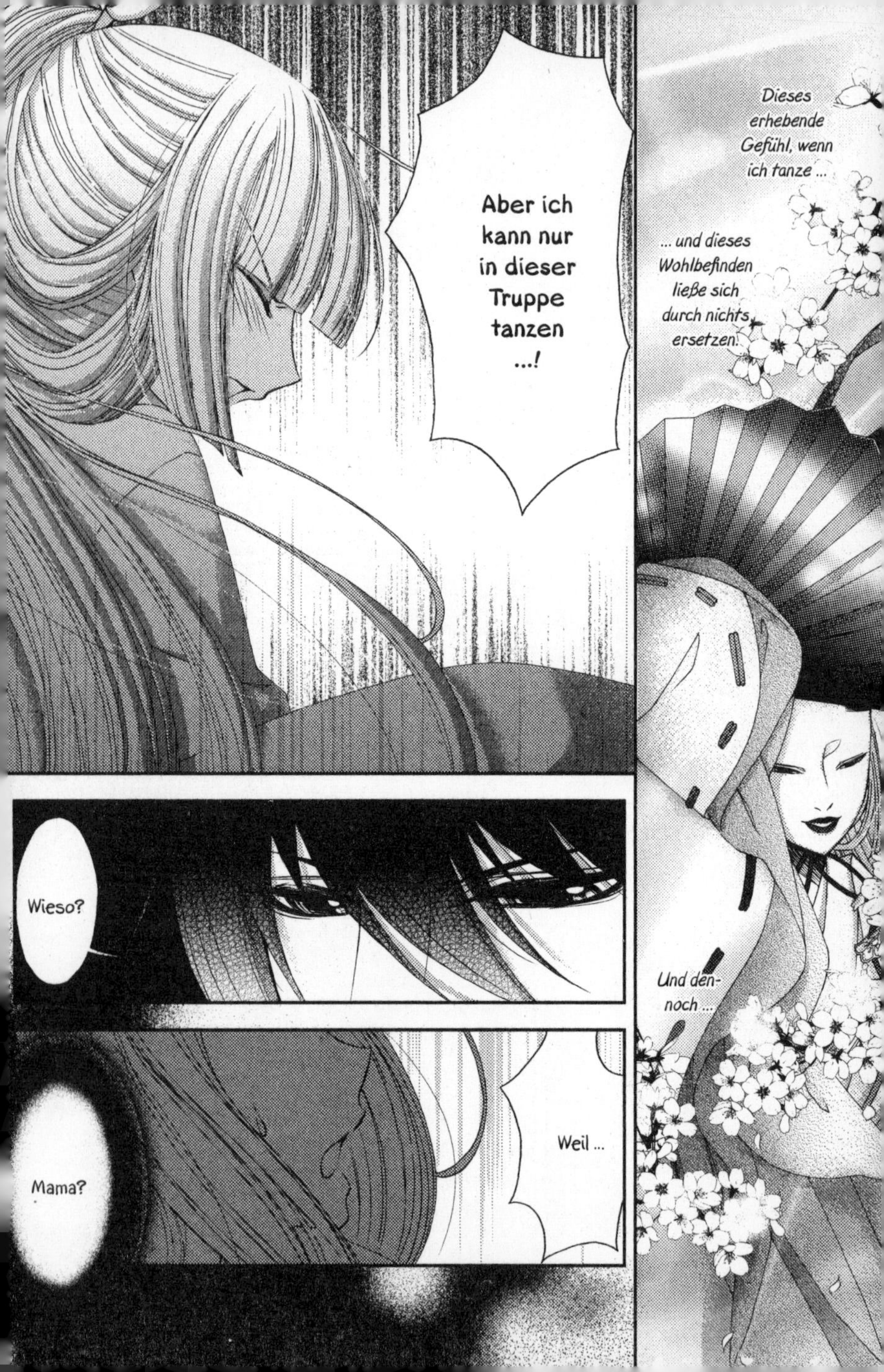
Dieses erhebende Gefühl, wenn ich tanze ...
... und dieses Wohlbefinden ließe sich durch nichts ersetzen.
Und dennoch ...
Aber ich kann nur in dieser Truppe tanzen ...!
Wieso?
Weil ...
Mama?

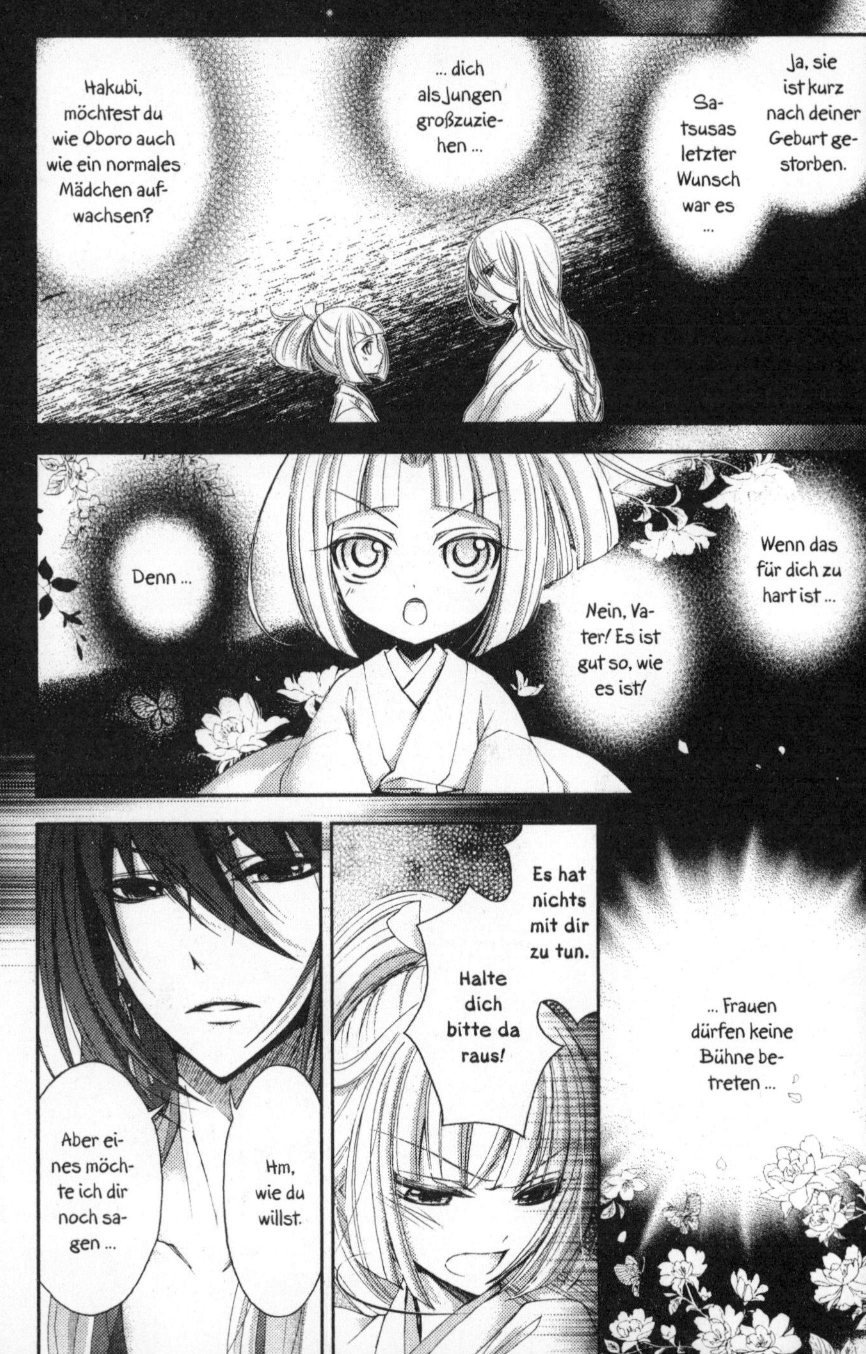
Ja, sie ist kurz nach deiner Geburt gestorben.
Satsusas letzter Wunsch war es ...
... dich als Jungen großzuziehen ...
Hakubi, möchtest du wie Oboro auch wie ein normales Mädchen aufwachsen?
Wenn das für dich zu hart ist ...
Nein, Vater! Es ist gut so, wie es ist!
Denn ...
... Frauen dürfen keine Bühne betreten ...
Es hat nichts mit dir zu tun.
Halte dich bitte da raus!
Hm, wie du willst.
Aber eines möchte ich dir noch sagen ...

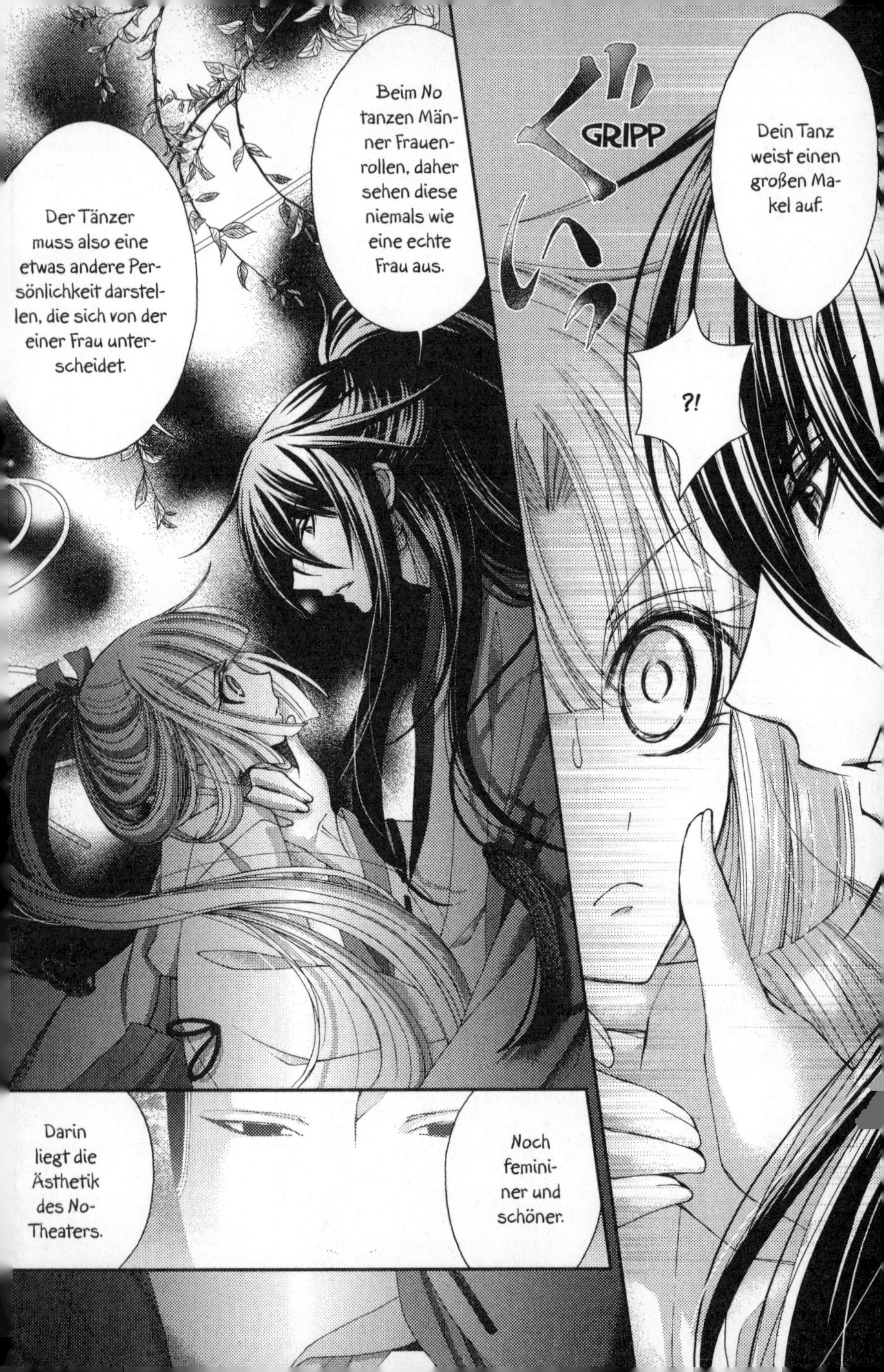
Dein Tanz weist einen großen Makel auf.
GRIPP
?!
Beim No tanzen Männer Frauenrollen, daher sehen diese niemals wie eine echte Frau aus.
Der Tänzer muss also eine etwas andere Persönlichkeit darstellen, die sich von der einer Frau unterscheidet.
Noch femininer und schöner.
Darin liegt die Ästhetik des No-Theaters.

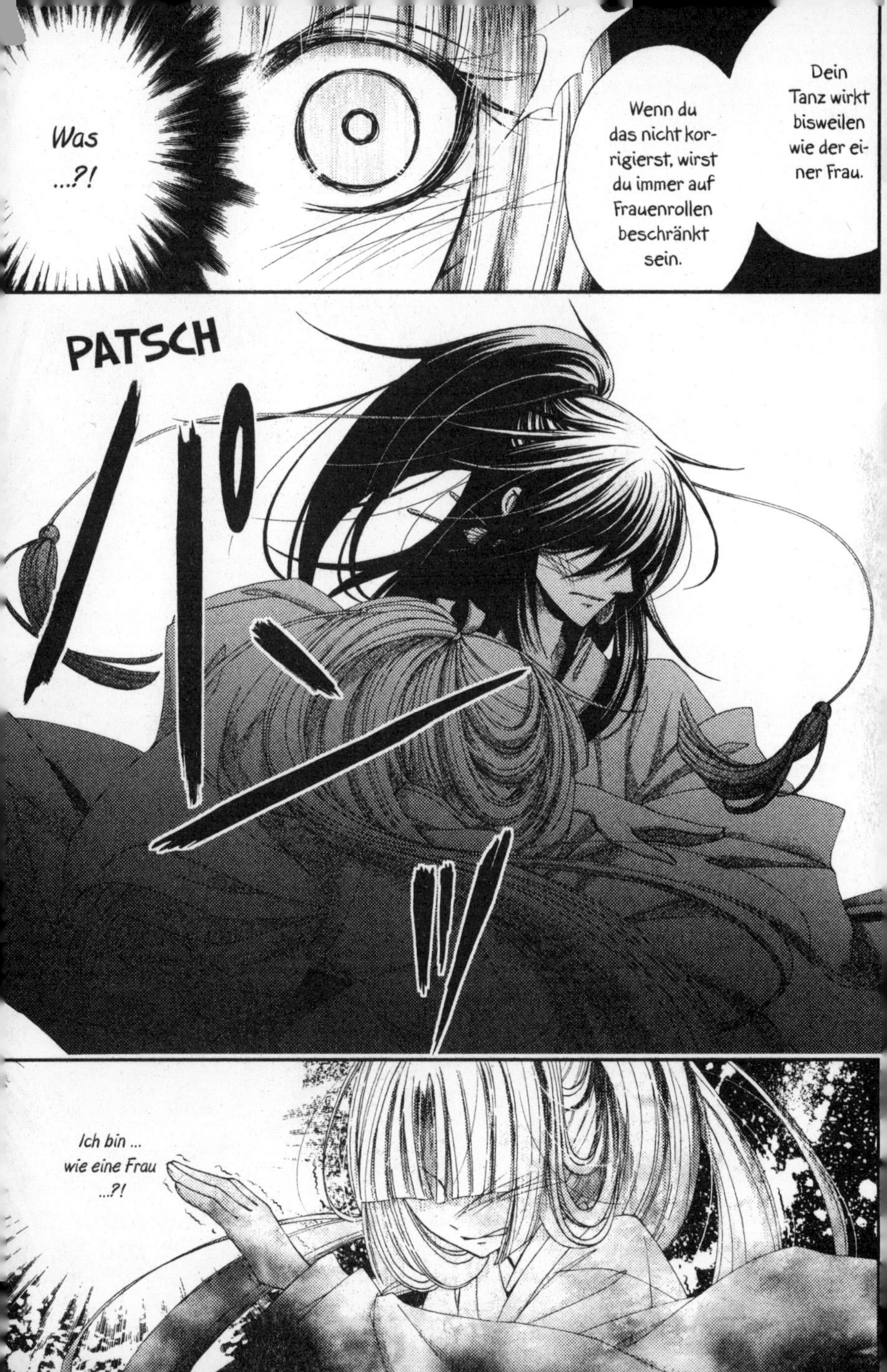
Dein Tanz wirkt bisweilen wie der einer Frau.
Wenn du das nicht korrigierst, wirst du immer auf Frauenrollen beschränkt sein.
Was ...?!
PATSCH
Ich bin ... wie eine Frau ...?!

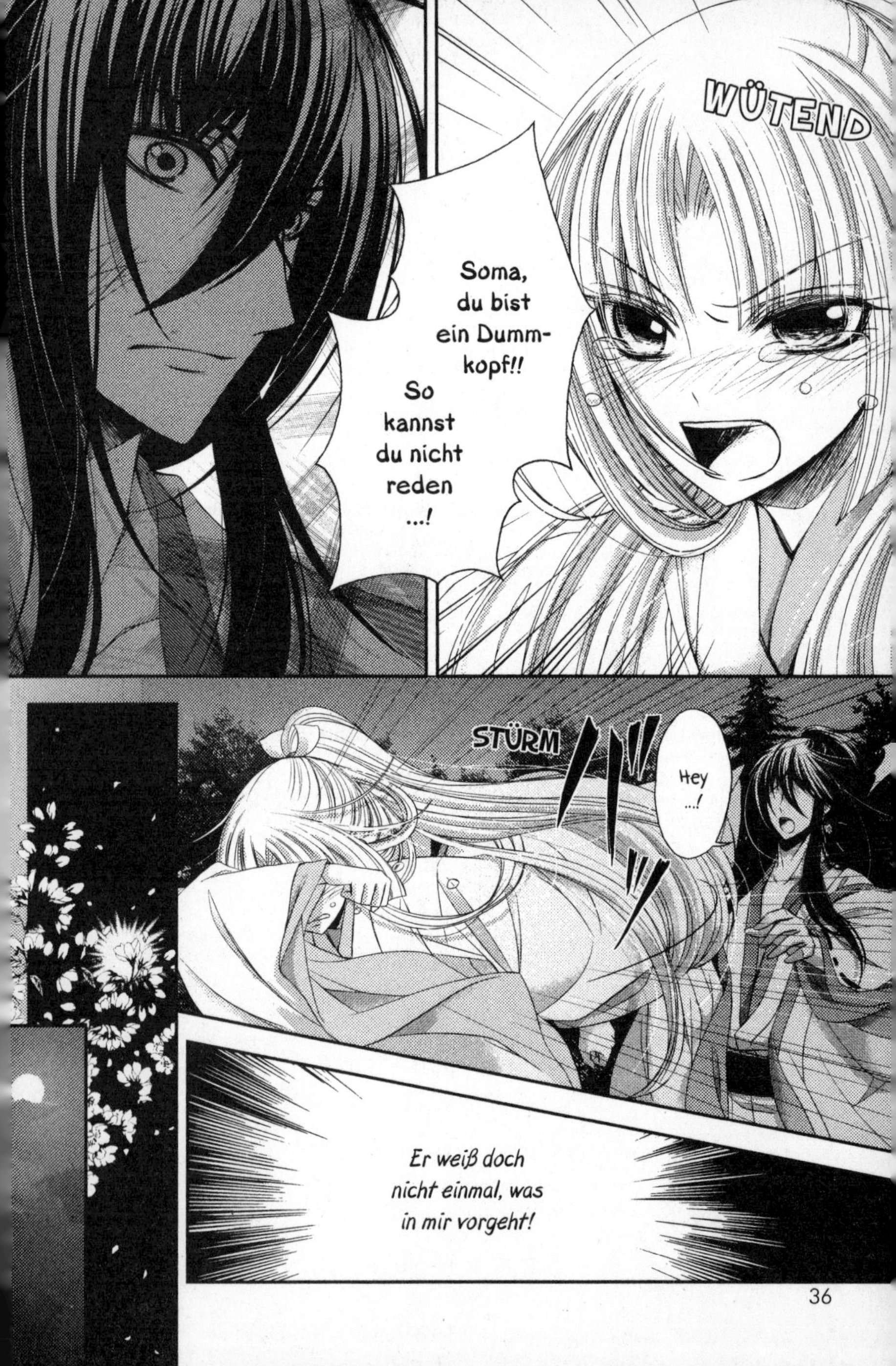
WÜTEND
Soma, du bist ein Dumm-kopf!!
So kannst du nicht reden ...!
Hey ...!
STÜRM
Er weiß doch nicht einmal, was in mir vorgeht!

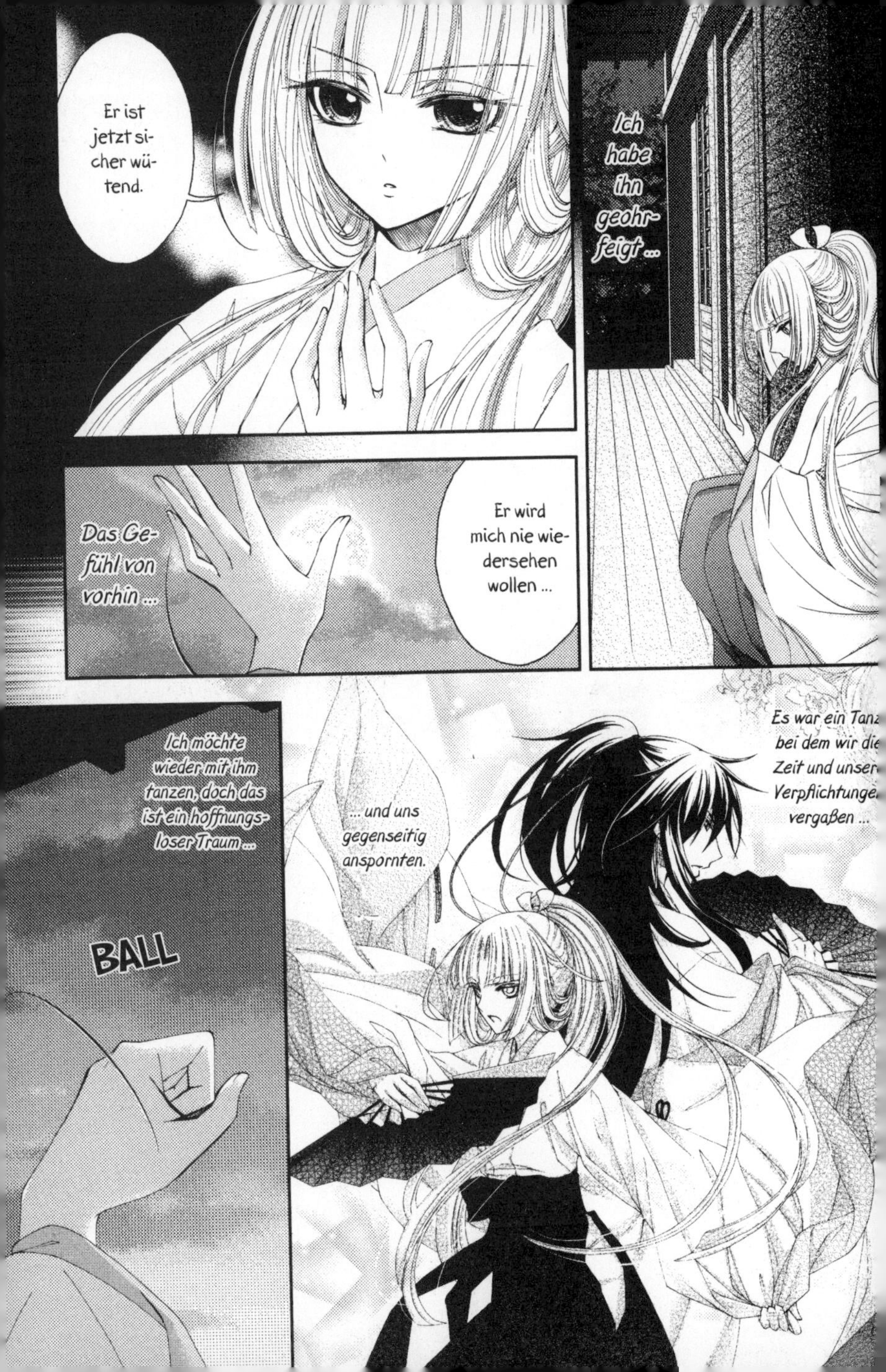

Ich habe ihn geohrfeigt ...

Er ist jetzt sicher wütend.

Er wird mich nie wiedersehen wollen ...

Das Gefühl von vorhin ...

Es war ein Tanz bei dem wir die Zeit und unser Verpflichtunge vergaßen ...

... und uns gegenseitig anspornten.

Ich möchte wieder mit ihm tanzen, doch das ist ein hoffnungsloser Traum ...

BALL

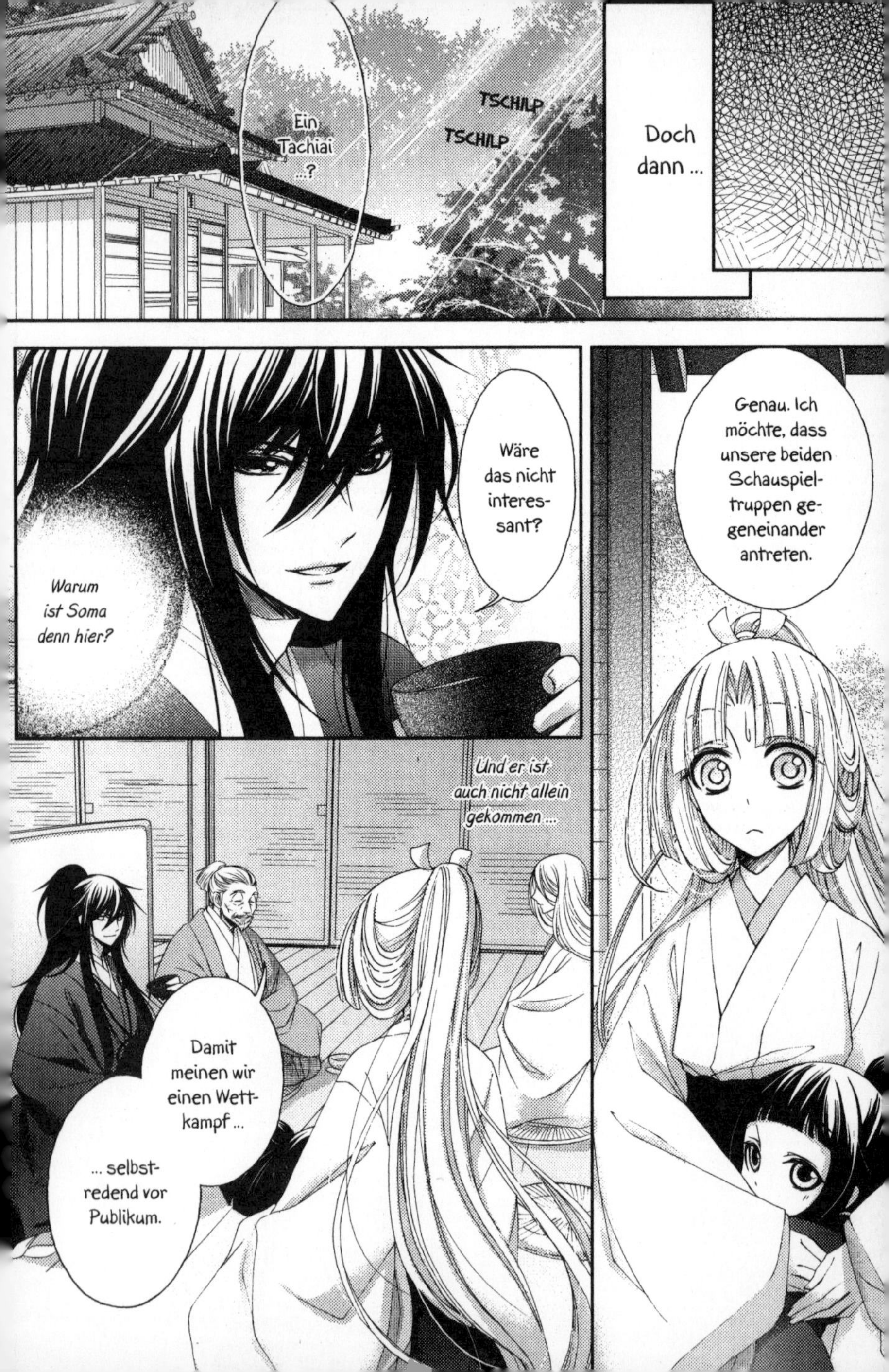
Doch dann ...
TSCHILP
TSCHILP
Ein Tachiai ...?
Genau. Ich möchte, dass unsere beiden Schauspiel-truppen ge-geneinander antreten.
Wäre das nicht interes-sant?
Warum ist Soma denn hier?
Und er ist auch nicht allein gekommen ...
Damit meinen wir einen Wett-kampf ...
... selbst-redend vor Publikum.

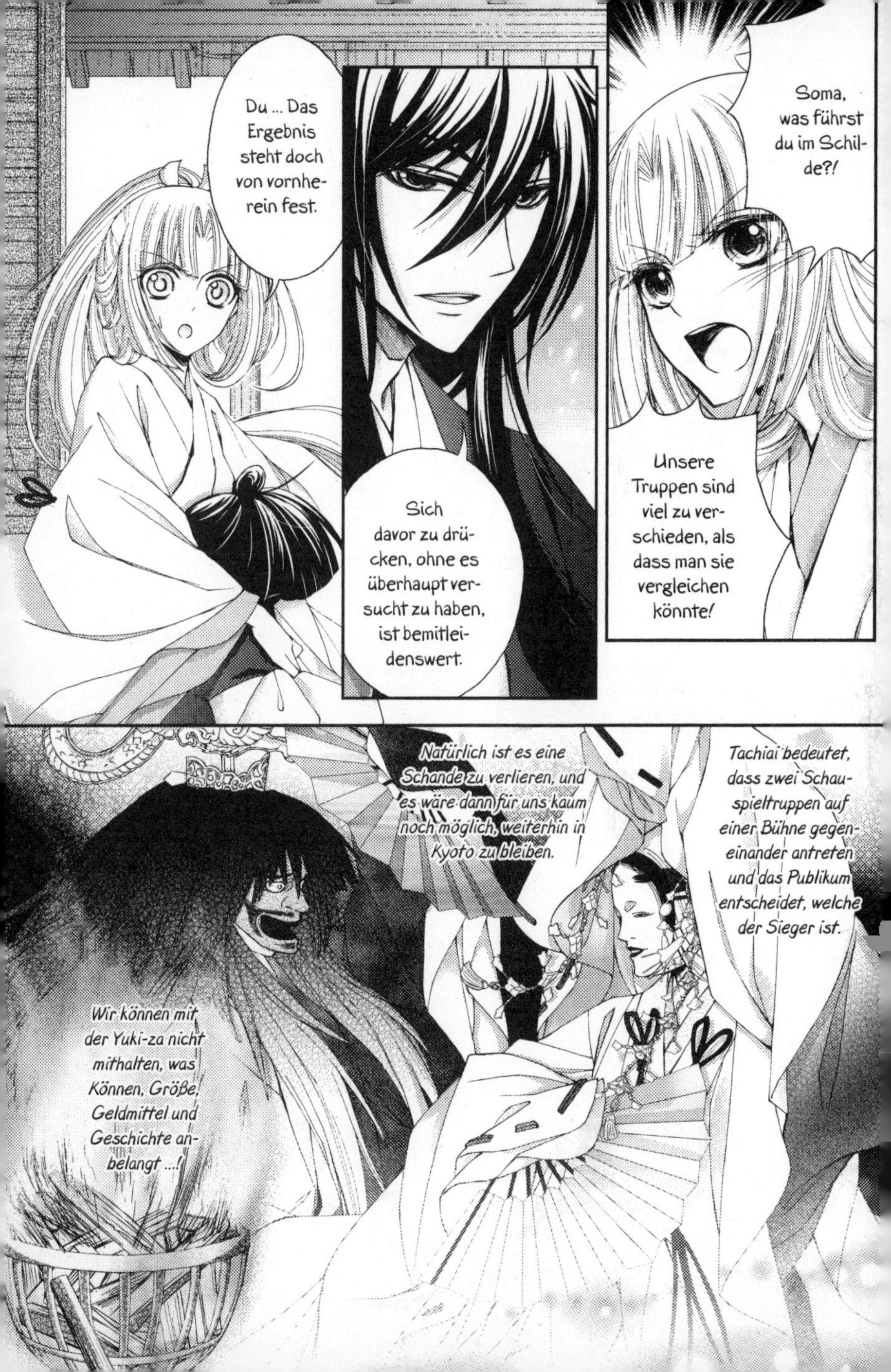
Soma, was führst du im Schilde?!
Unsere Truppen sind viel zu verschieden, als dass man sie vergleichen könnte!
Sich davor zu drücken, ohne es überhaupt versucht zu haben, ist bemitleidenswert.
Du ... Das Ergebnis steht doch von vornherein fest.
Tachiai bedeutet, dass zwei Schauspieltruppen auf einer Bühne gegeneinander antreten und das Publikum entscheidet, welche der Sieger ist.
Natürlich ist es eine Schande zu verlieren, und es wäre dann für uns kaum noch möglich, weiterhin in Kyoto zu bleiben.
Wir können mit der Yuki-za nicht mithalten, was Können, Größe, Geldmittel und Geschichte anbelangt ...!

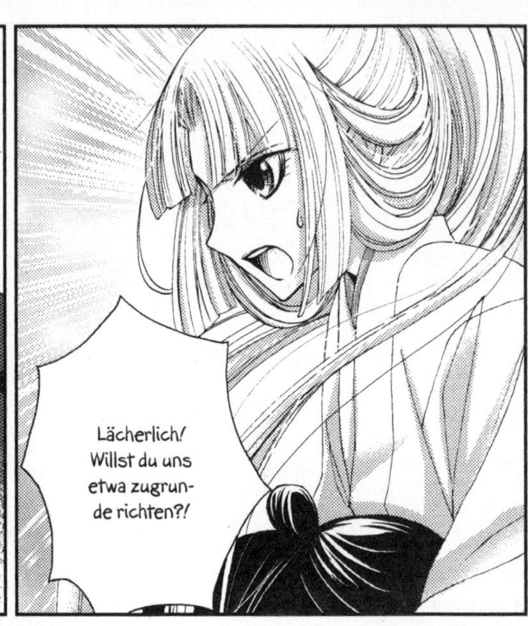
Lächerlich! Willst du uns etwa zugrunde richten?!

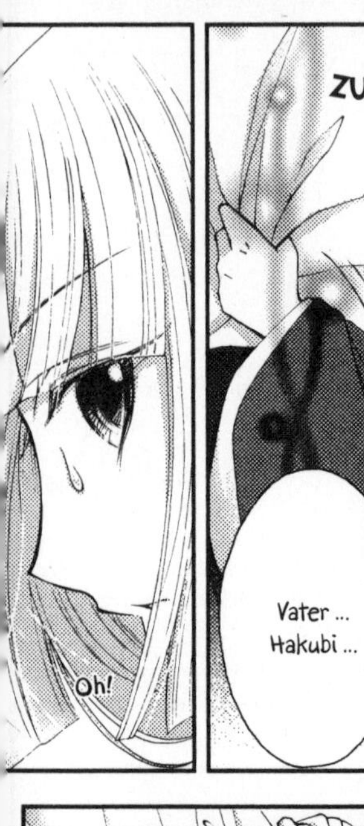
ZUPF
Vater ... Hakubi ...
Oh!

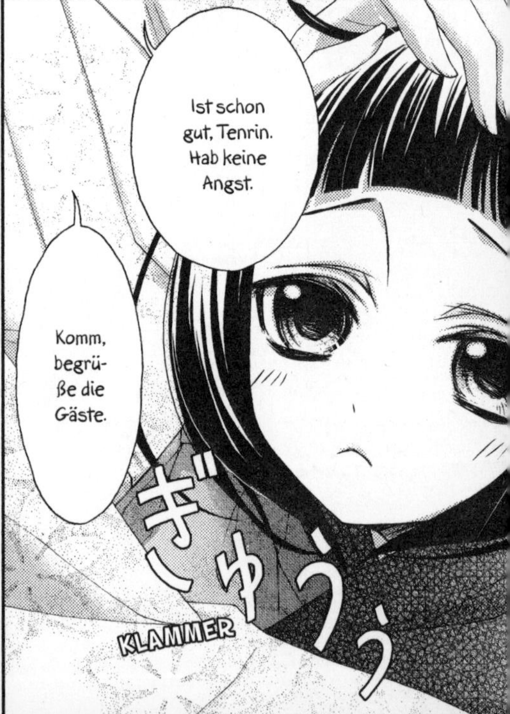
Ist schon gut, Tenrin. Hab keine Angst.
Komm, begrüße die Gäste.
ぎゅうう
KLAMMER

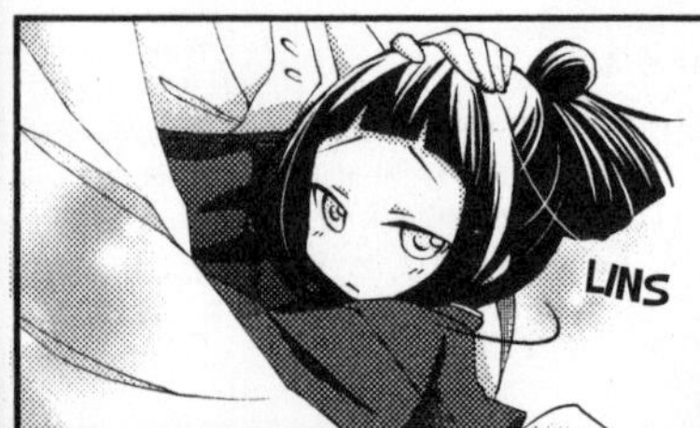
LINS

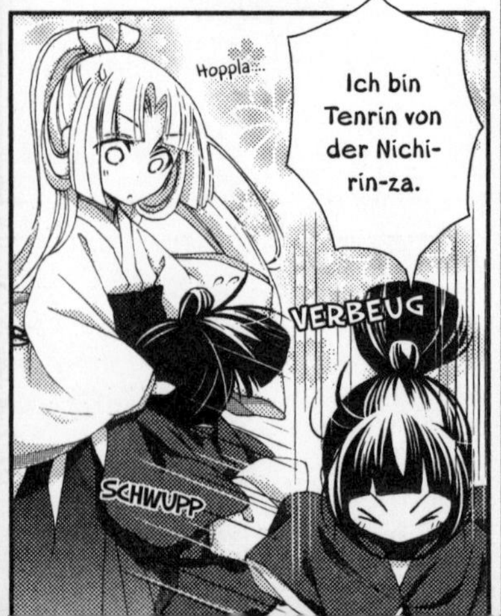
Ich bin Tenrin von der Nichirin-za.
Hoppla ...
VERBEUG
SCHWUPP

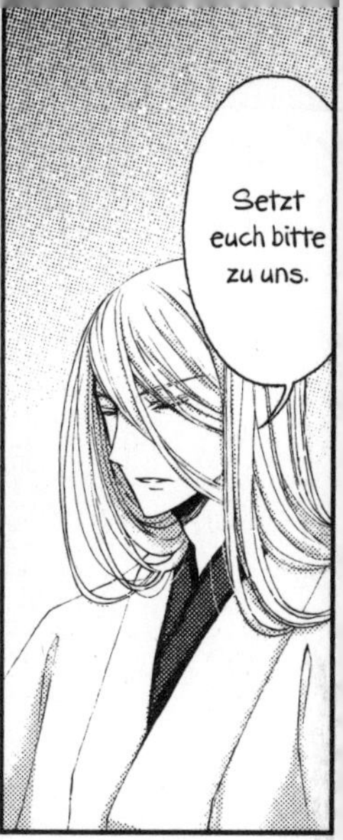
Setzt euch bitte zu uns.

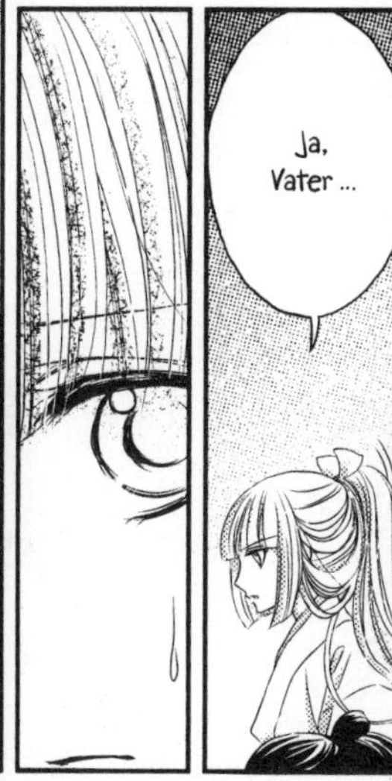
Ja, Vater ...

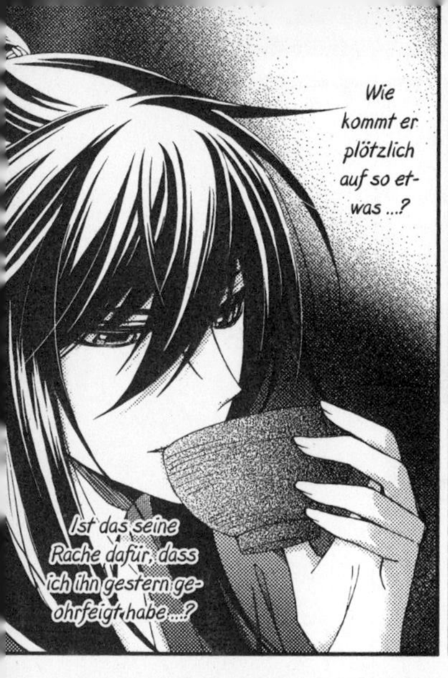
Wie kommt er plötzlich auf so et-was ...?
Ist das seine Rache dafür, dass ich ihn gestern ge-ohrfeigt habe ...?

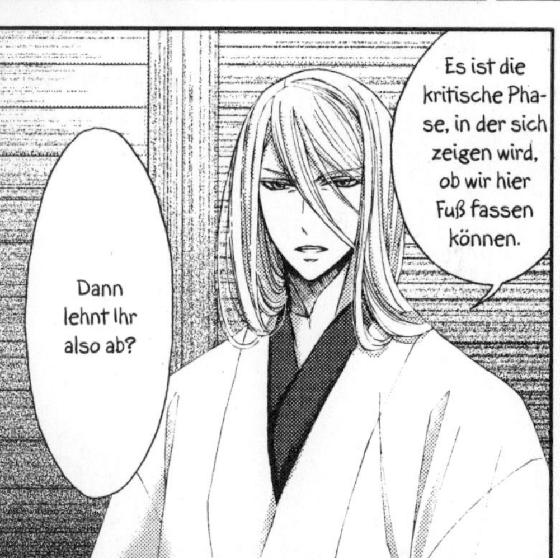
Was sagt Ihr, Oberhaupt Ichiyo?
Es ist uns unangenehm, aber wir sind erst seit Kur-zem in der Hauptstadt.
Es ist die kritische Pha-se, in der sich zeigen wird, ob wir hier Fuß fassen können.
Dann lehnt Ihr also ab?

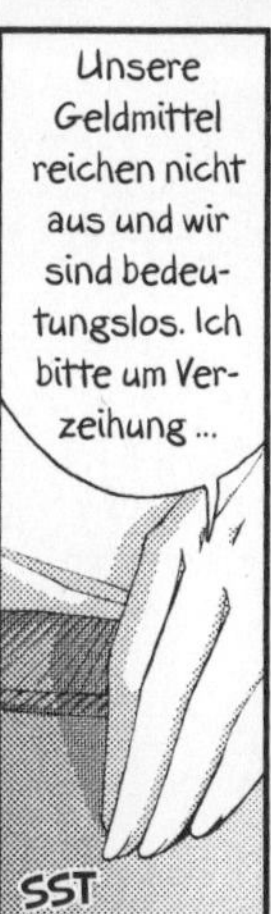
Unsere Geldmittel reichen nicht aus und wir sind bedeu-tungslos. Ich bitte um Ver-zeihung ...
SST

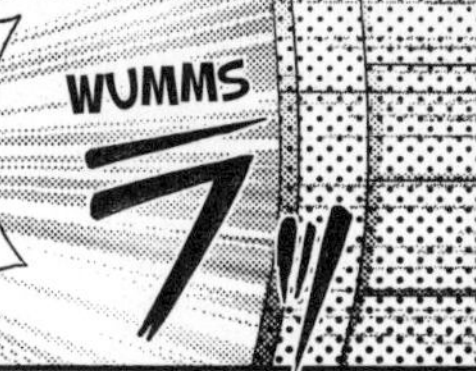
WUMMS

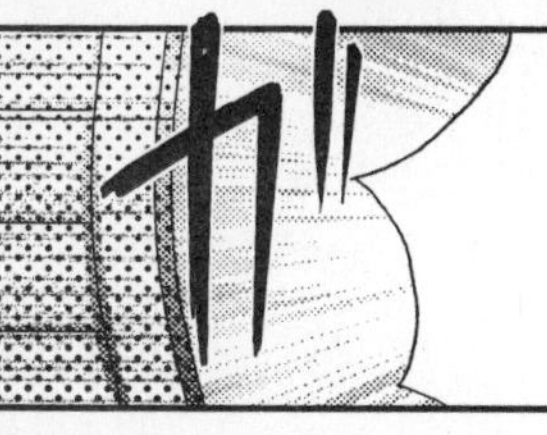
Es ist noch zu früh, um abzulehnen!

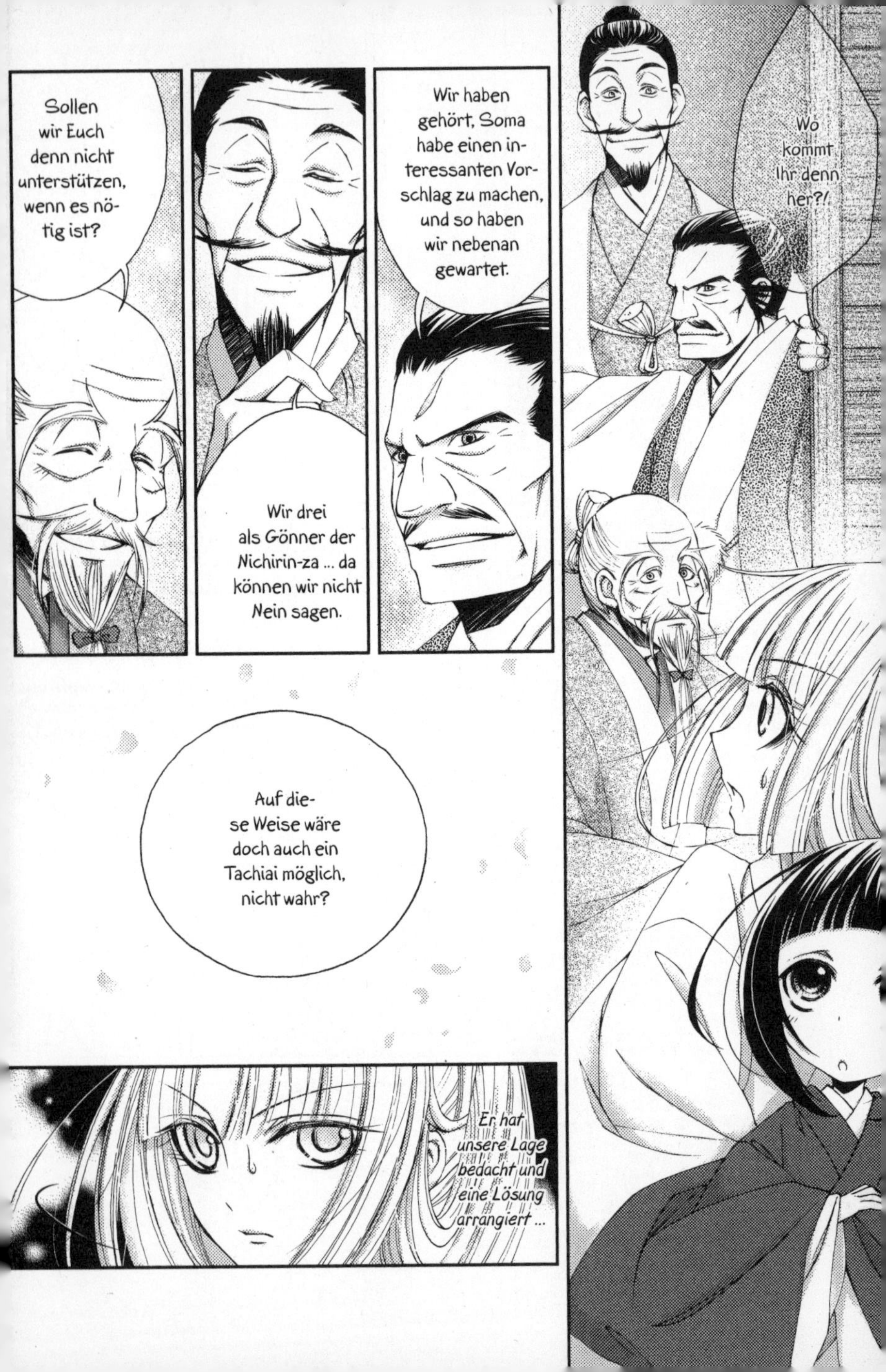

Wo kommt Ihr denn her?!

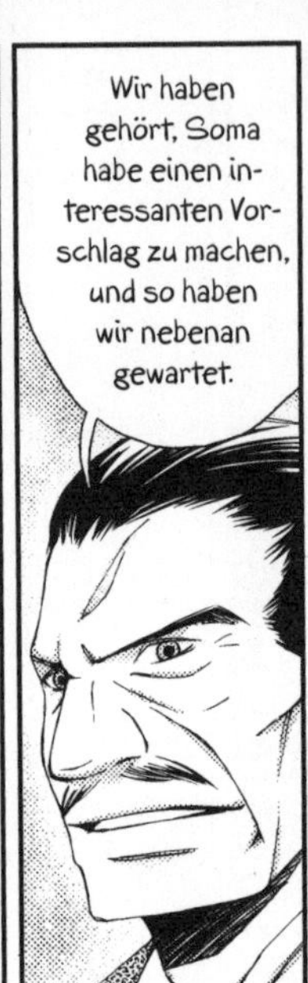

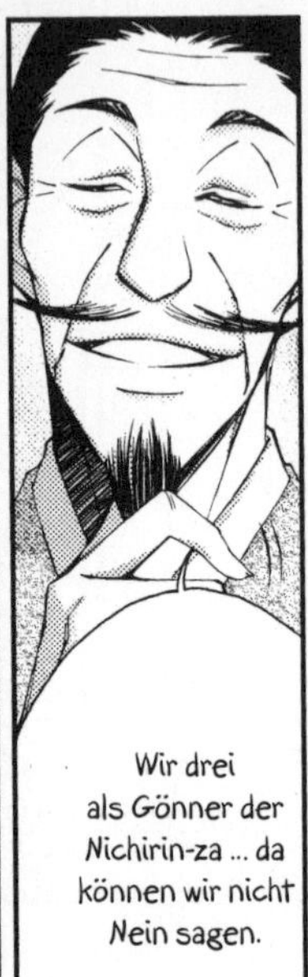

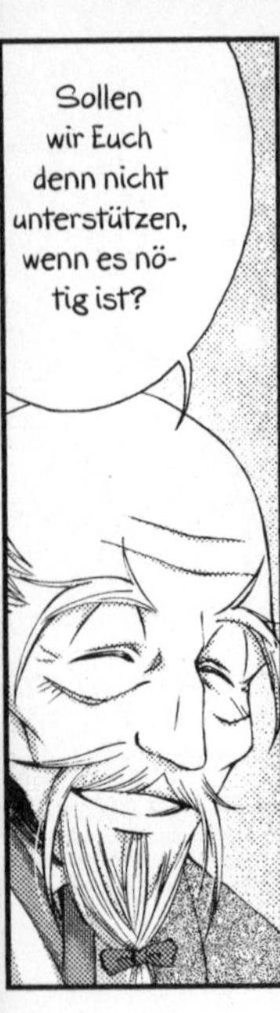

Auf diese Weise wäre doch auch ein Tachiai möglich, nicht wahr?

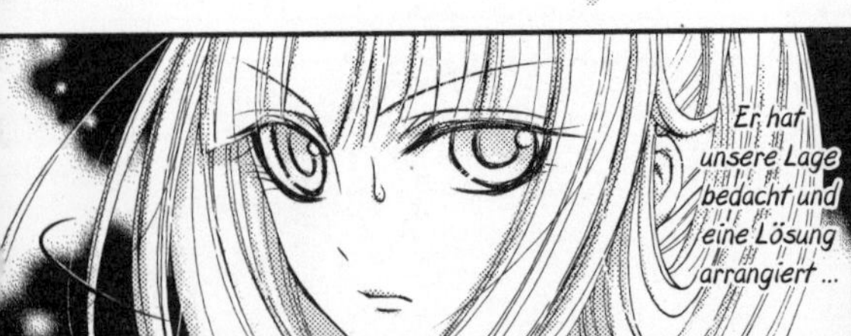

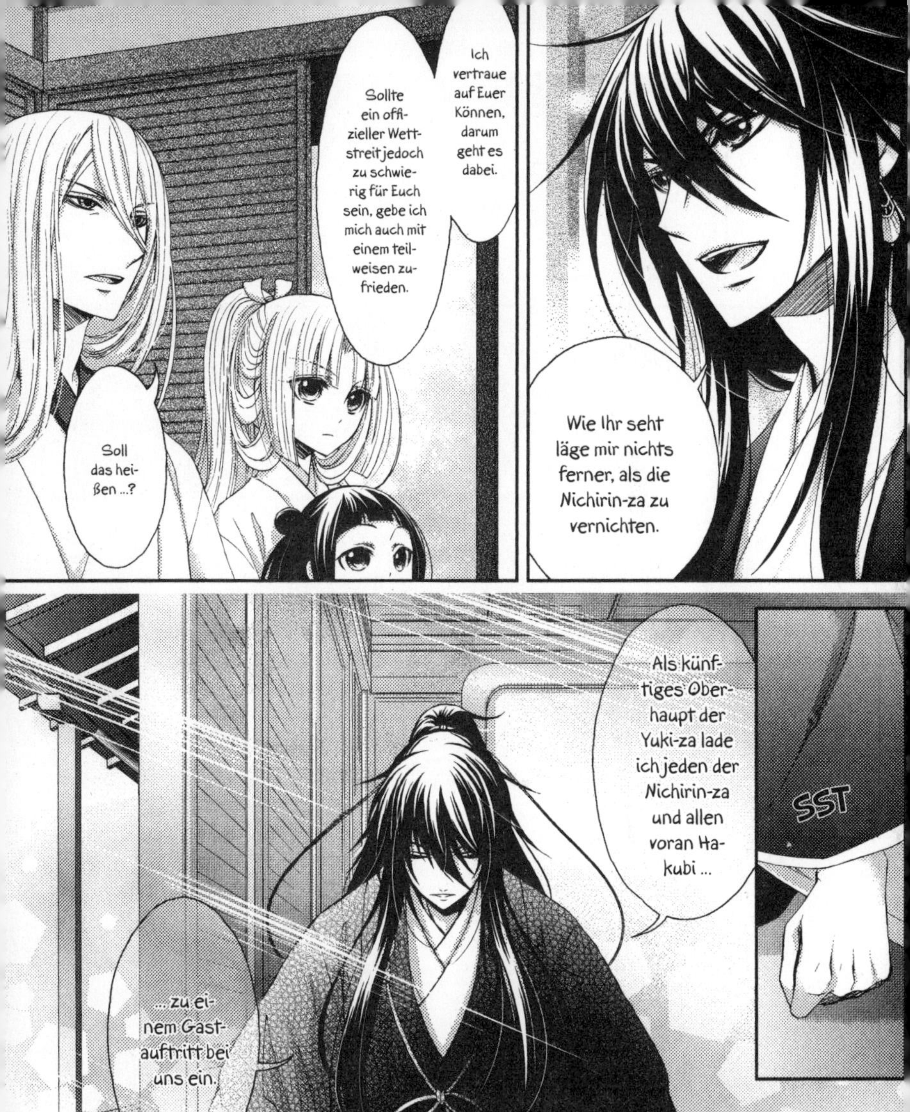
Wie Ihr seht läge mir nichts ferner, als die Nichirin-za zu vernichten.
Ich vertraue auf Euer Können, darum geht es dabei.
Sollte ein offizieller Wettstreit jedoch zu schwierig für Euch sein, gebe ich mich auch mit einem teilweisen zufrieden.
Soll das heißen ...?
SST
Als künftiges Oberhaupt der Yuki-za lade ich jeden der Nichirin-za und allen voran Hakubi ...
... zu einem Gastauftritt bei uns ein.

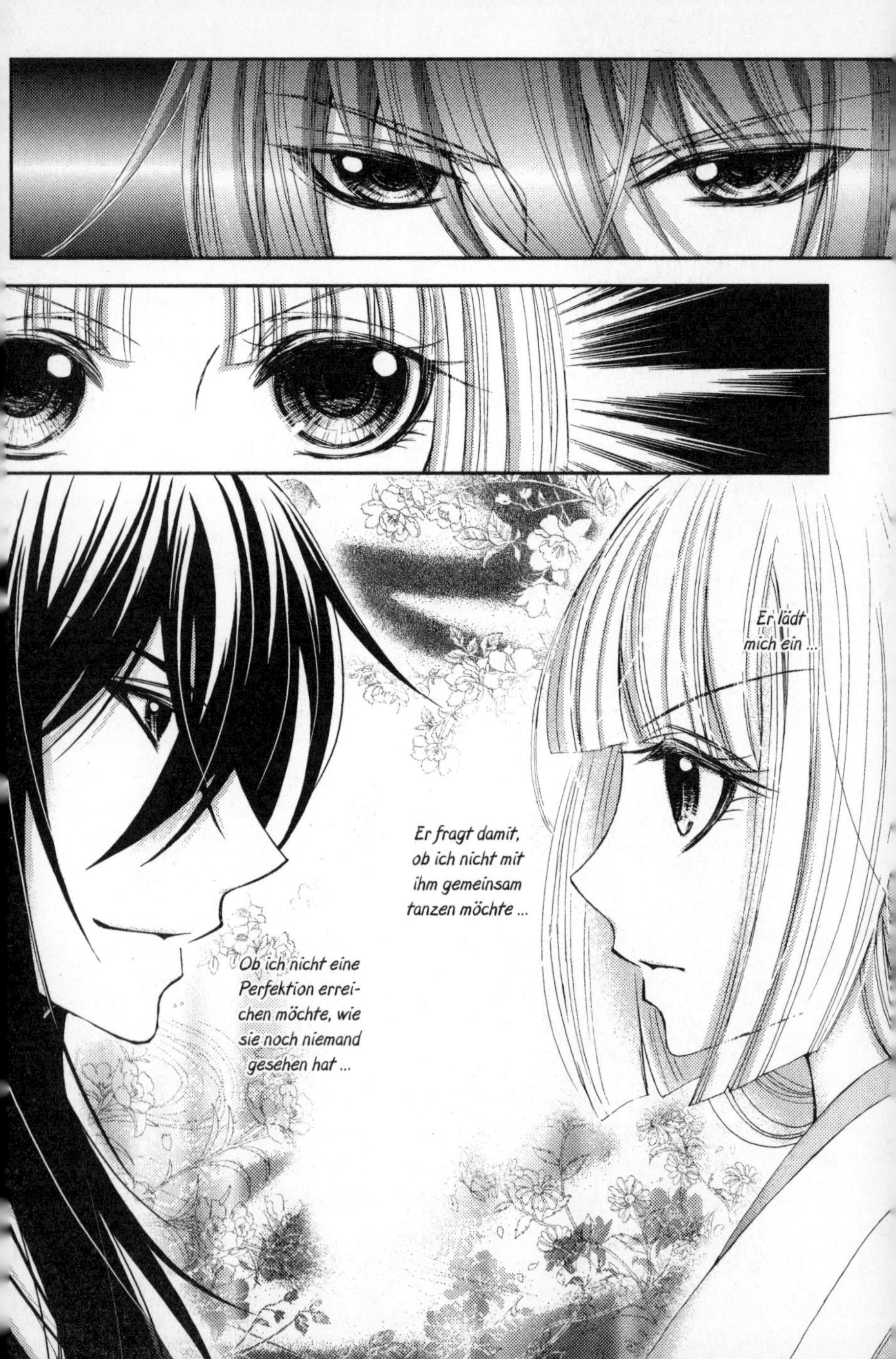
Er lädt
mich ein ...
Er fragt damit,
ob ich nicht mit
ihm gemeinsam
tanzen möchte ...
Ob ich nicht eine
Perfektion errei-
chen möchte, wie
sie noch niemand
gesehen hat ...

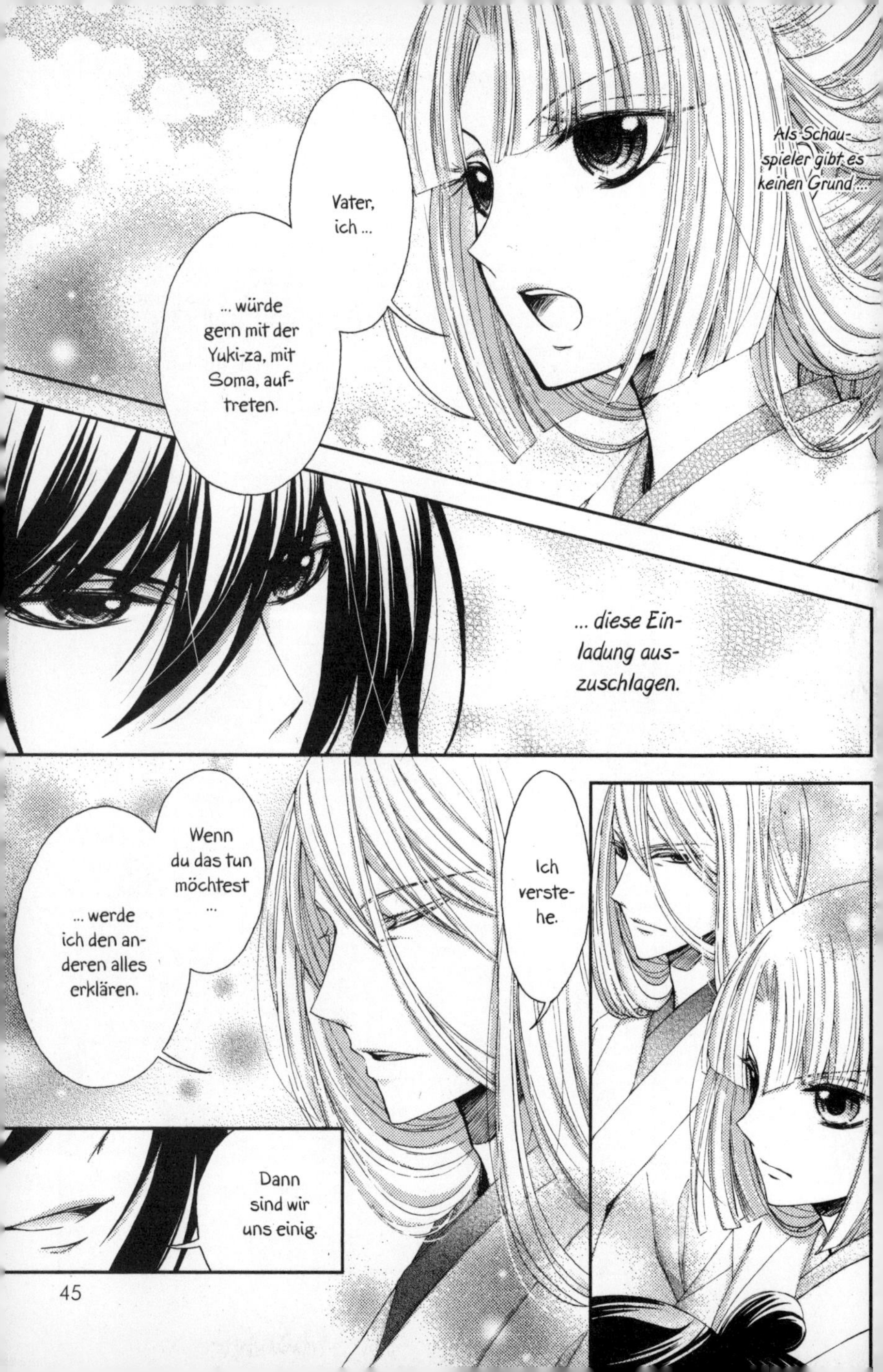
Vater, ich ...
... würde gern mit der Yuki-za, mit Soma, auftreten.
Als Schauspieler gibt es keinen Grund ...
... diese Einladung auszuschlagen.
Ich verstehe.
Wenn du das tun möchtest ...
... werde ich den anderen alles erklären.
Dann sind wir uns einig.

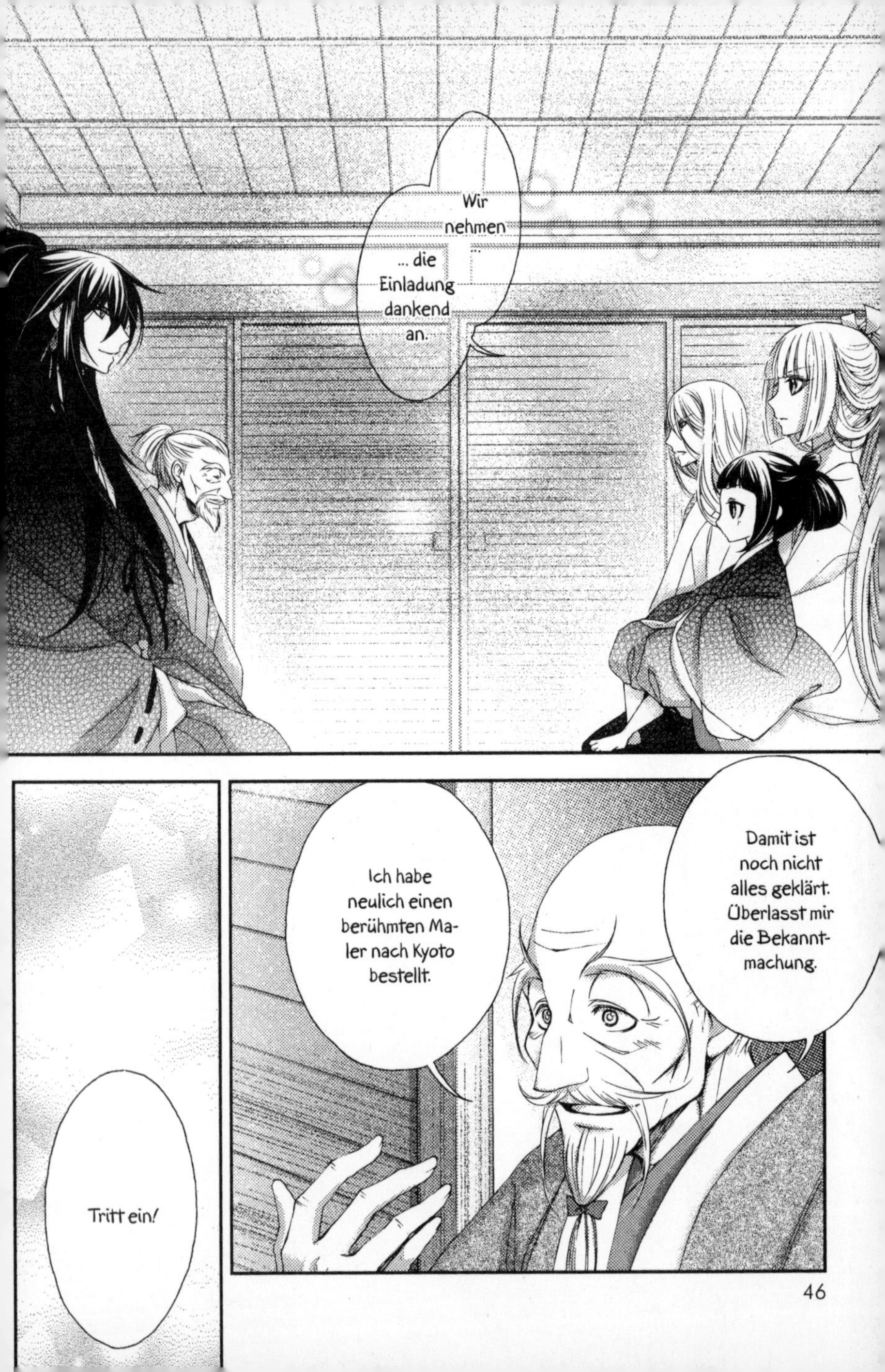

Wir nehmen ... die Einladung dankend an.

Damit ist noch nicht alles geklärt. Überlasst mir die Bekanntmachung.

Ich habe neulich einen berühmten Maler nach Kyoto bestellt.

Tritt ein!

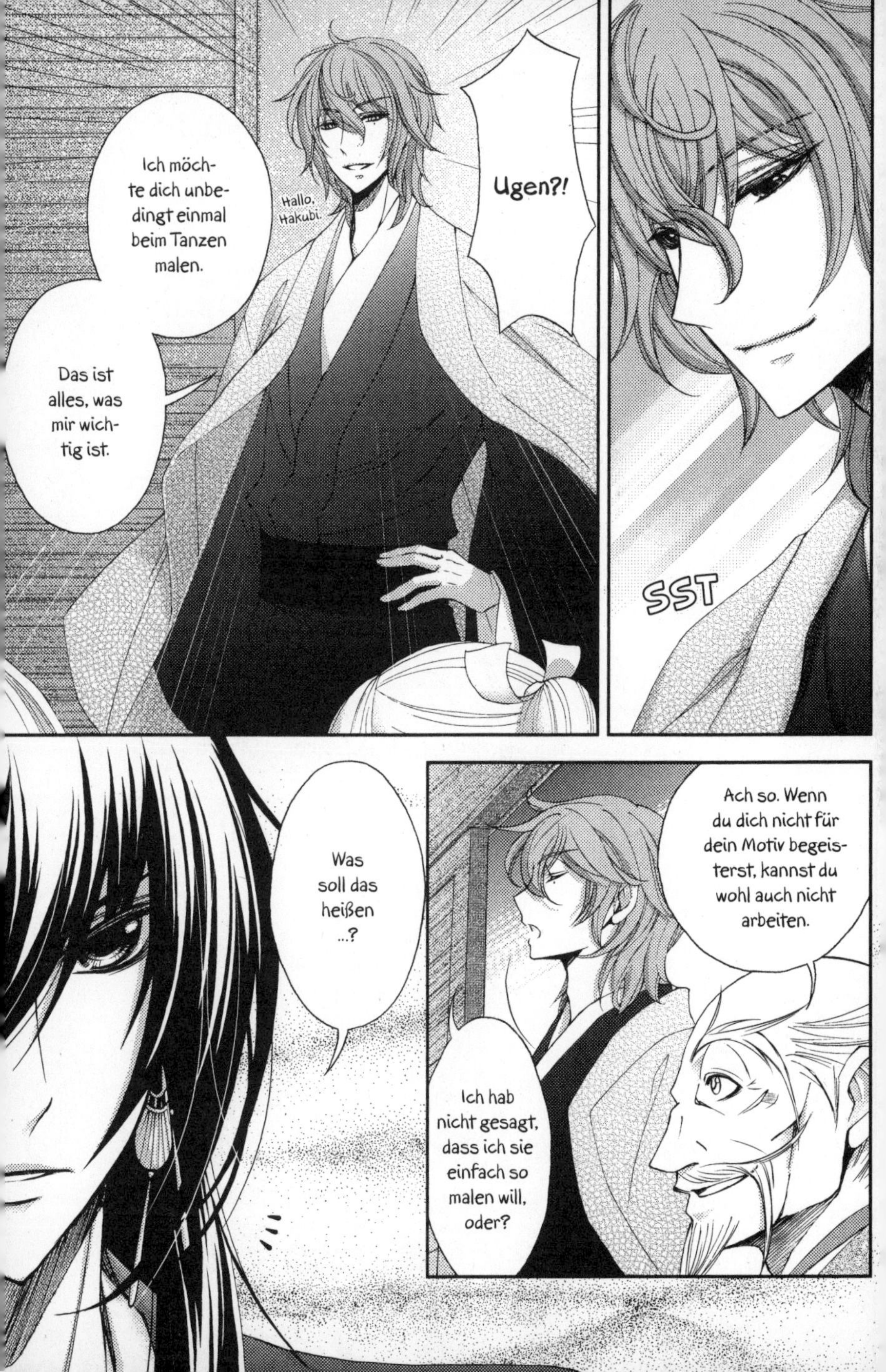
Ugen?!
SST
Hallo, Hakubi.
Ich möchte dich unbedingt einmal beim Tanzen malen.
Das ist alles, was mir wichtig ist.
Ach so. Wenn du dich nicht für dein Motiv begeisterst, kannst du wohl auch nicht arbeiten.
Ich hab nicht gesagt, dass ich sie einfach so malen will, oder?
Was soll das heißen ...?

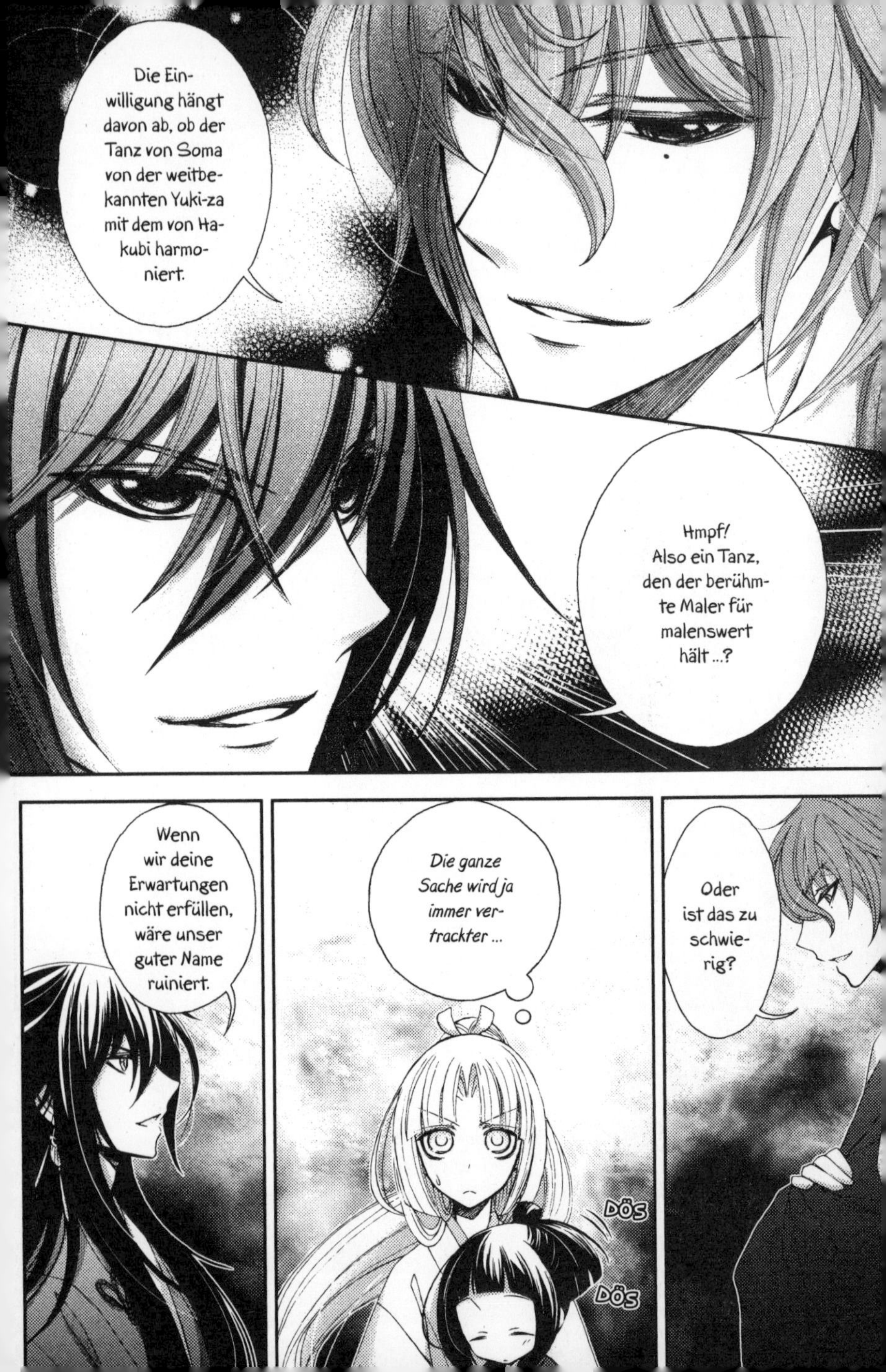

Die Einwilligung hängt davon ab, ob der Tanz von Soma von der weitbekannten Yuki-za mit dem von Hakubi harmoniert.

Hmpf! Also ein Tanz, den der berühmte Maler für malenswert hält ...?

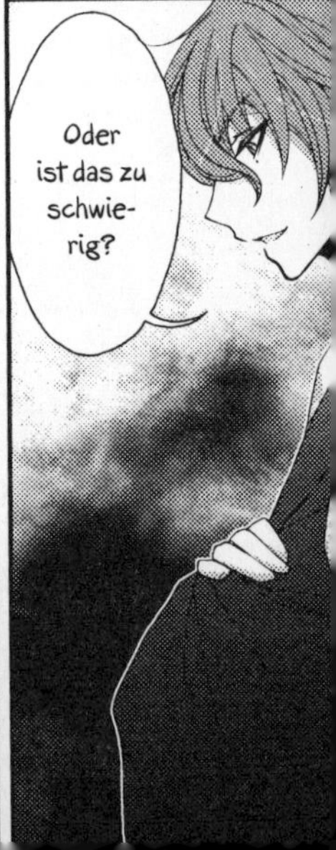

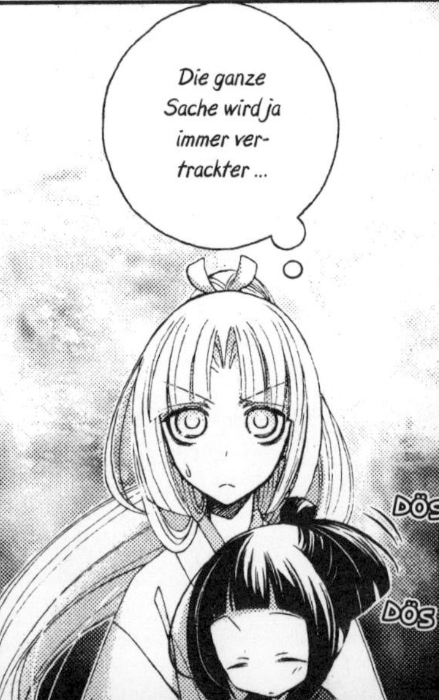

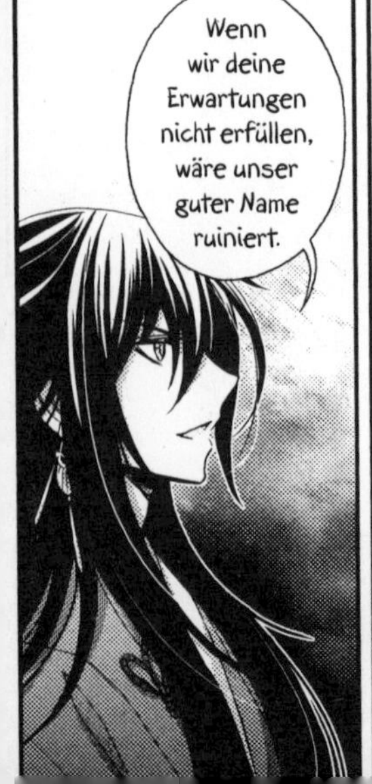

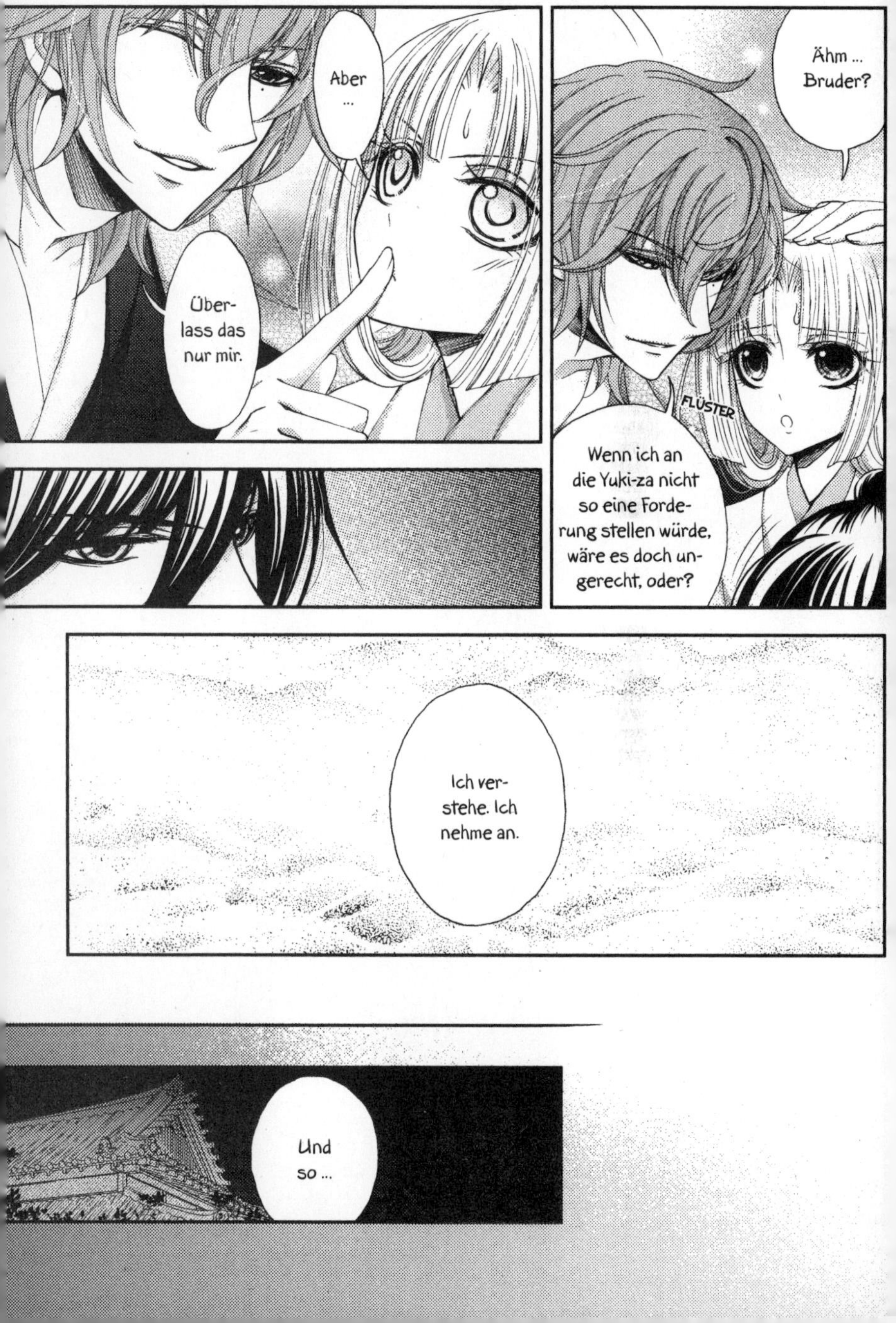

Ähm ... Bruder?

FLÜSTER

Wenn ich an die Yuki-za nicht so eine Forderung stellen würde, wäre es doch ungerecht, oder?

Aber ...

Überlass das nur mir.

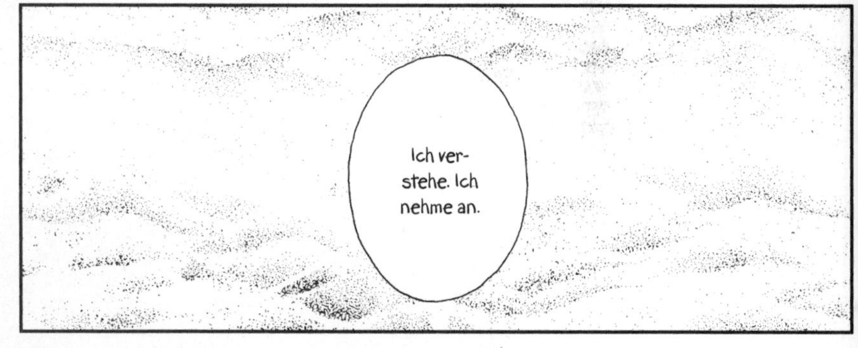

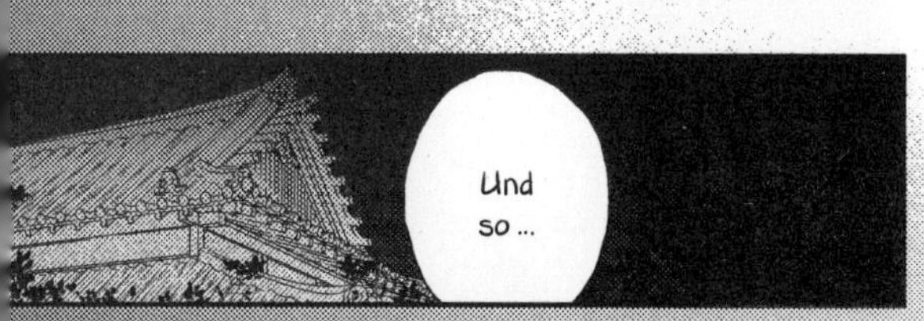

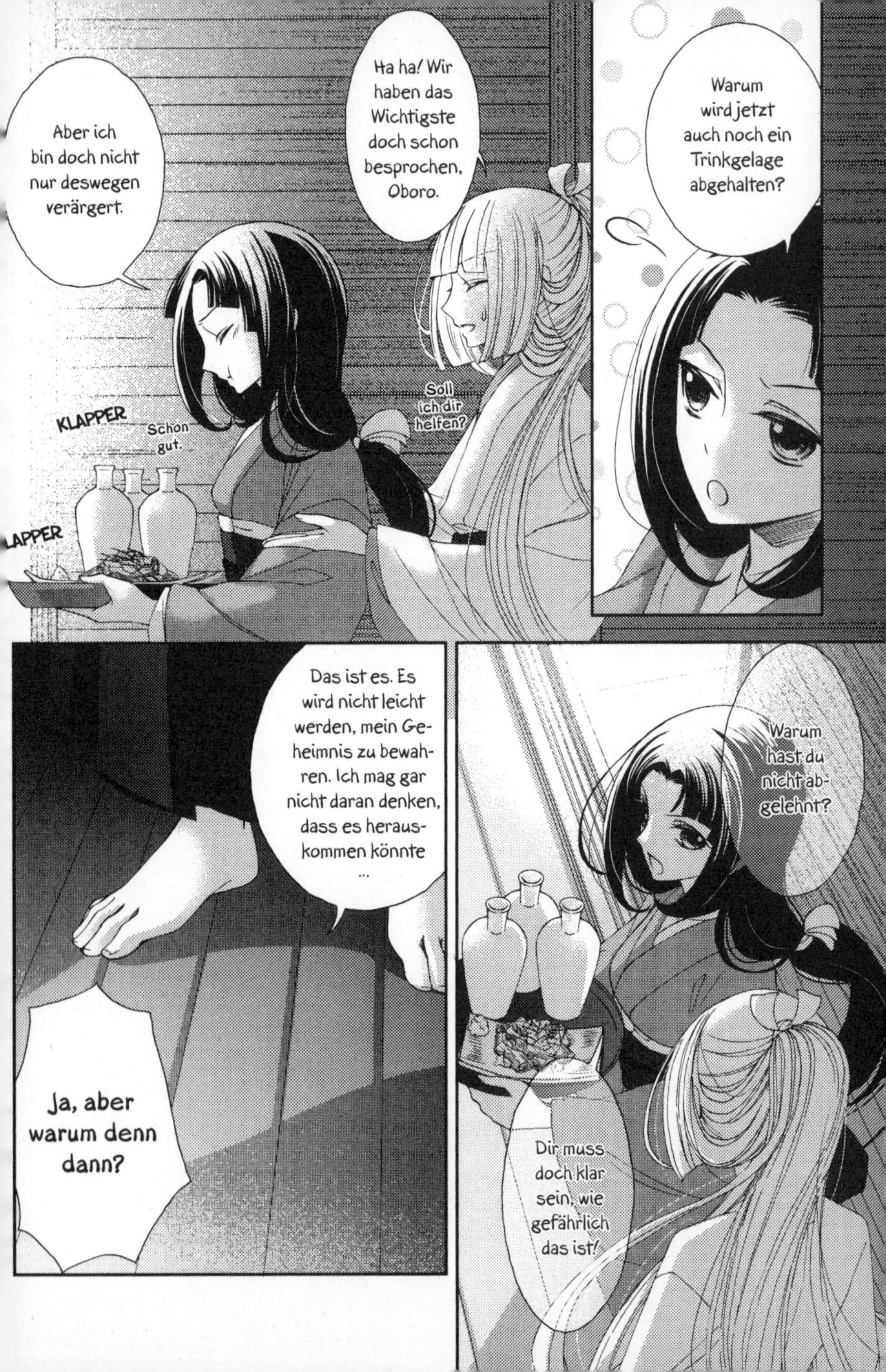
Warum wird jetzt auch noch ein Trinkgelage abgehalten?
Ha ha! Wir haben das Wichtigste doch schon besprochen, Oboro.
Aber ich bin doch nicht nur deswegen verärgert.
Soll ich dir helfen?
Schon gut.
KLAPPER
KLAPPER
Warum hast du nicht abgelehnt?
Dir muss doch klar sein, wie gefährlich das ist!
Das ist es. Es wird nicht leicht werden, mein Geheimnis zu bewahren. Ich mag gar nicht daran denken, dass es herauskommen könnte ...
Ja, aber warum denn dann?

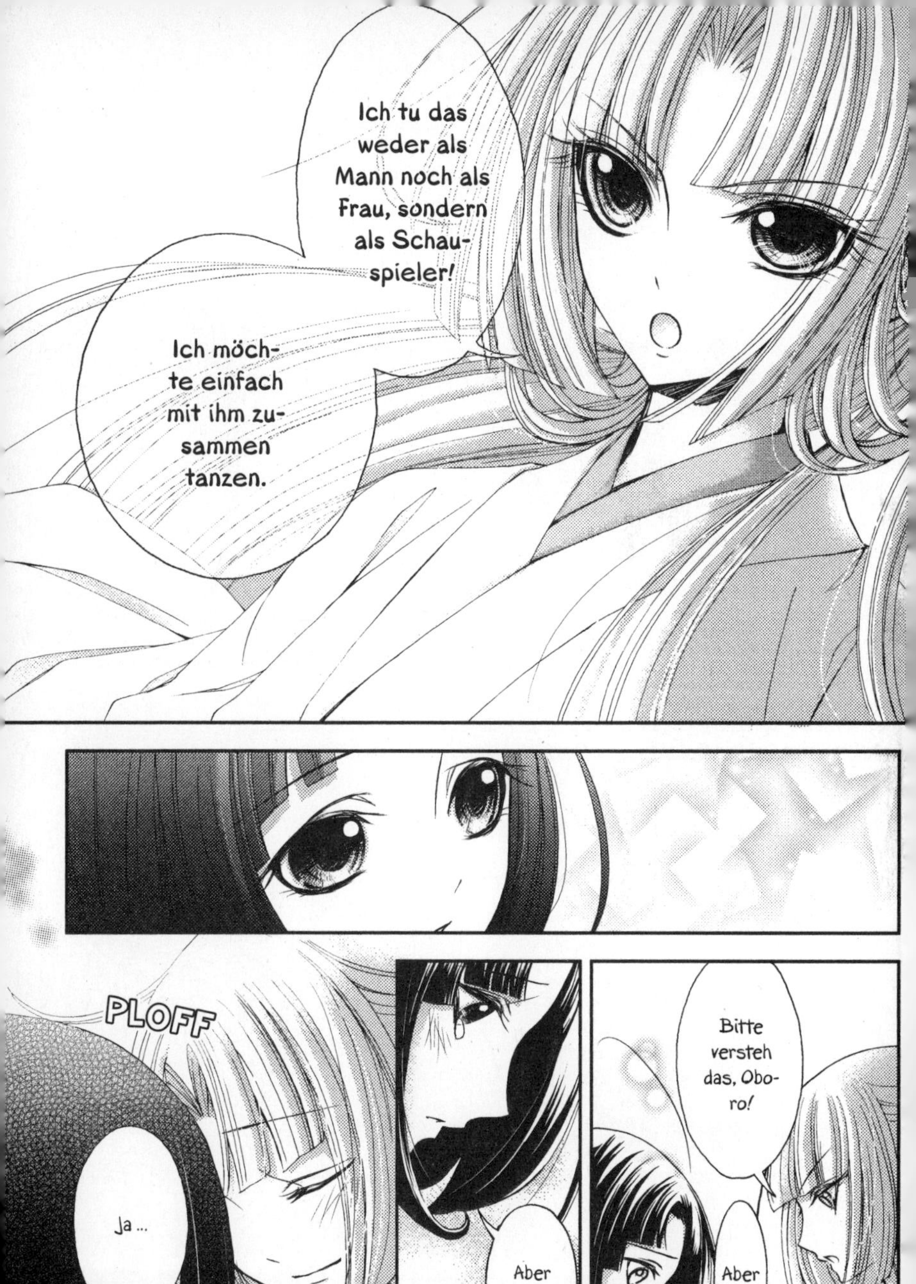
Ich tu das weder als Mann noch als Frau, sondern als Schau-spieler!
Ich möch-te einfach mit ihm zu-sammen tanzen.
Bitte versteh das, Obo-ro!
Aber …
Aber du …
PLOFF
Ja …

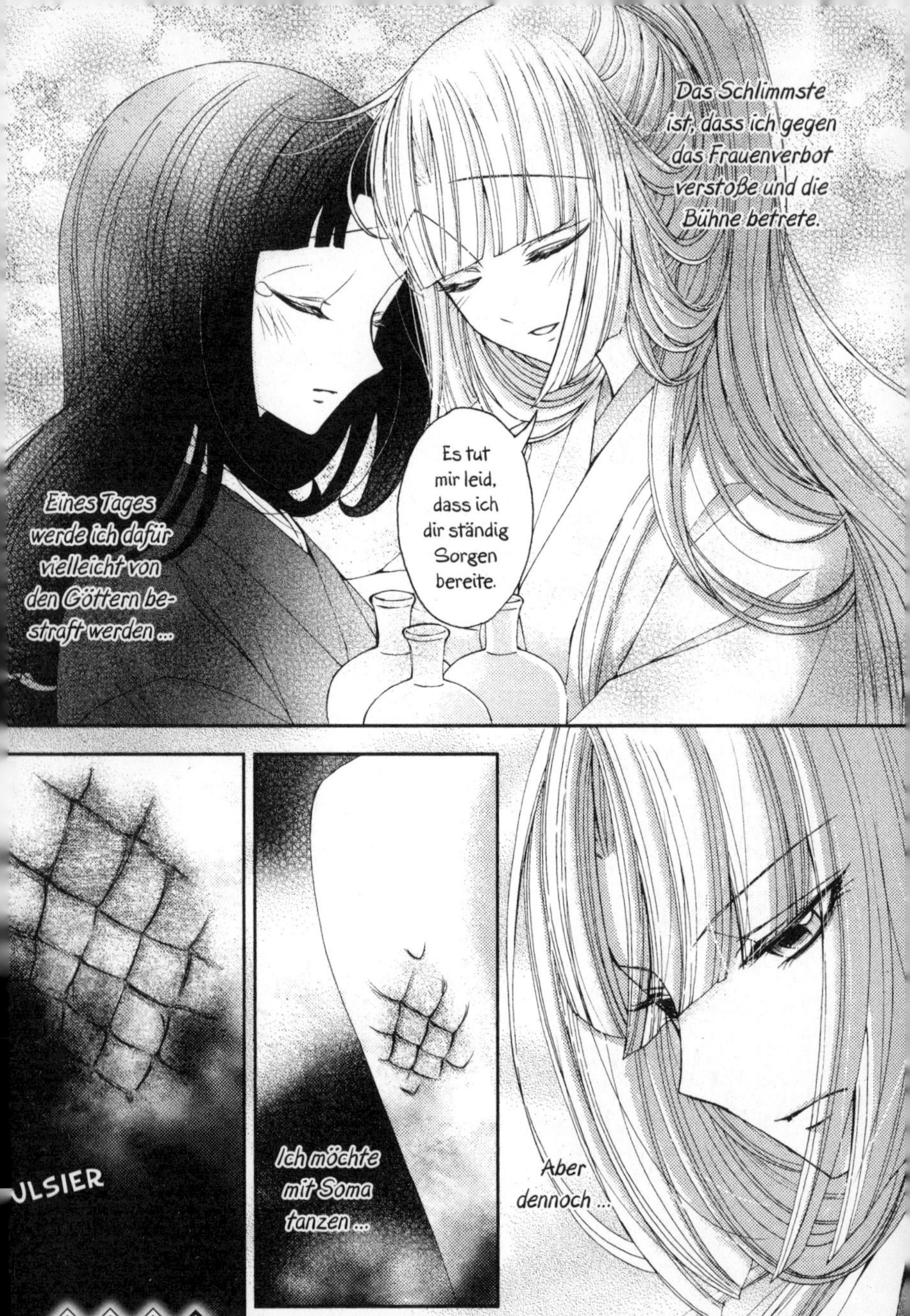

2. Kapitel – Ende

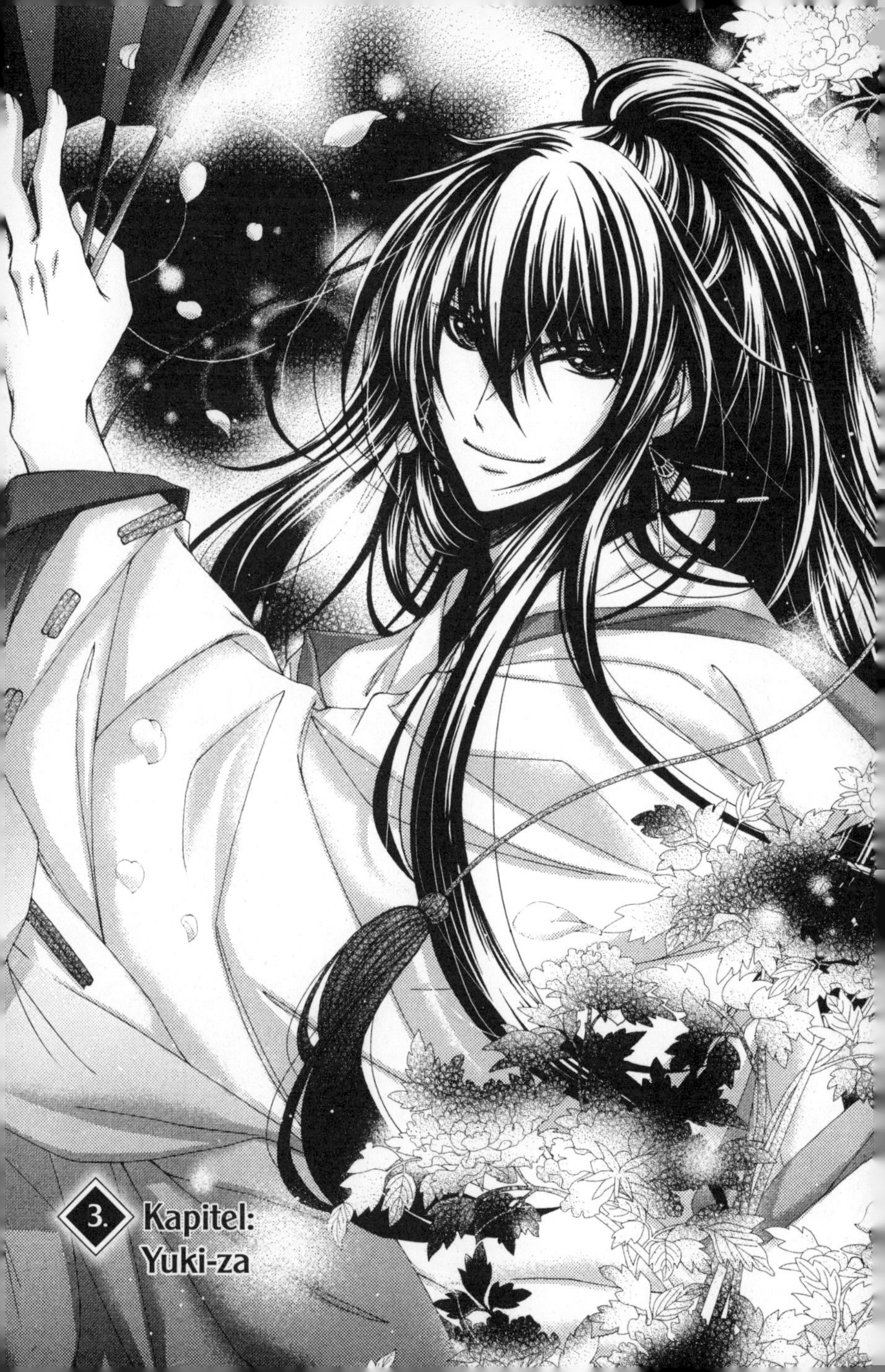
3. Kapitel:
Yuki-za

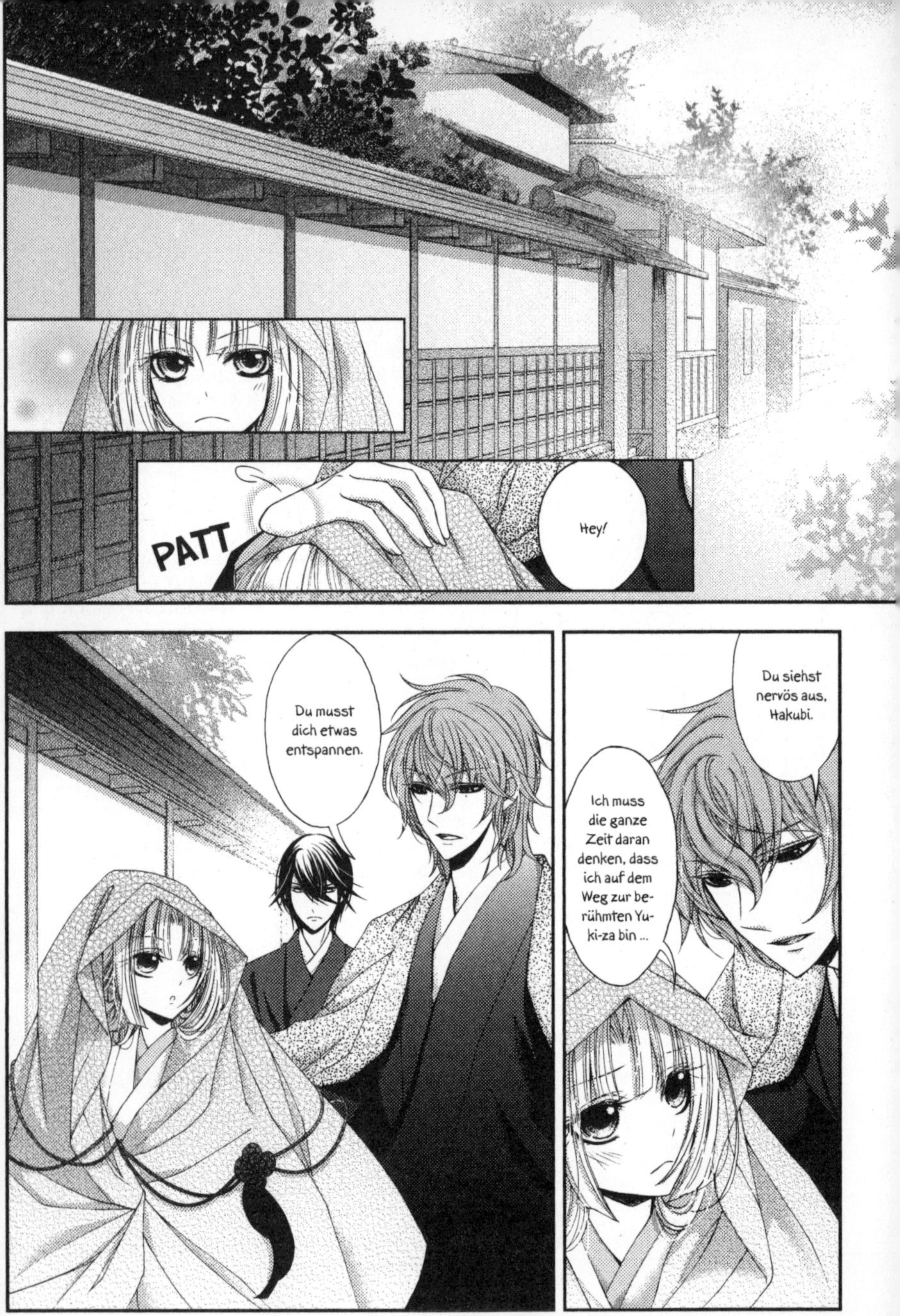

Hey!

PATT

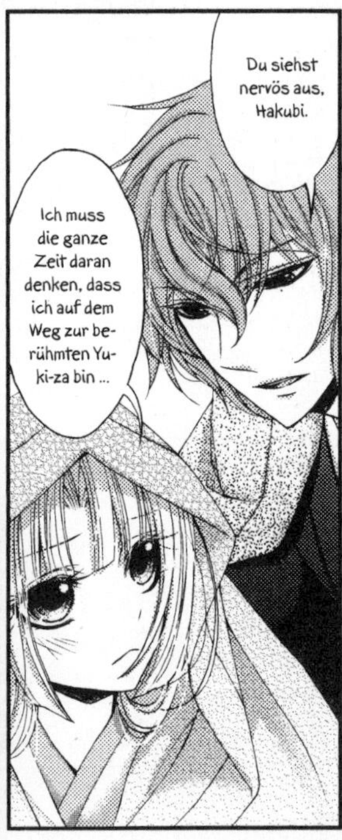
Du siehst nervös aus, Hakubi.
Ich muss die ganze Zeit daran denken, dass ich auf dem Weg zur berühmten Yuki-za bin ...

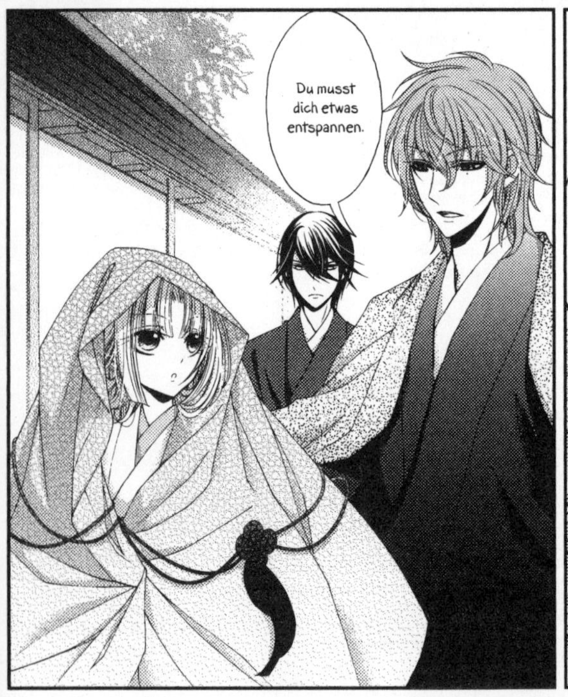
Du musst dich etwas entspannen.

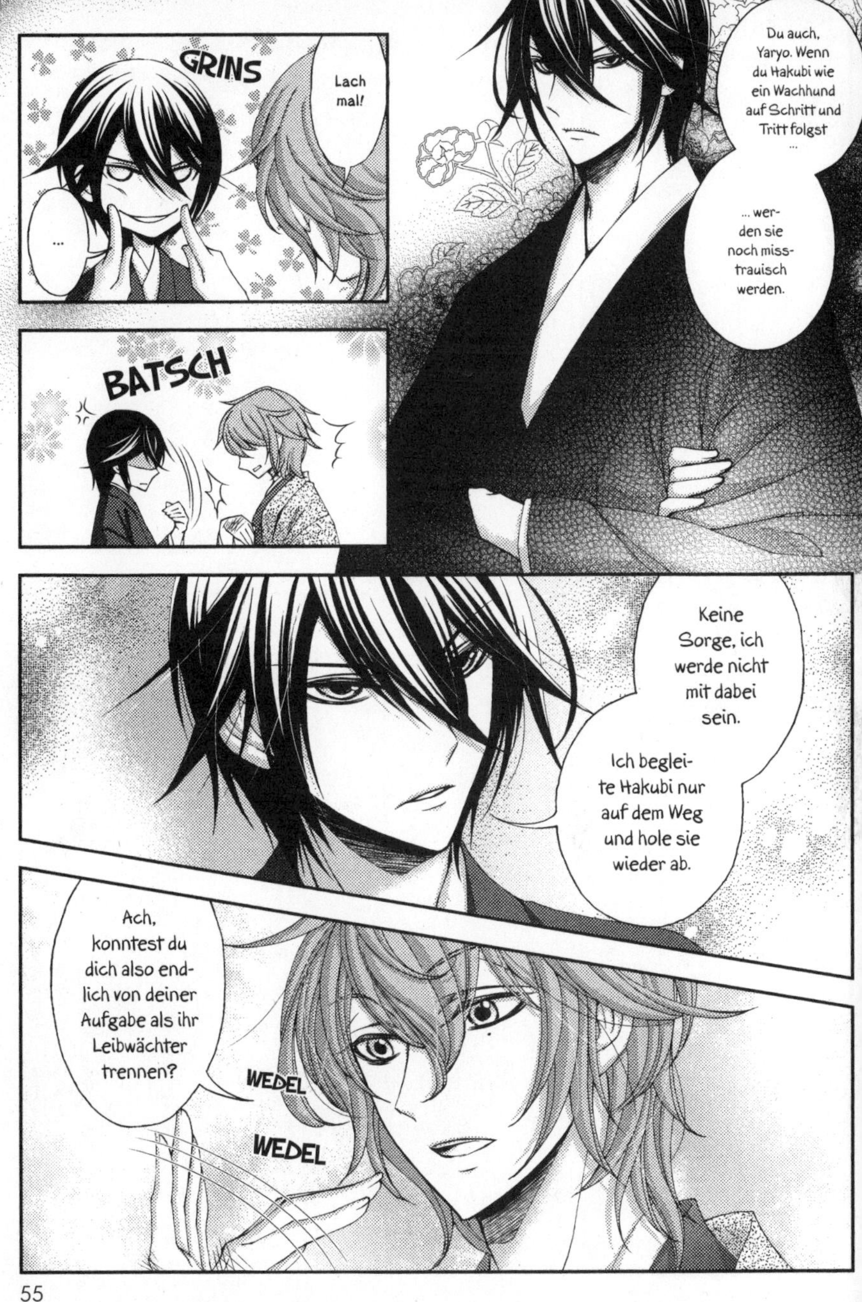
Du auch, Yaryo. Wenn du Hakubi wie ein Wachhund auf Schritt und Tritt folgst …
… werden sie noch misstrauisch werden.
Lach mal!
GRINS
…
BATSCH
Keine Sorge, ich werde nicht mit dabei sein.
Ich begleite Hakubi nur auf dem Weg und hole sie wieder ab.
Ach, konntest du dich also endlich von deiner Aufgabe als ihr Leibwächter trennen?
WEDEL
WEDEL

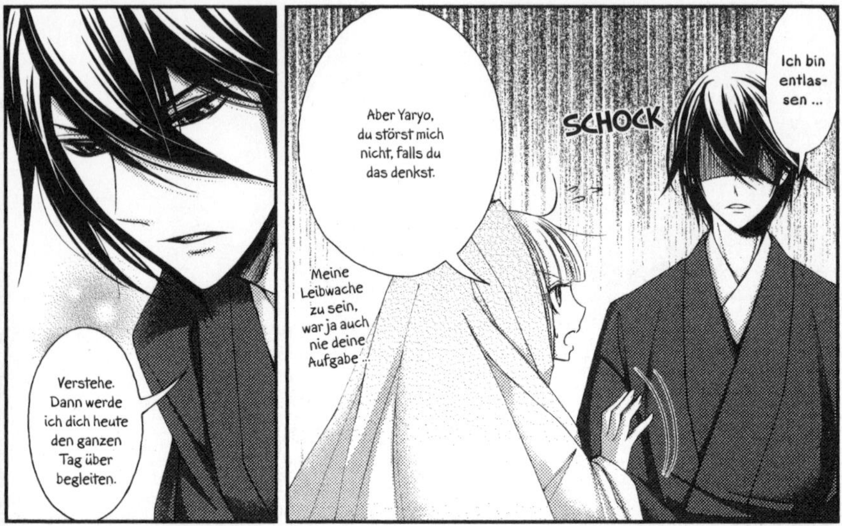
Ich bin entlassen ...
SCHOCK
Aber Yaryo, du störst mich nicht, falls du das denkst.
Meine Leibwache zu sein, war ja auch nie deine Aufgabe ...
Verstehe. Dann werde ich dich heute den ganzen Tag über begleiten.

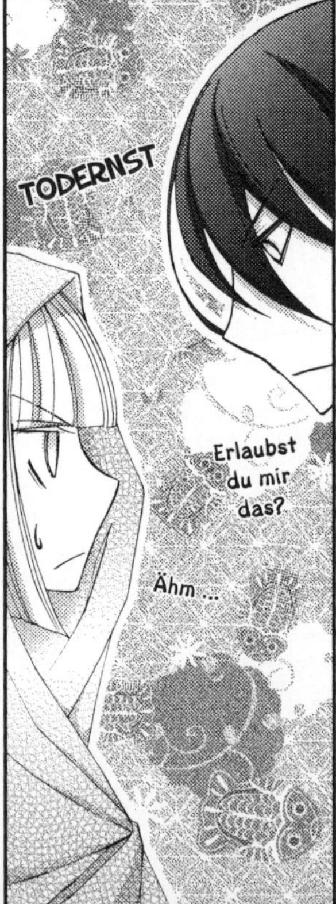
TODERNST
Erlaubst du mir das?
Ähm ...

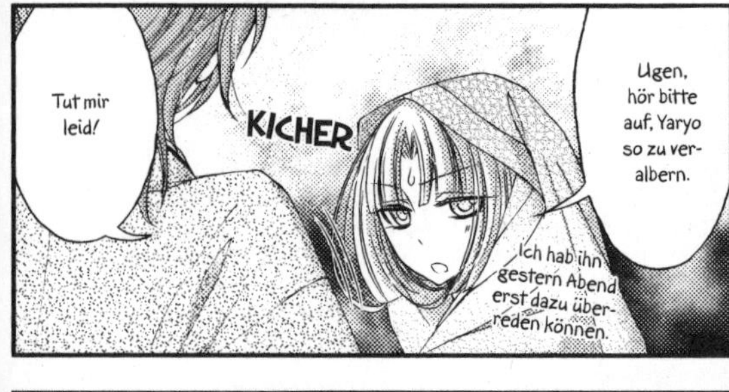
Ugen, hör bitte auf, Yaryo so zu veralbern.
Ich hab ihn gestern Abend erst dazu überreden können.
KICHER
Tut mir leid!

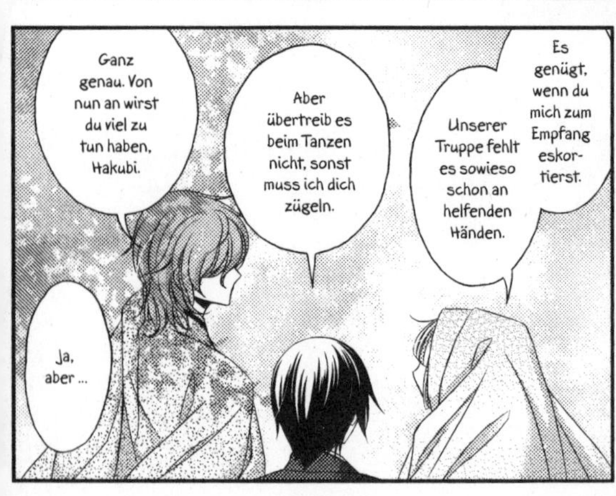
Es genügt, wenn du mich zum Empfang eskortierst.
Unserer Truppe fehlt es sowieso schon an helfenden Händen.
Aber übertreib es beim Tanzen nicht, sonst muss ich dich zügeln.
Ganz genau. Von nun an wirst du viel zu tun haben, Hakubi.
Ja, aber ...

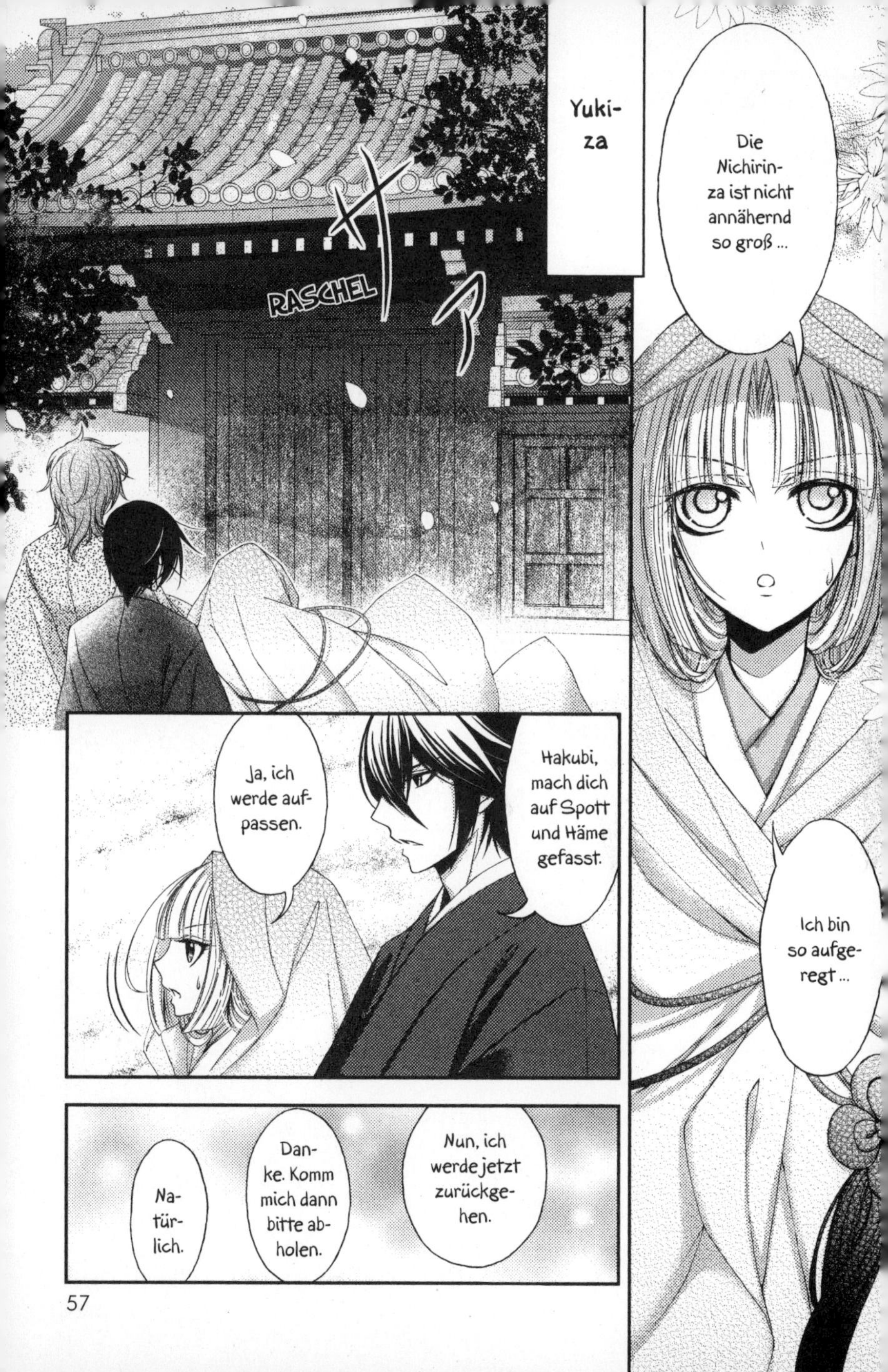
Yuki-
za
RASCHEL
Die Nichirin-za ist nicht annähernd so groß ...
Ich bin so aufgeregt ...
Hakubi, mach dich auf Spott und Häme gefasst.
Ja, ich werde aufpassen.
Nun, ich werde jetzt zurückgehen.
Danke. Komm mich dann bitte abholen.
Natürlich.

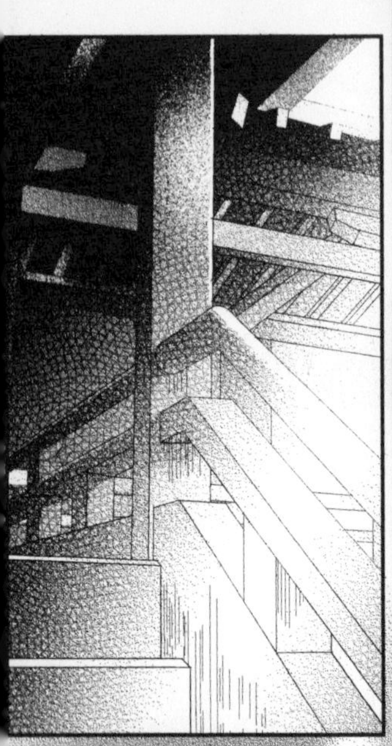

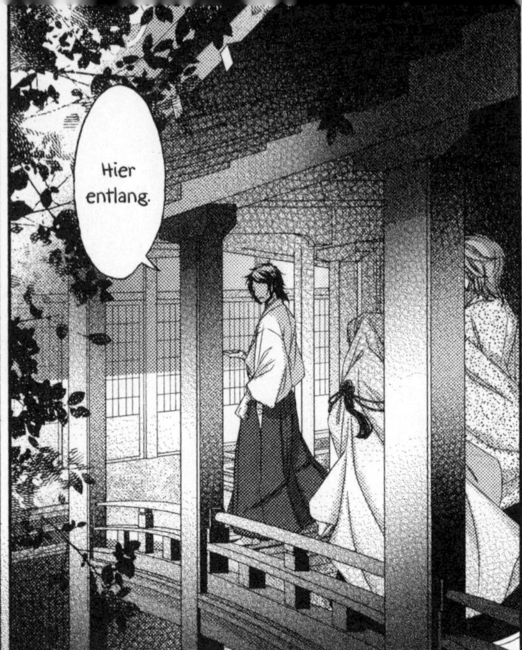

Es ist größer, als ich erwartet hatte.

Ja, es lässt sich kaum mit uns vergleichen.

Man kann sich hier verirren ...

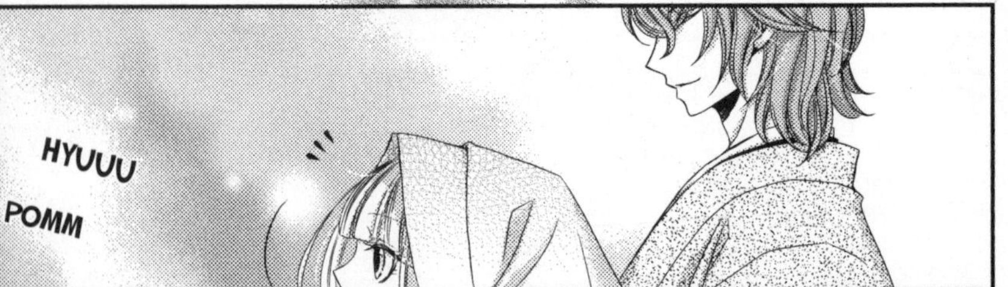

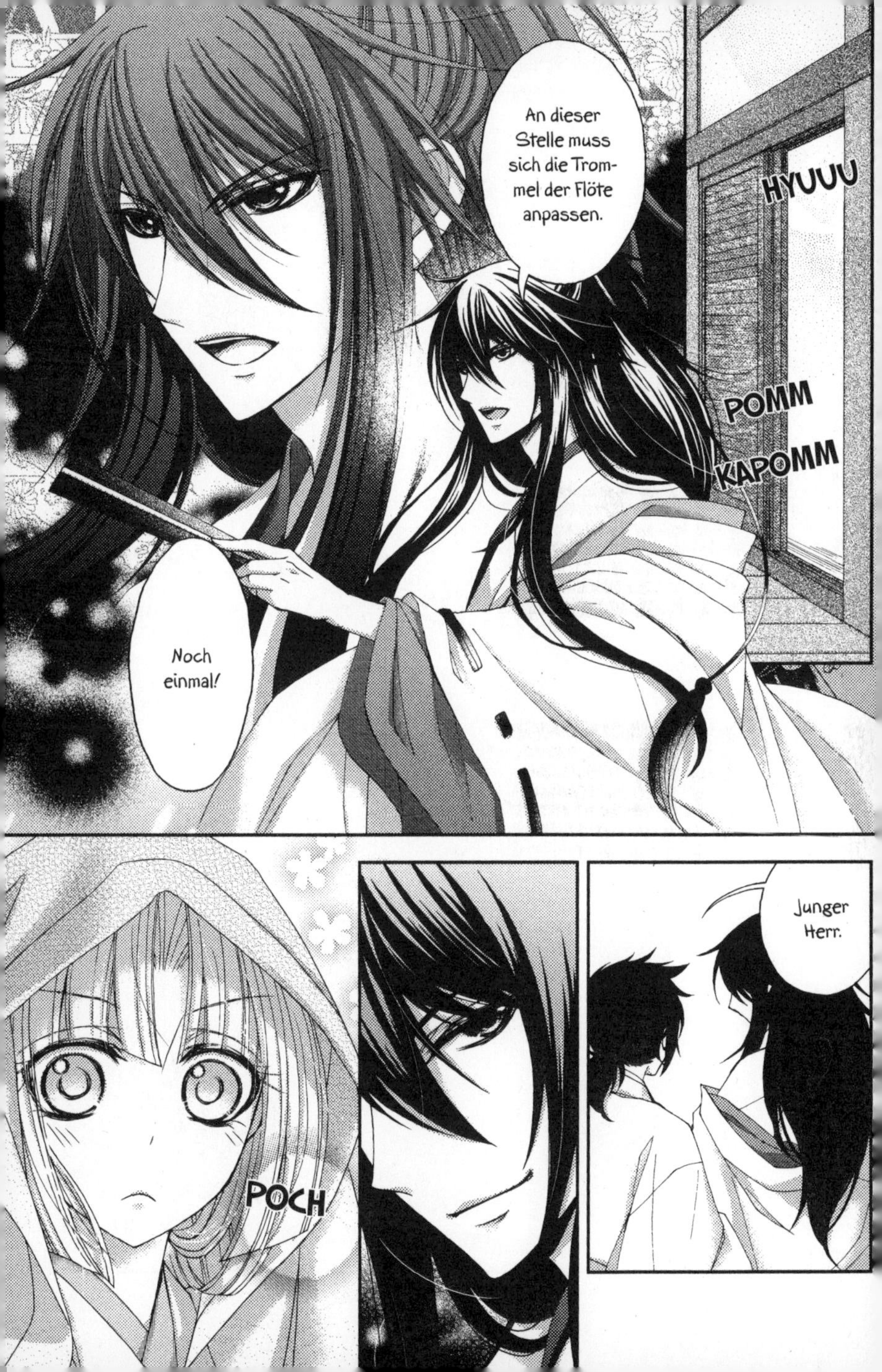

HYUUU

POMM

KAPOMM

An dieser Stelle muss sich die Trommel der Flöte anpassen.

Noch einmal!

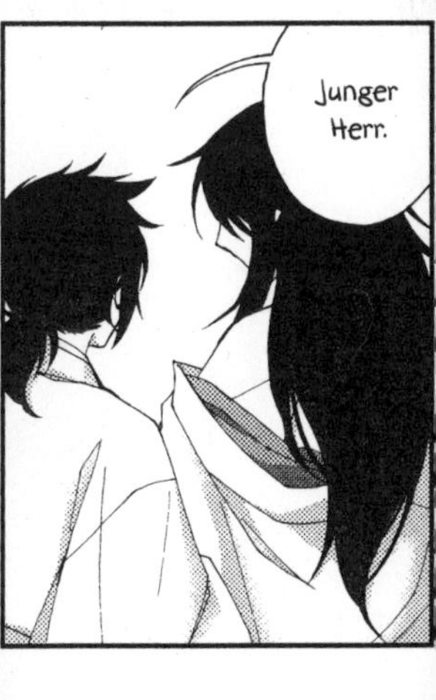

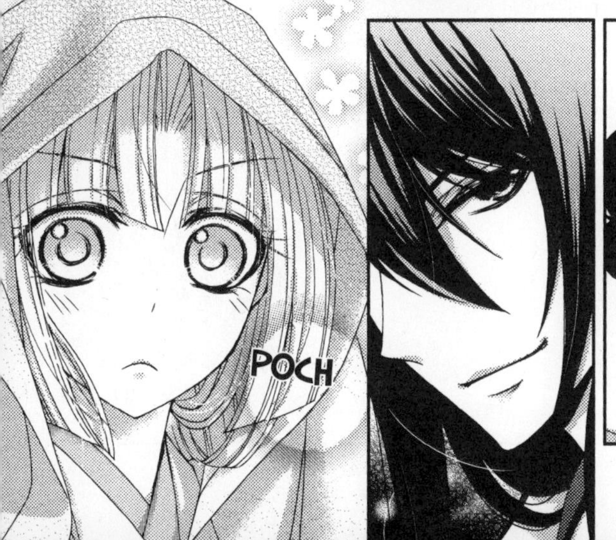

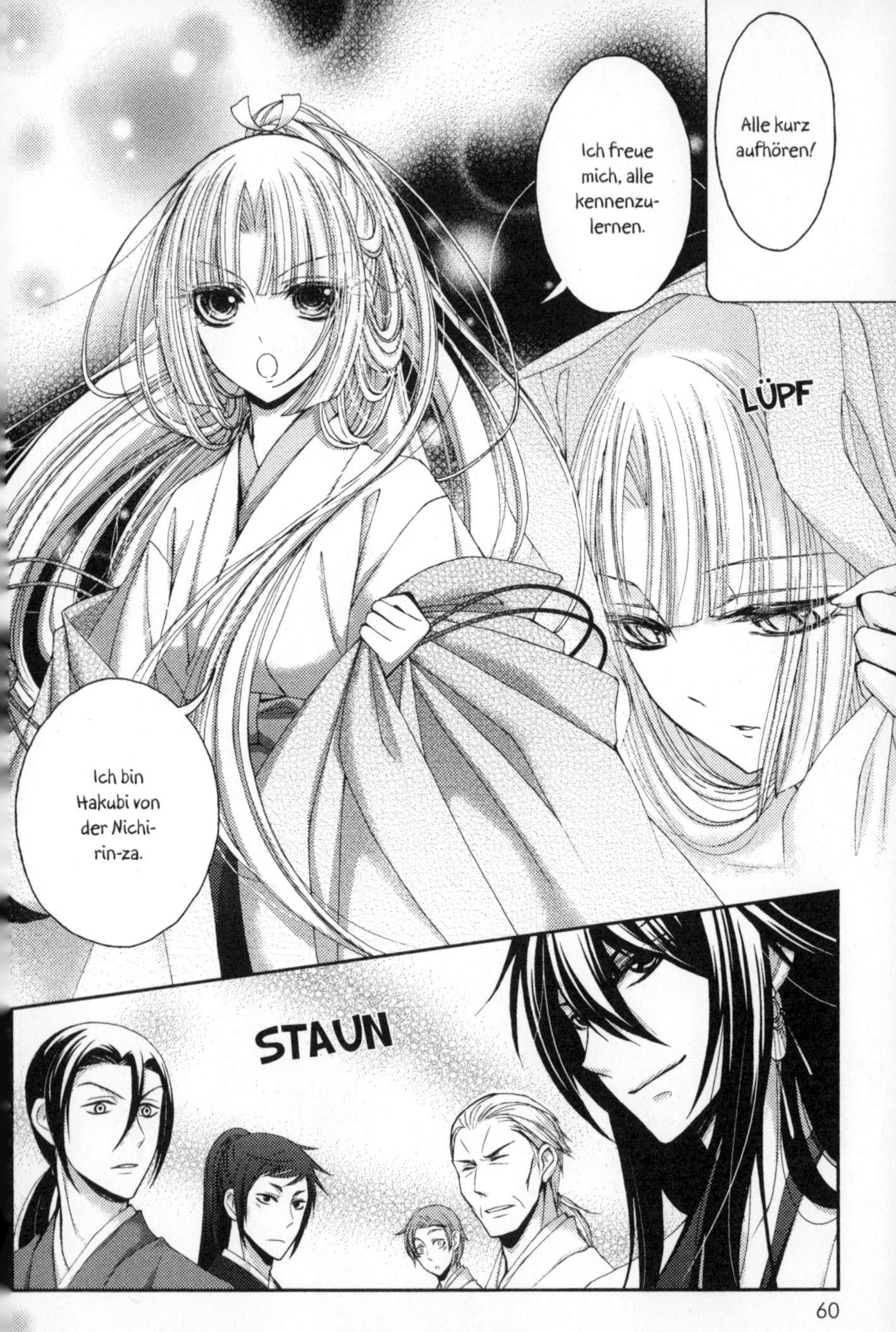
Alle kurz aufhören!
Ich freue mich, alle kennenzu-lernen.
LÜPF
Ich bin Hakubi von der Nichi-rin-za.
STAUN

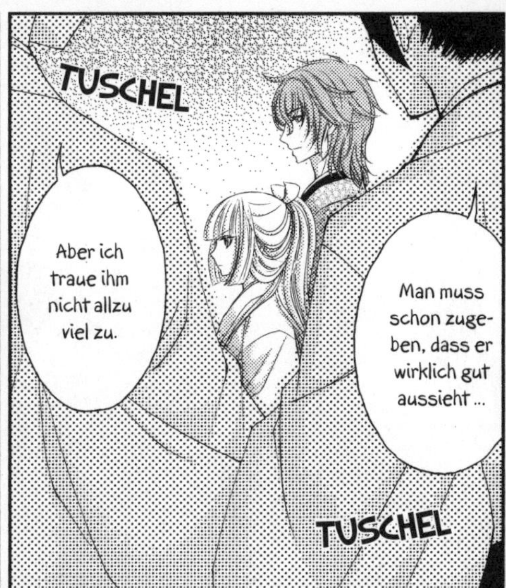
TUSCHEL
Man muss schon zugeben, dass er wirklich gut aussieht ...
Aber ich traue ihm nicht allzu viel zu.
TUSCHEL

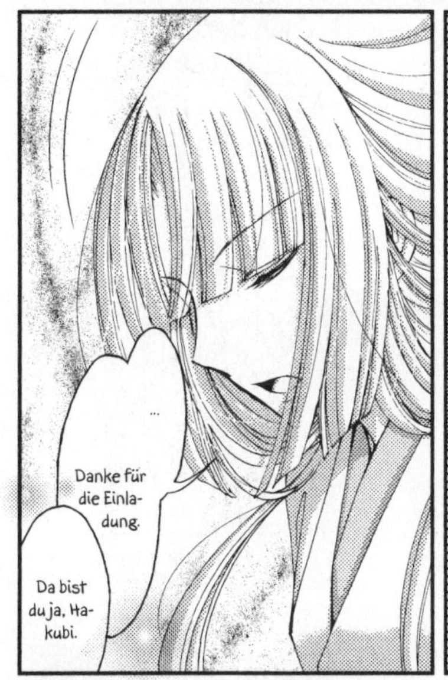
...
Danke für die Einladung.
Da bist du ja, Hakubi.

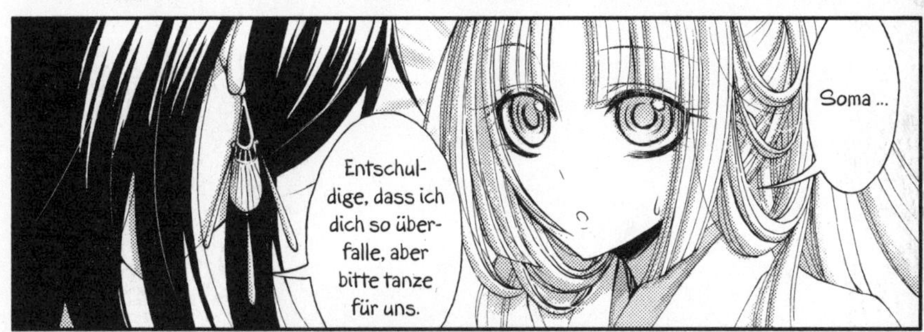
Soma ...
Entschuldige, dass ich dich so überfalle, aber bitte tanze für uns.

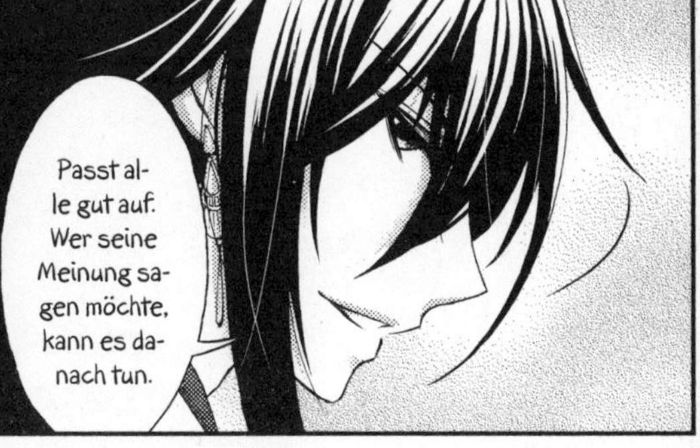
Passt alle gut auf. Wer seine Meinung sagen möchte, kann es danach tun.

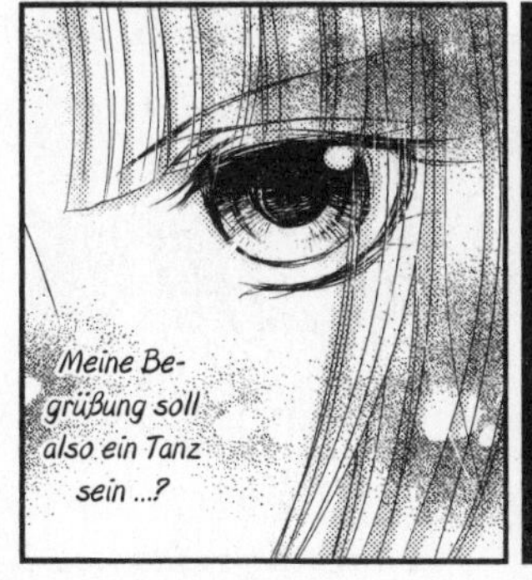
Meine Begrüßung soll also ein Tanz sein ...?

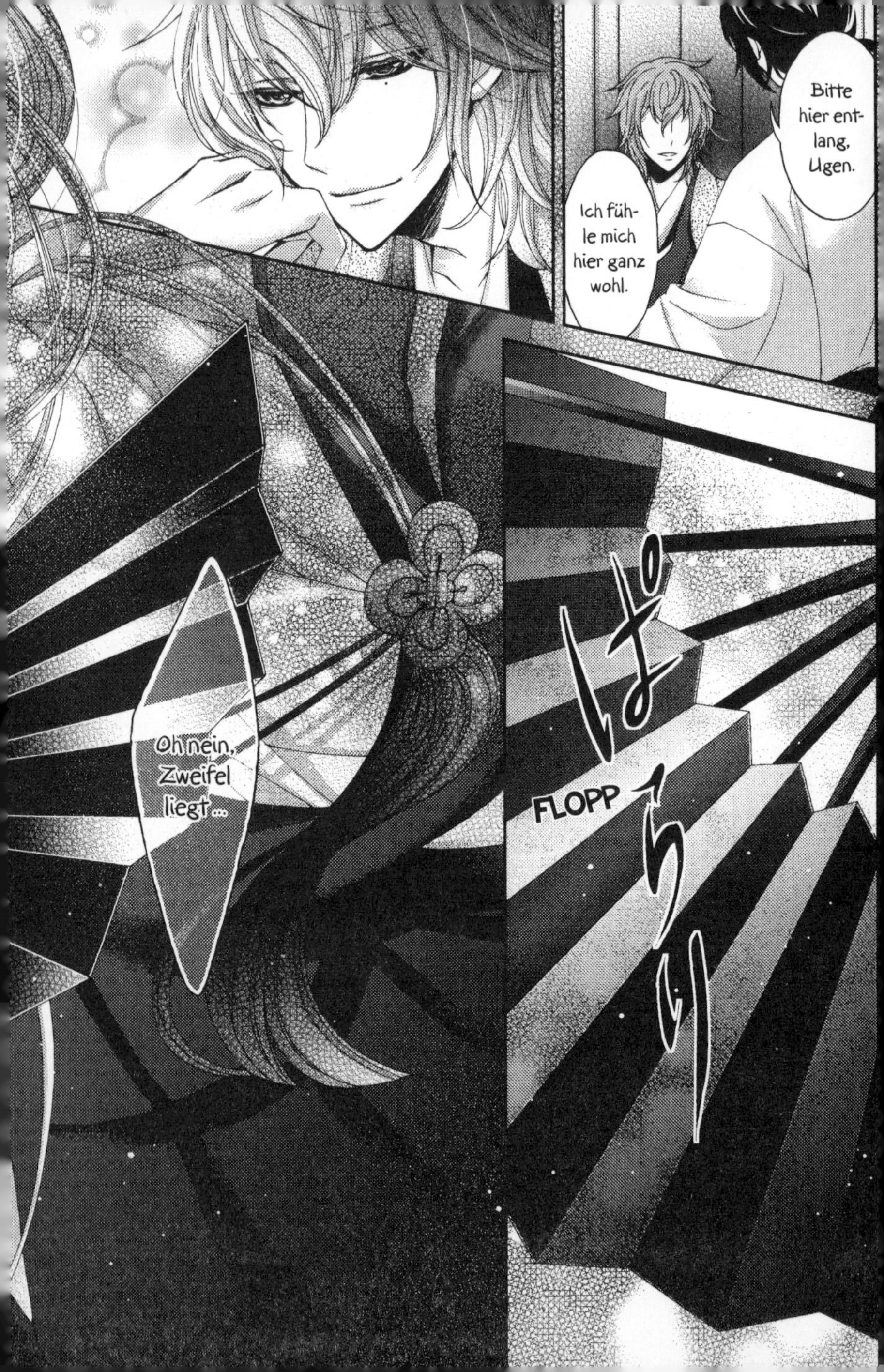
Bitte hier entlang, Ugen.
Ich fühle mich hier ganz wohl.
ぱらり
FLOPP
Oh nein, Zweifel liegt ...

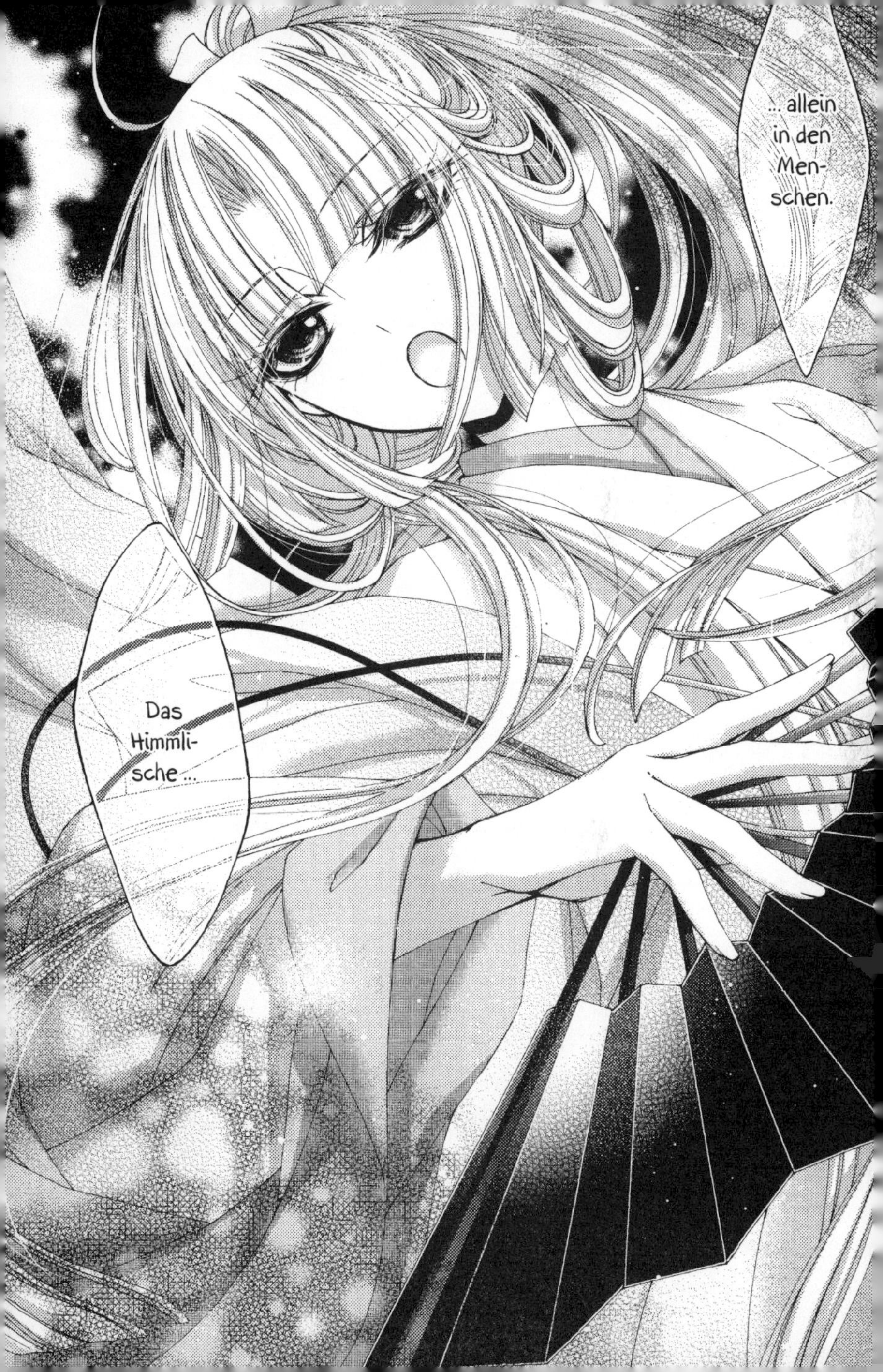
… allein in den Men-schen.
Das Himmli-sche …

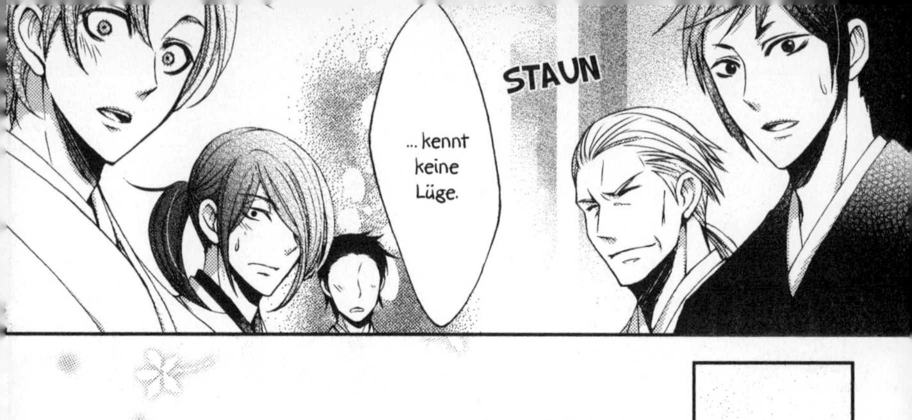

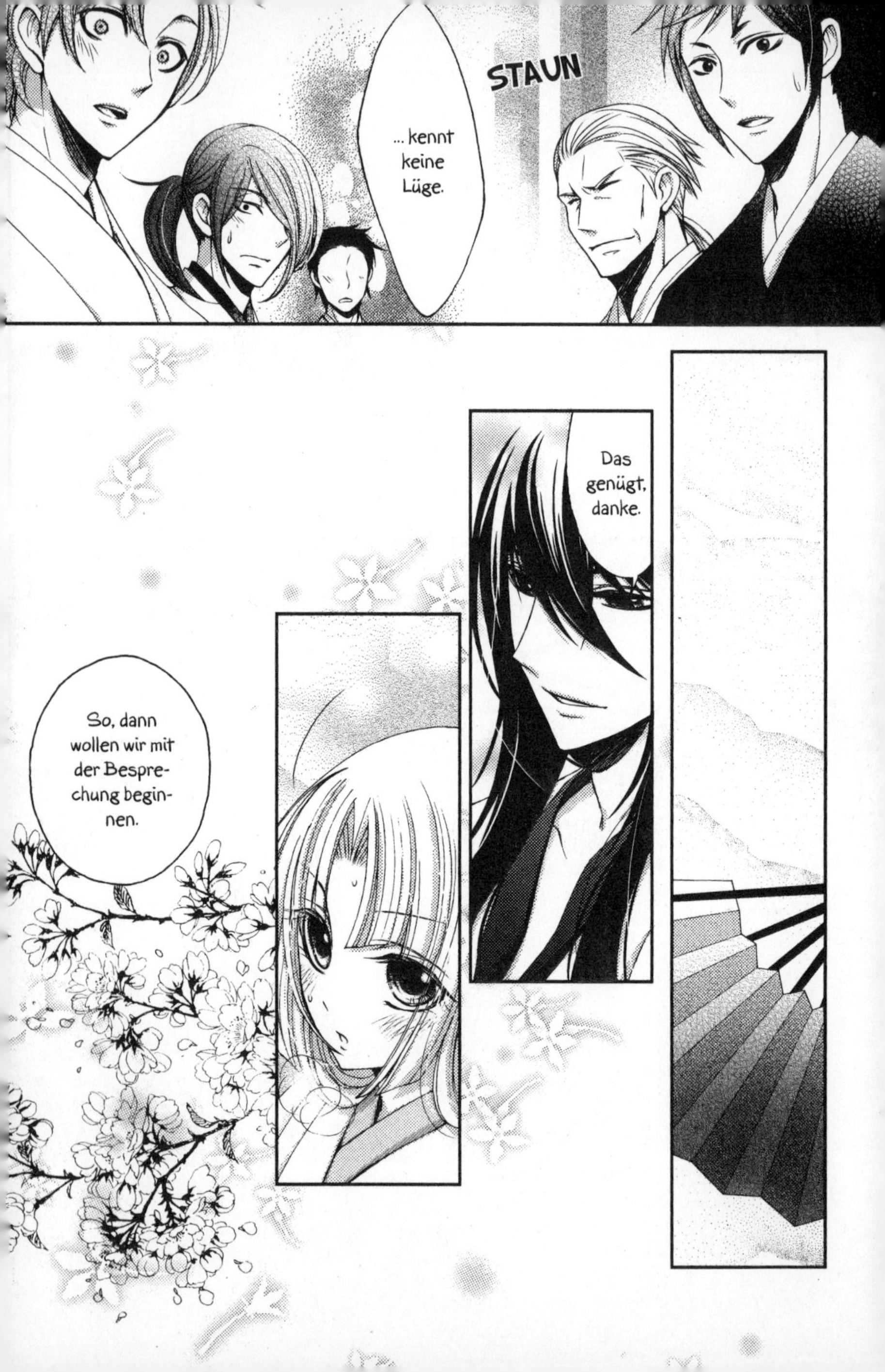

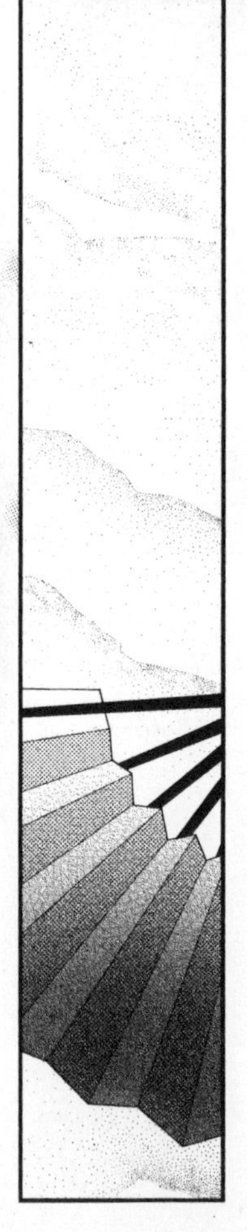

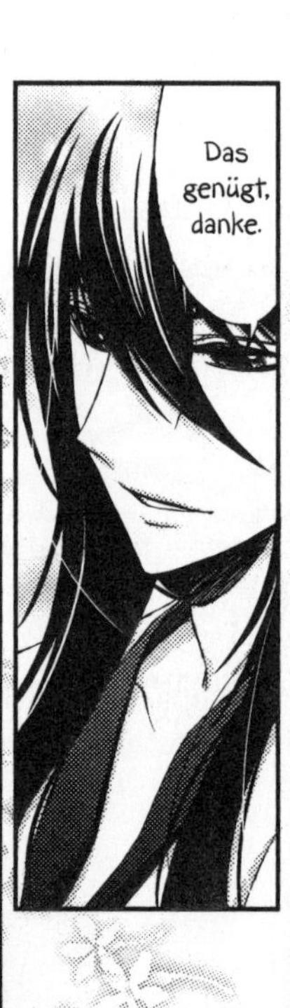

So, dann wollen wir mit der Besprechung beginnen.

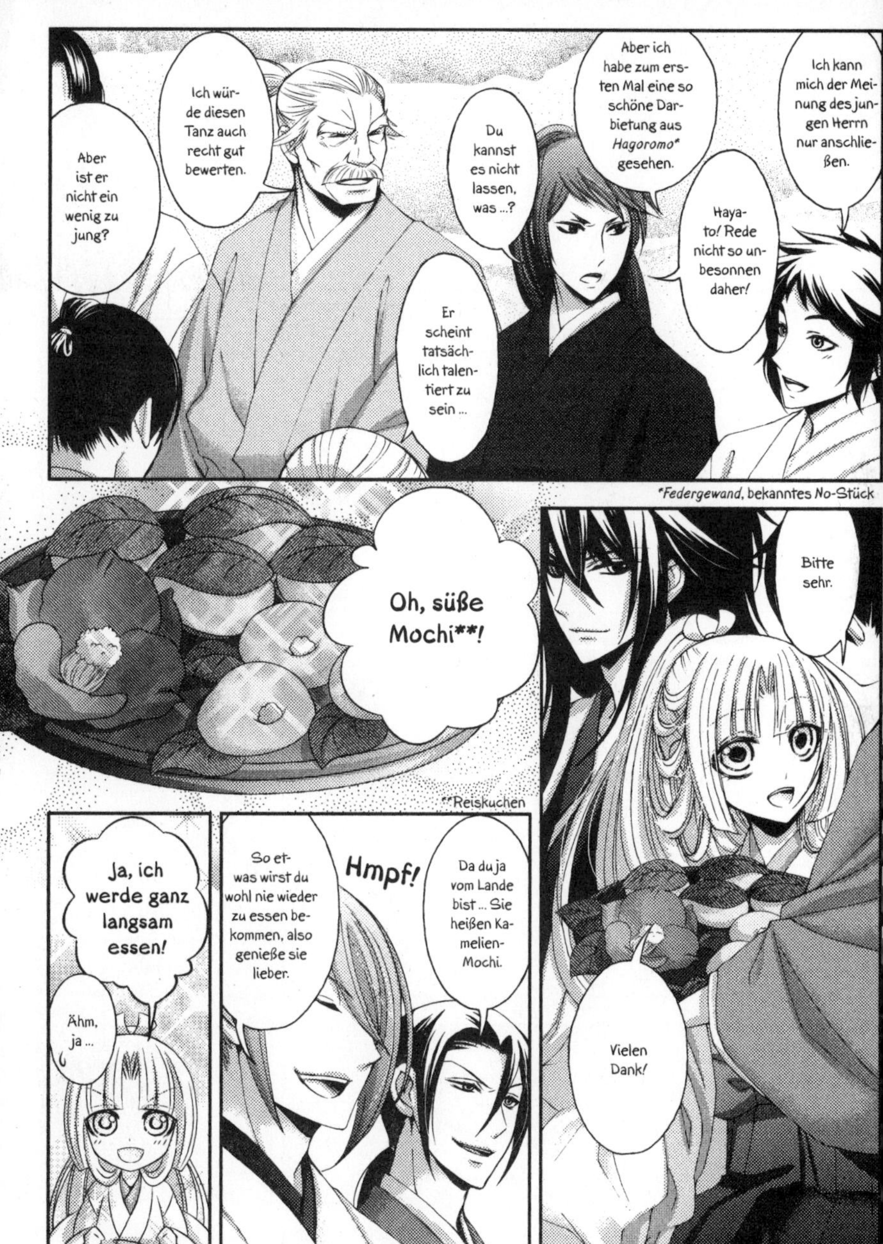

*Federgewand, bekanntes No-Stück

**Reiskuchen

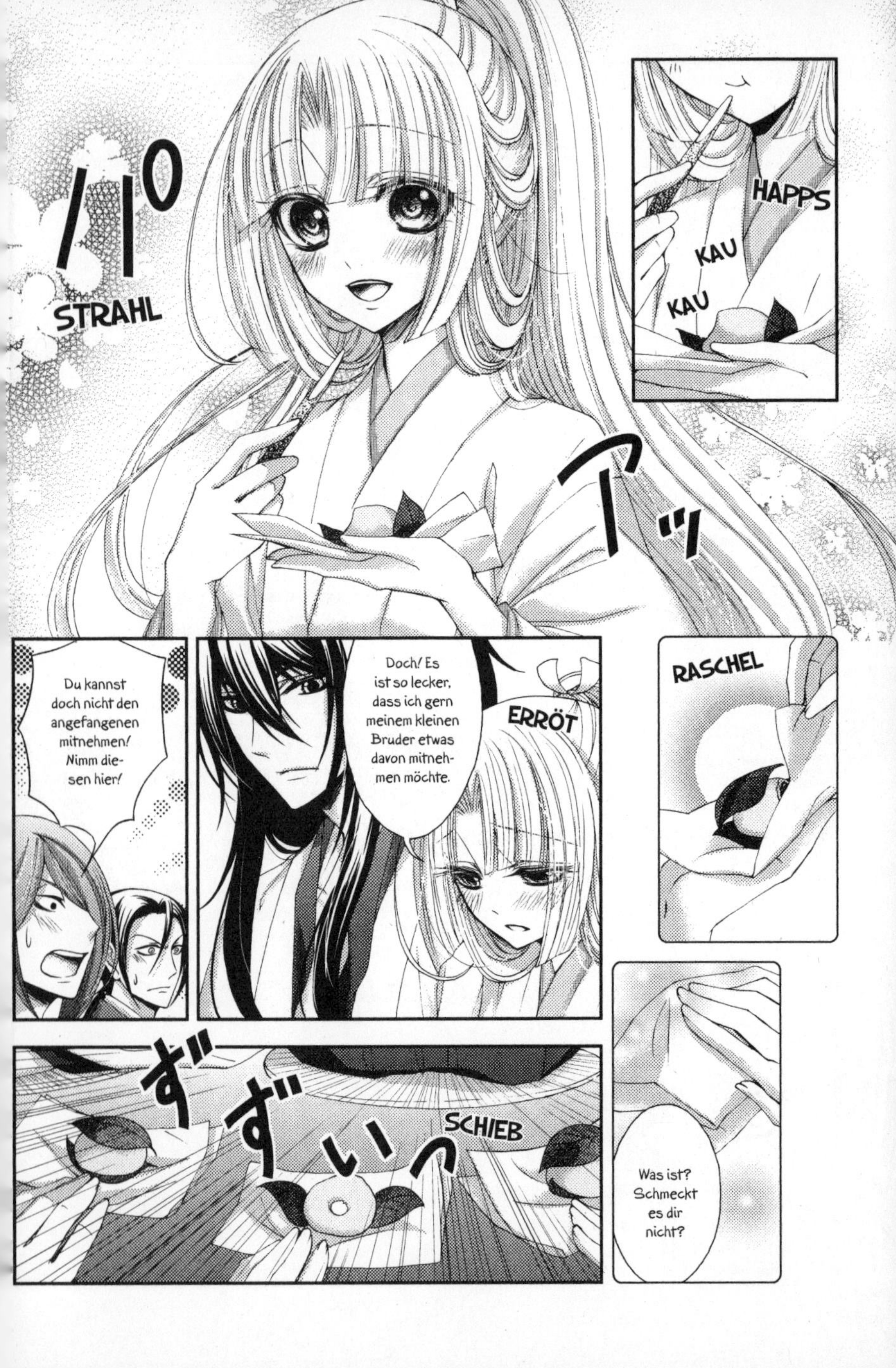
HAPPS
KAU
KAU
STRAHL
RASCHEL
Was ist? Schmeckt es dir nicht?
Doch! Es ist so lecker, dass ich gern meinem kleinen Bruder etwas davon mitnehmen möchte.
ERRÖT
Du kannst doch nicht den angefangenen mitnehmen! Nimm diesen hier!
SCHIEB

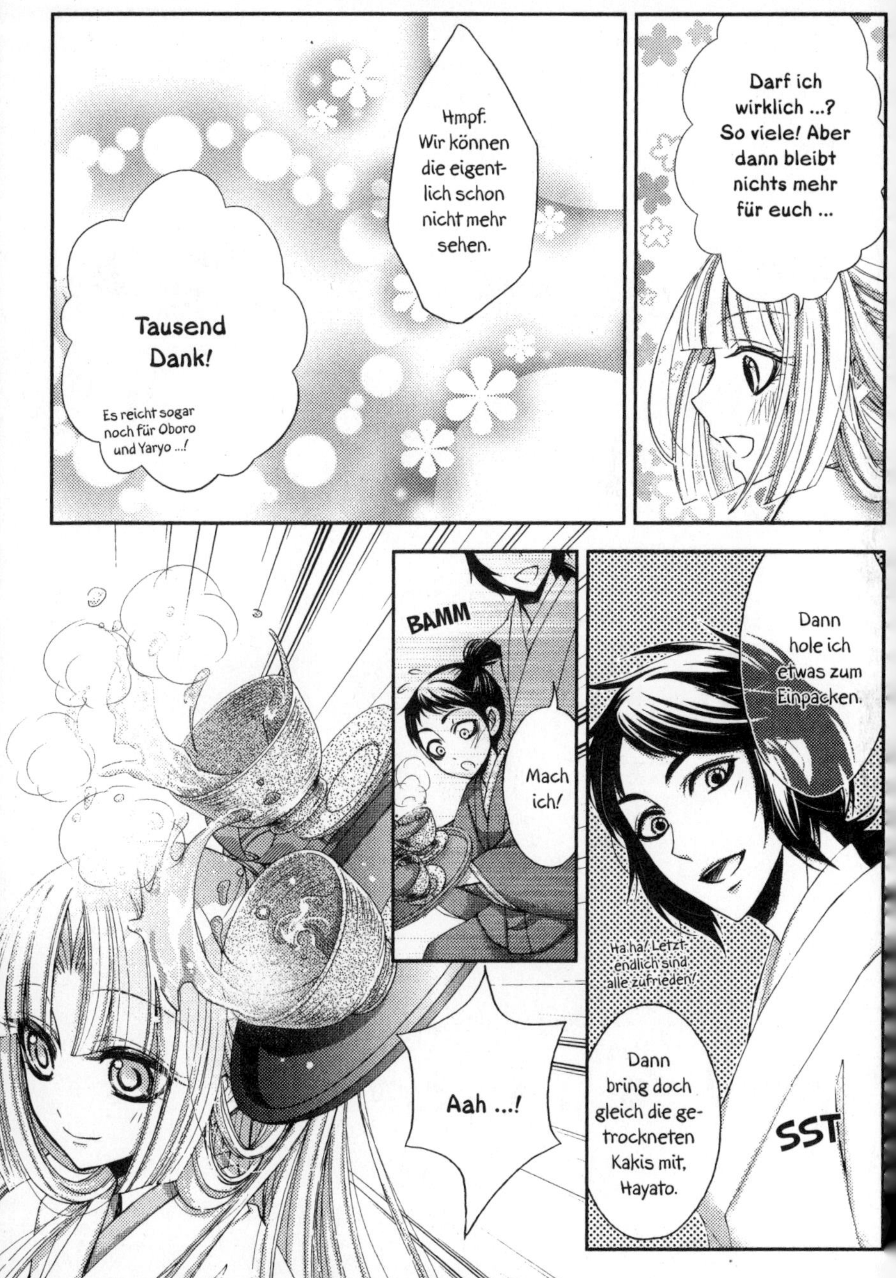
Darf ich wirklich ...? So viele! Aber dann bleibt nichts mehr für euch ...
Hmpf. Wir können die eigentlich schon nicht mehr sehen.
Tausend Dank!
Es reicht sogar noch für Oboro und Yaryo ...!
Dann hole ich etwas zum Einpacken.
Ha ha! Letztendlich sind alle zufrieden!
Dann bring doch gleich die getrockneten Kakis mit, Hayato.
SST
Mach ich!
BAMM
Aah ...!

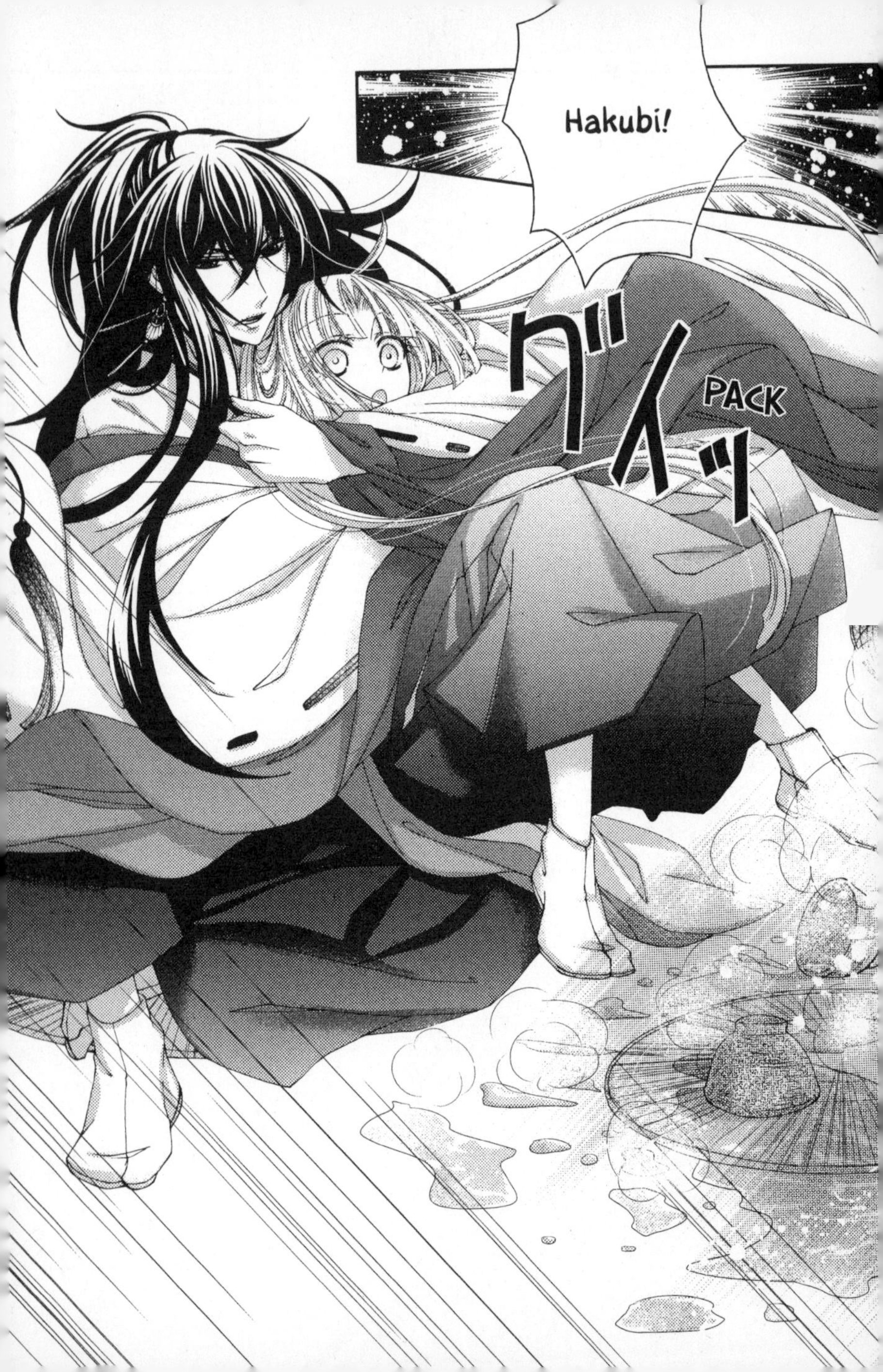
Hakubi!
グイッ
PACK

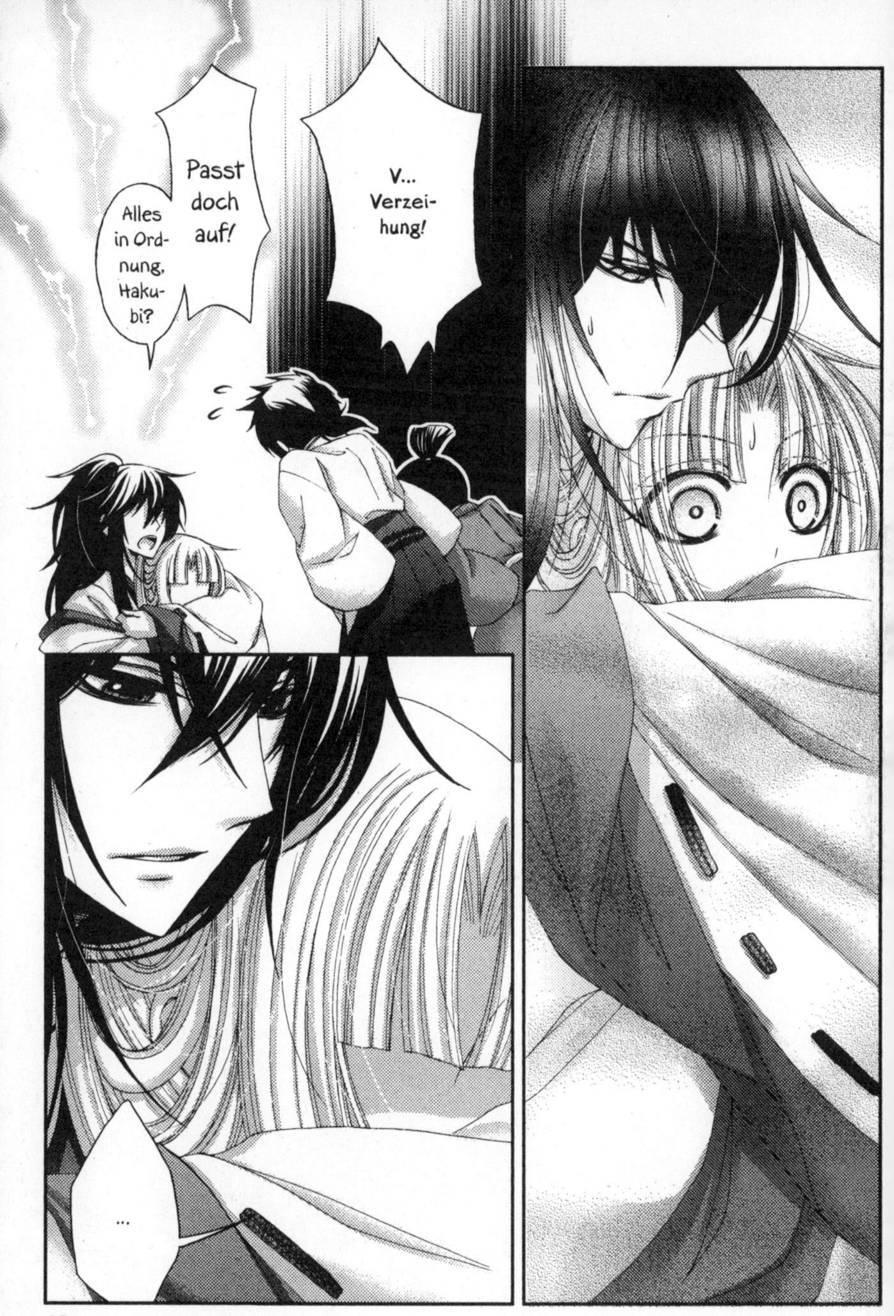
V... Verzei-hung!
Passt doch auf!
Alles in Ord-nung, Haku-bi?
...

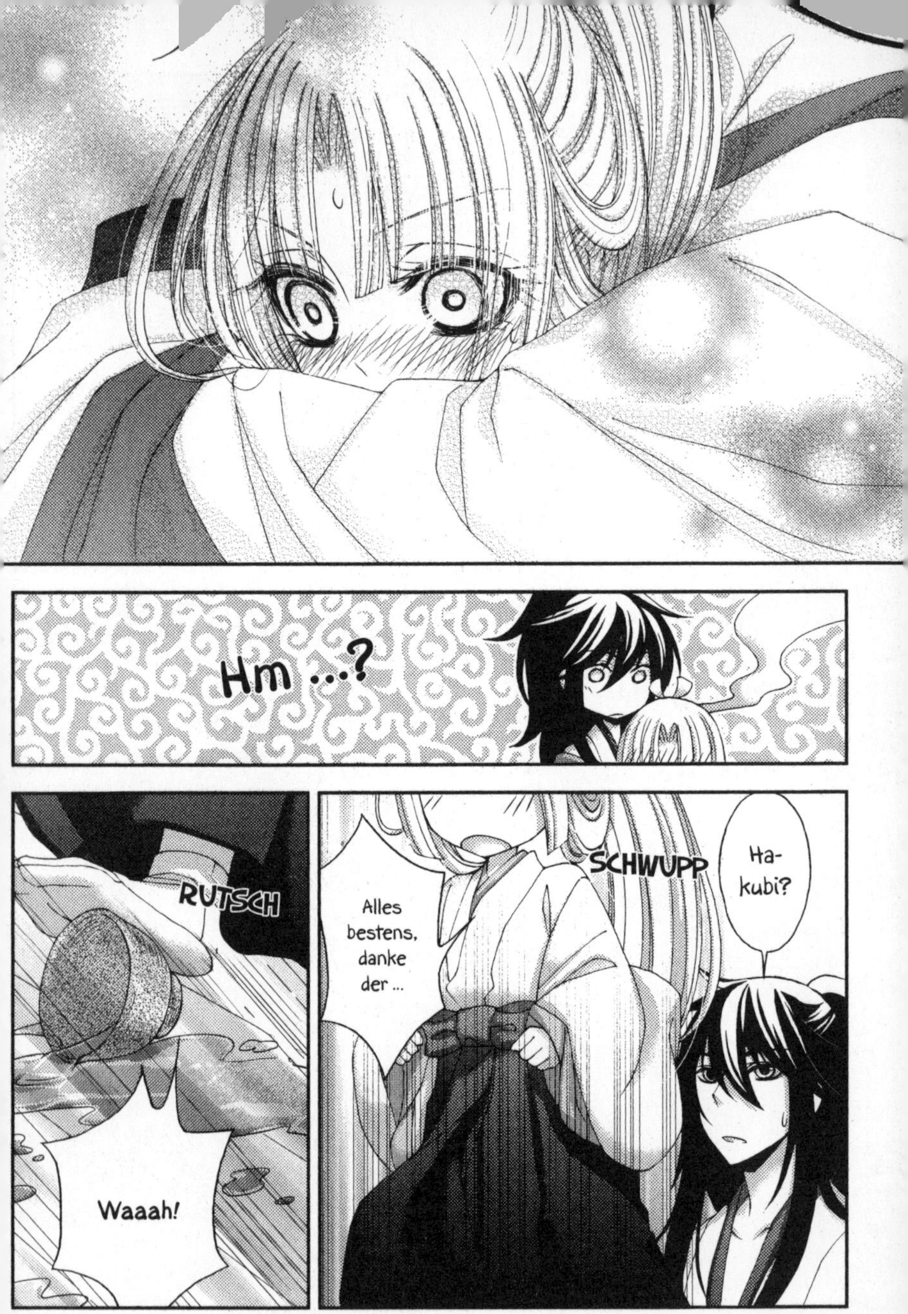

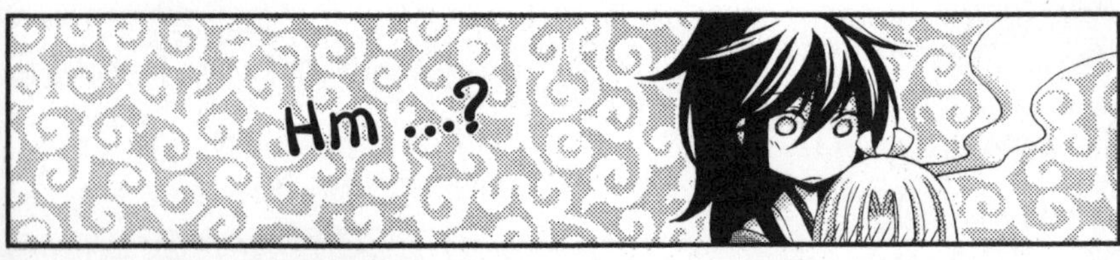
Hm ...?

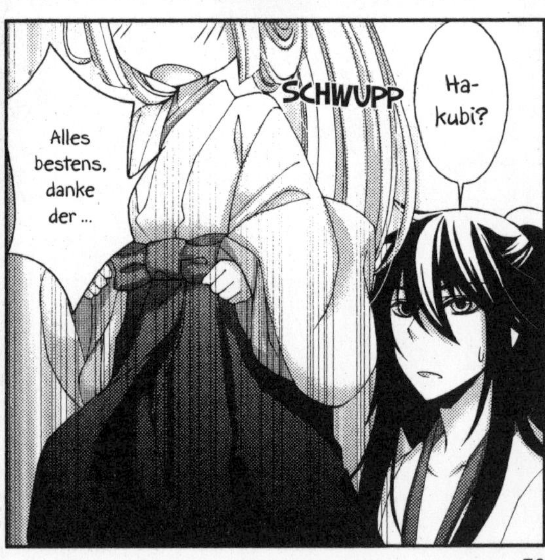
Ha-
kubi?
SCHWUPP
Alles
bestens,
danke
der ...

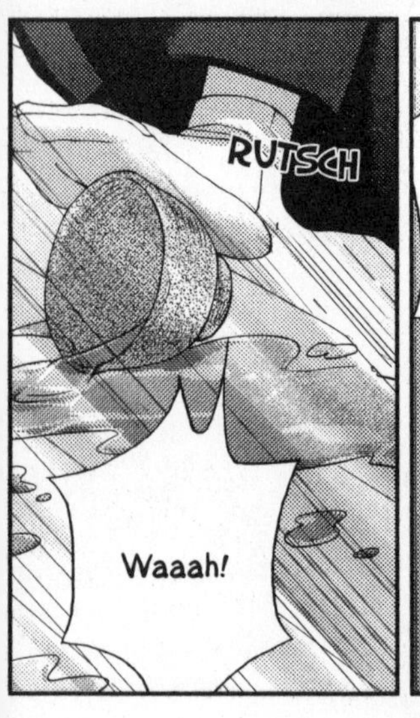
RUTSCH
Waaah!

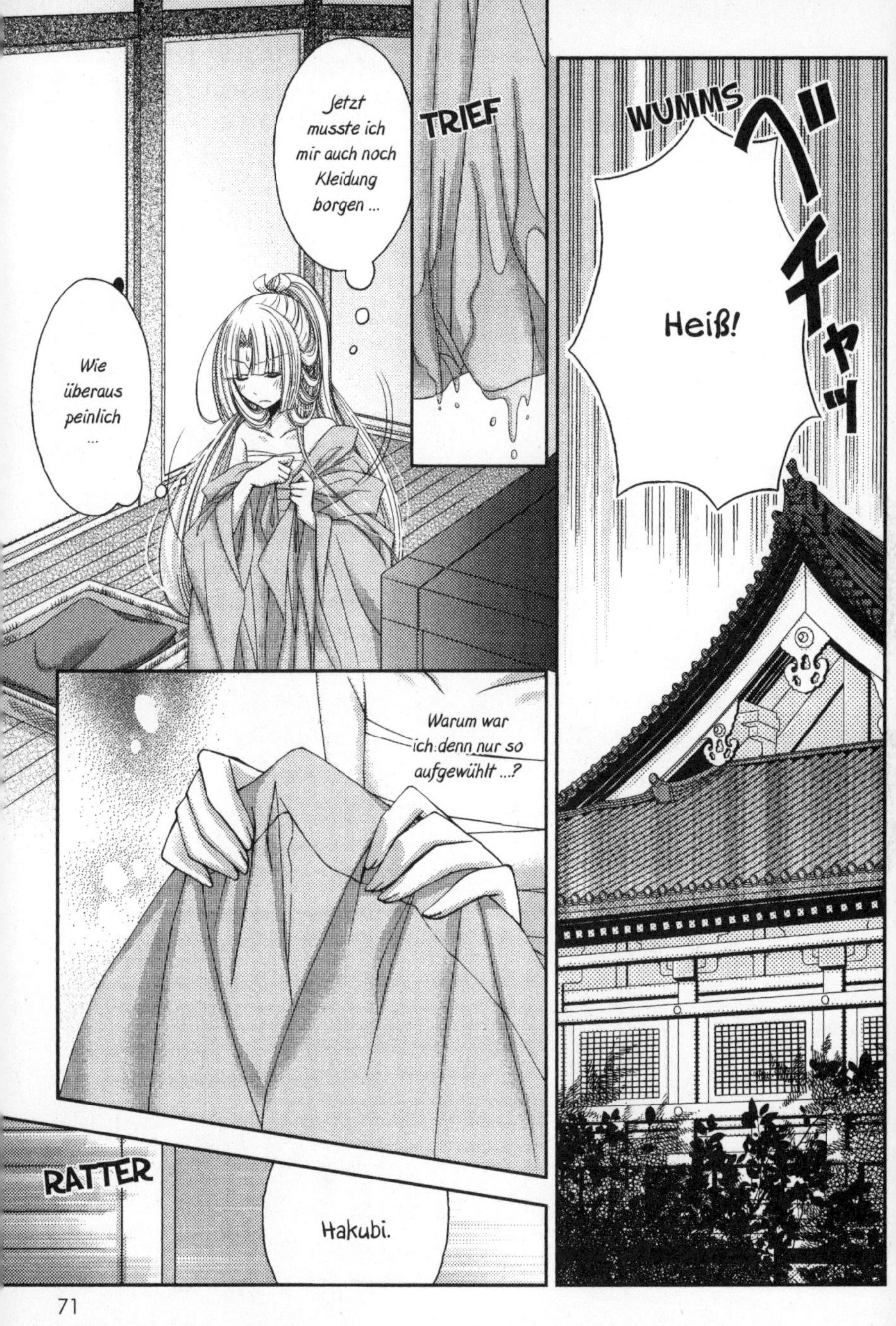
WUMMS
ベチャッ
Heiß!
TRIEF
Jetzt musste ich mir auch noch Kleidung borgen ...
Wie überaus peinlich ...
Warum war ich denn nur so aufgewühlt ...?
RATTER
Hakubi.

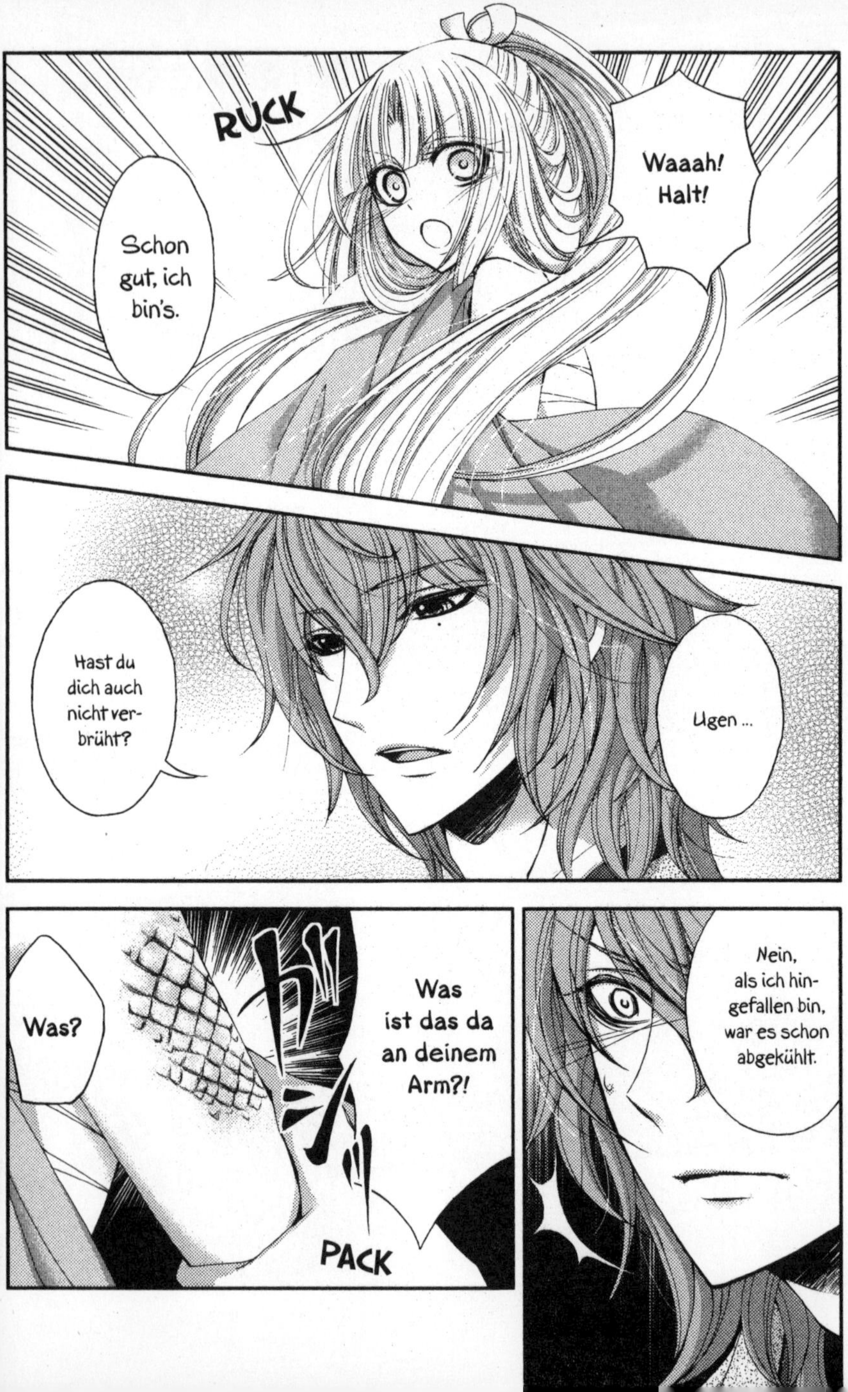

Waaah! Halt!

RUCK

Schon gut, ich bin's.

Ugen ...

Hast du dich auch nicht verbrüht?

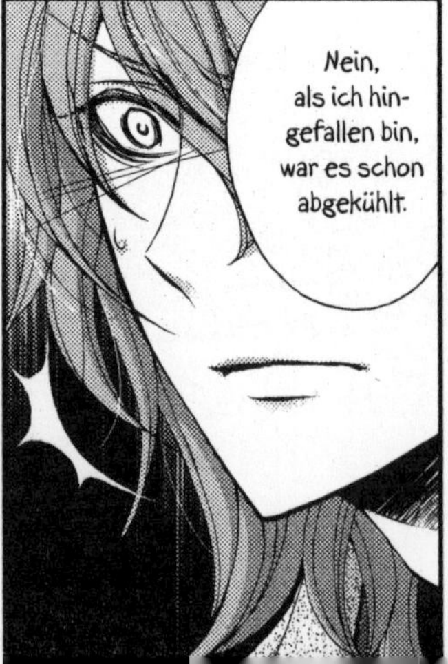

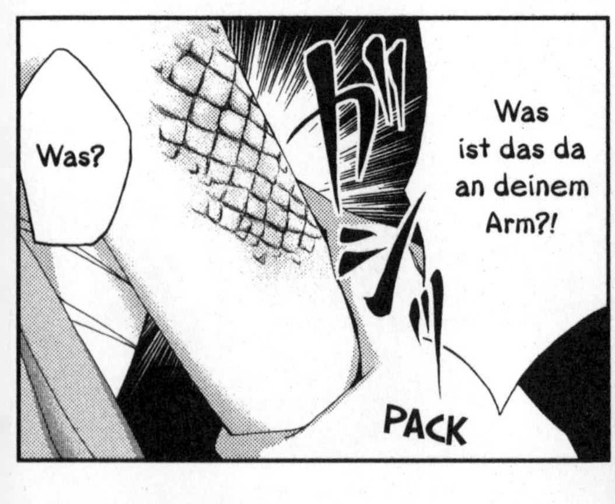

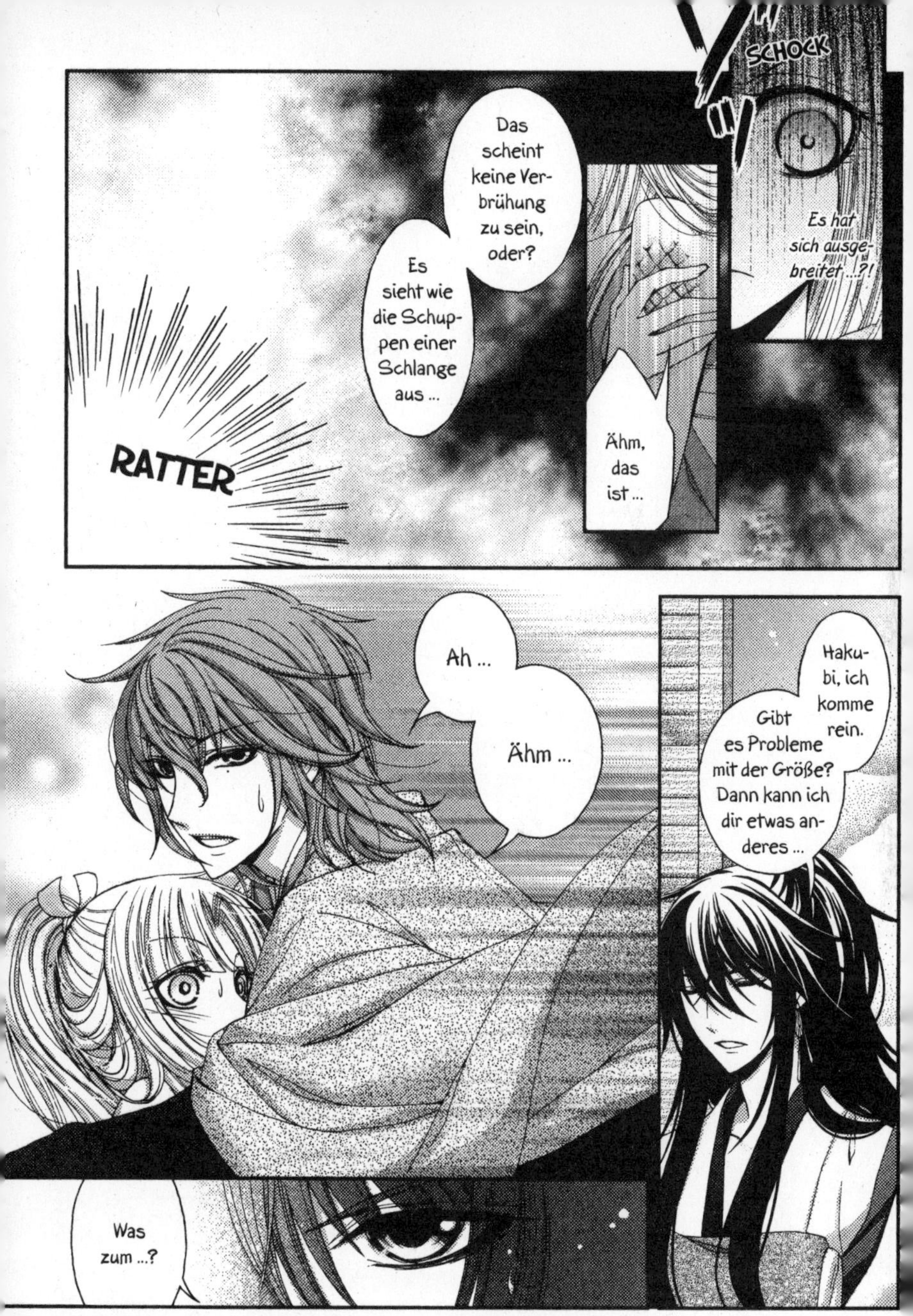

SCHOCK

Es hat sich ausgebreitet ...?!

Ähm, das ist ...

Das scheint keine Verbrühung zu sein, oder?

Es sieht wie die Schuppen einer Schlange aus ...

RATTER

Hakubi, ich komme rein.

Gibt es Probleme mit der Größe? Dann kann ich dir etwas anderes ...

Ah ...

Ähm ...

Was zum ...?

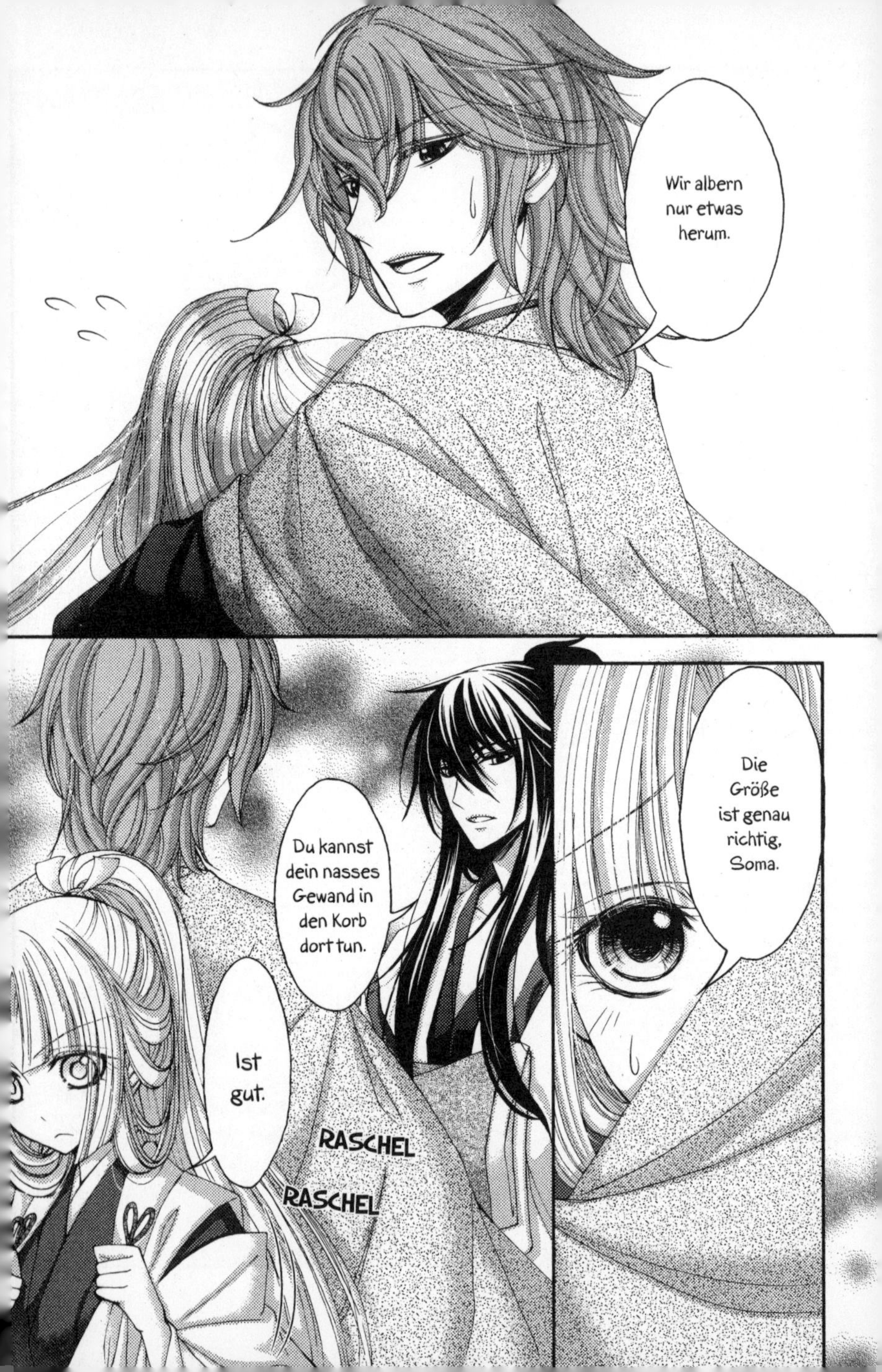
Wir albern nur etwas herum.
Die Größe ist genau richtig, Soma.
Du kannst dein nasses Gewand in den Korb dort tun.
Ist gut.
RASCHEL
RASCHEL

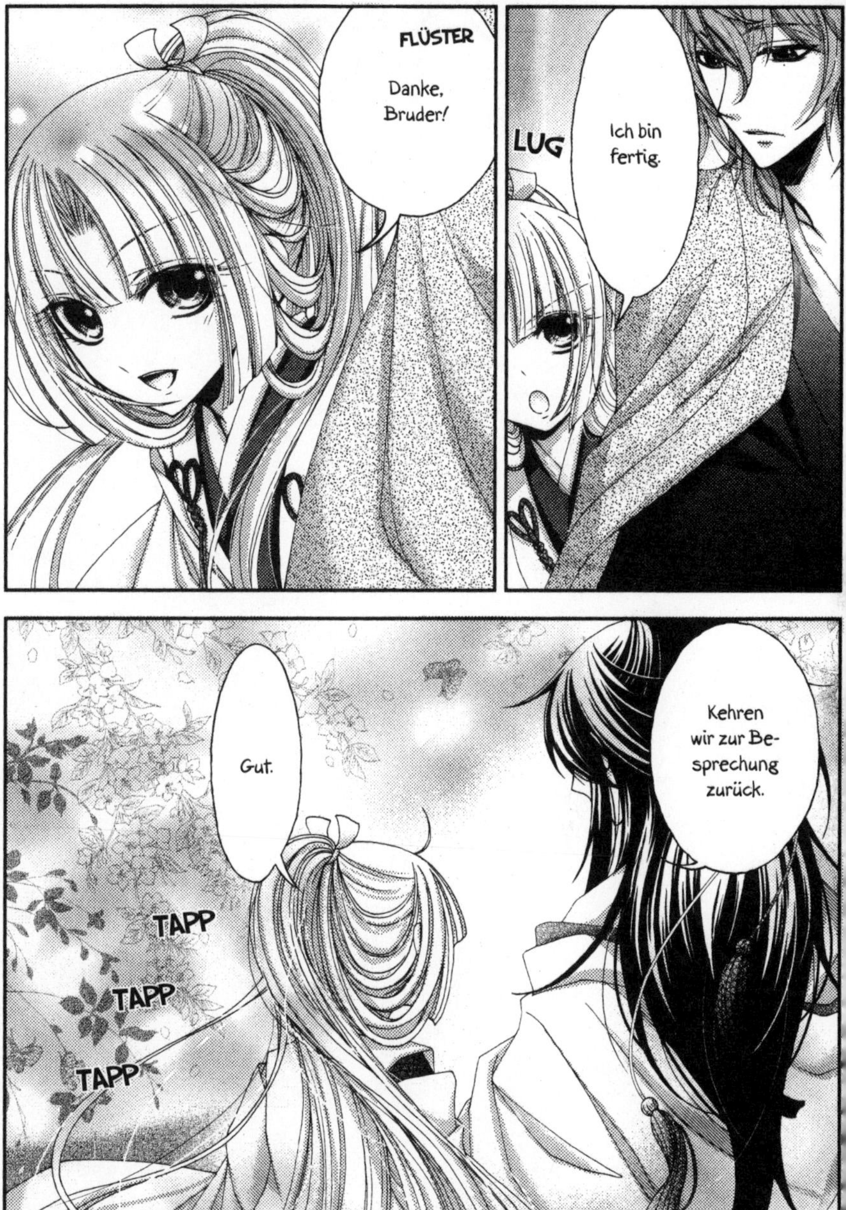

LUG
Ich bin fertig.
FLÜSTER
Danke, Bruder!
Kehren wir zur Besprechung zurück.
Gut.
TAPP
TAPP
TAPP

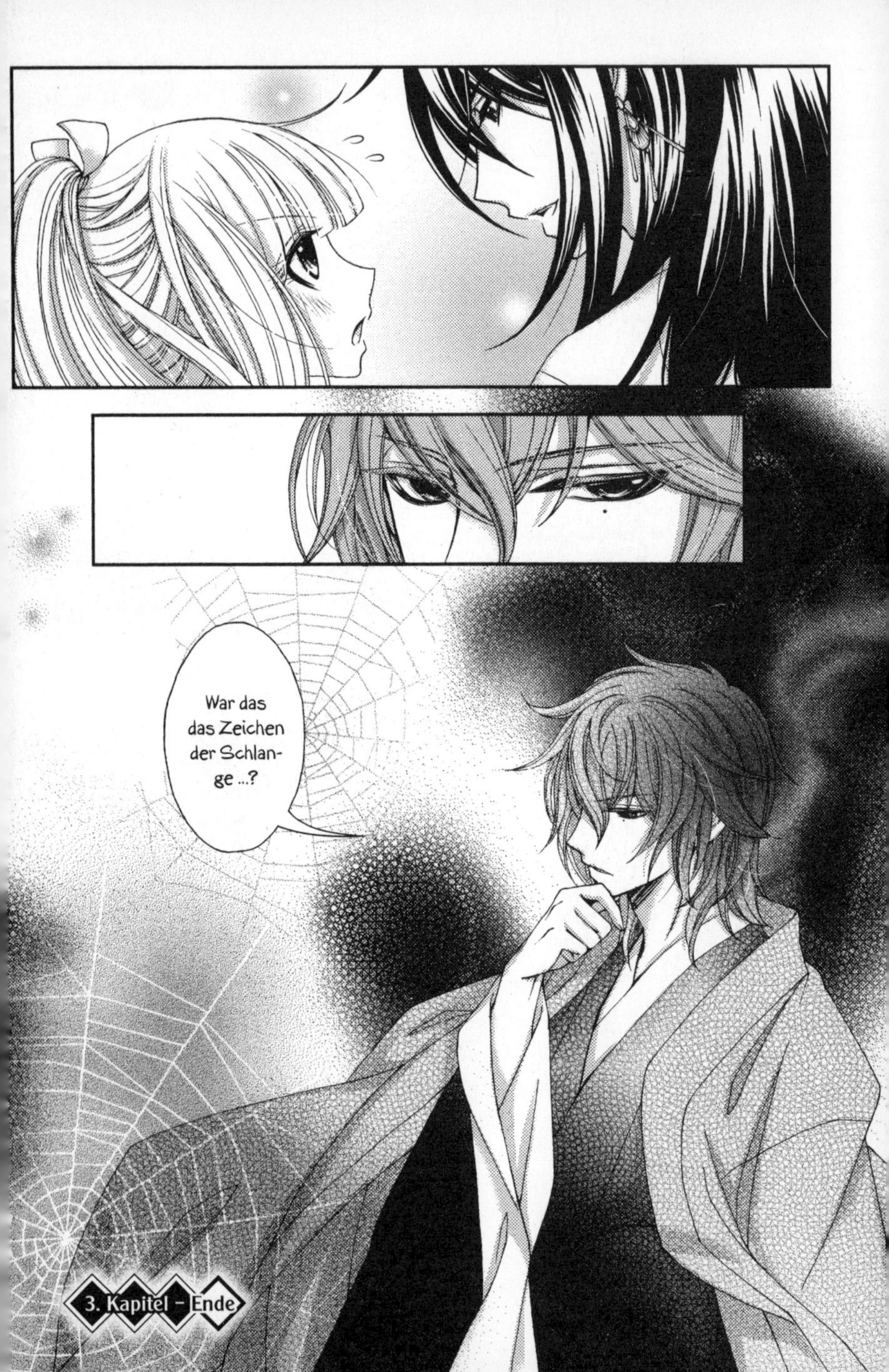
War das
das Zeichen
der Schlan-
ge ...?
3. Kapitel – Ende

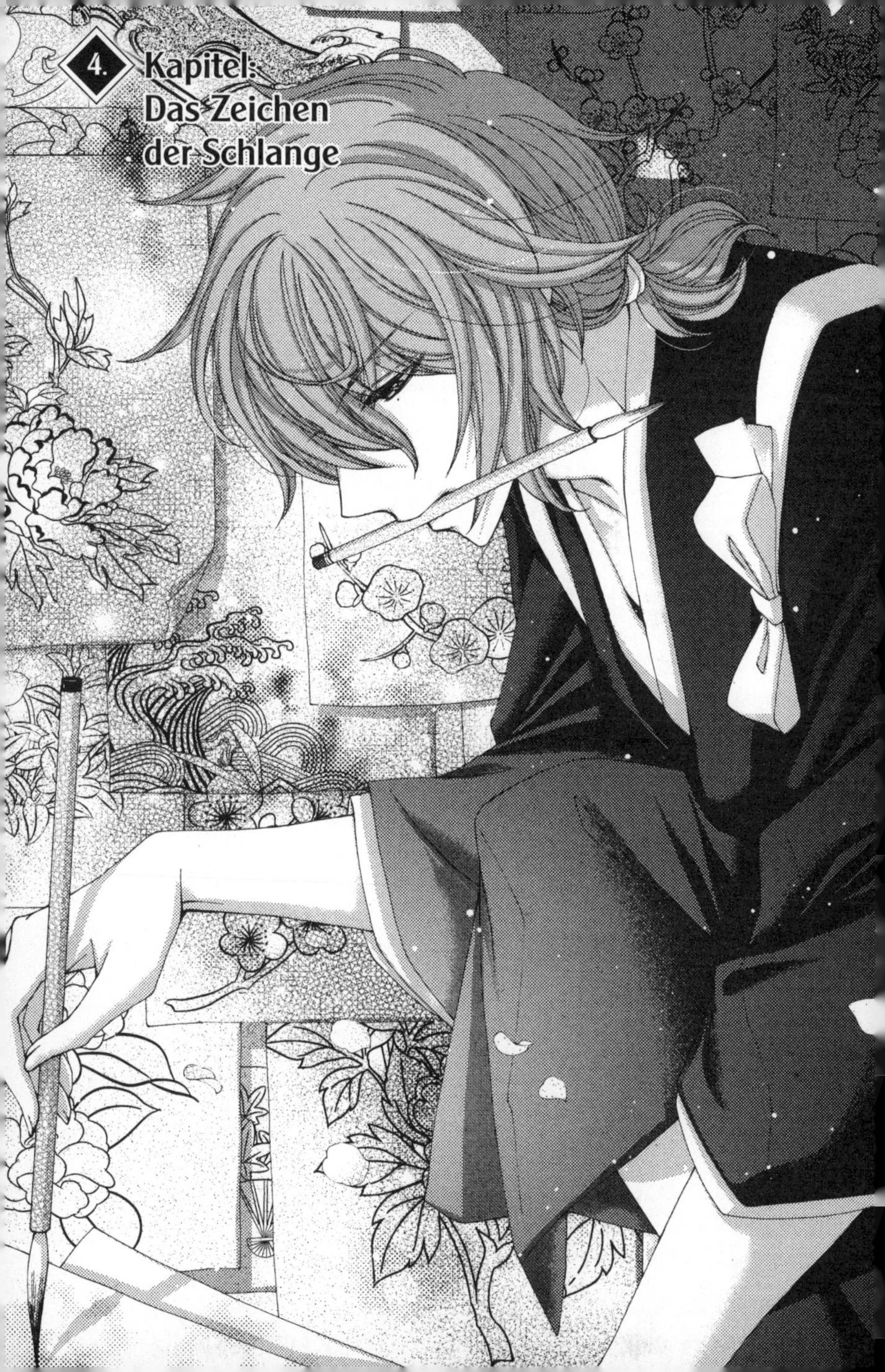
4.
Kapitel:
Das Zeichen
der Schlange

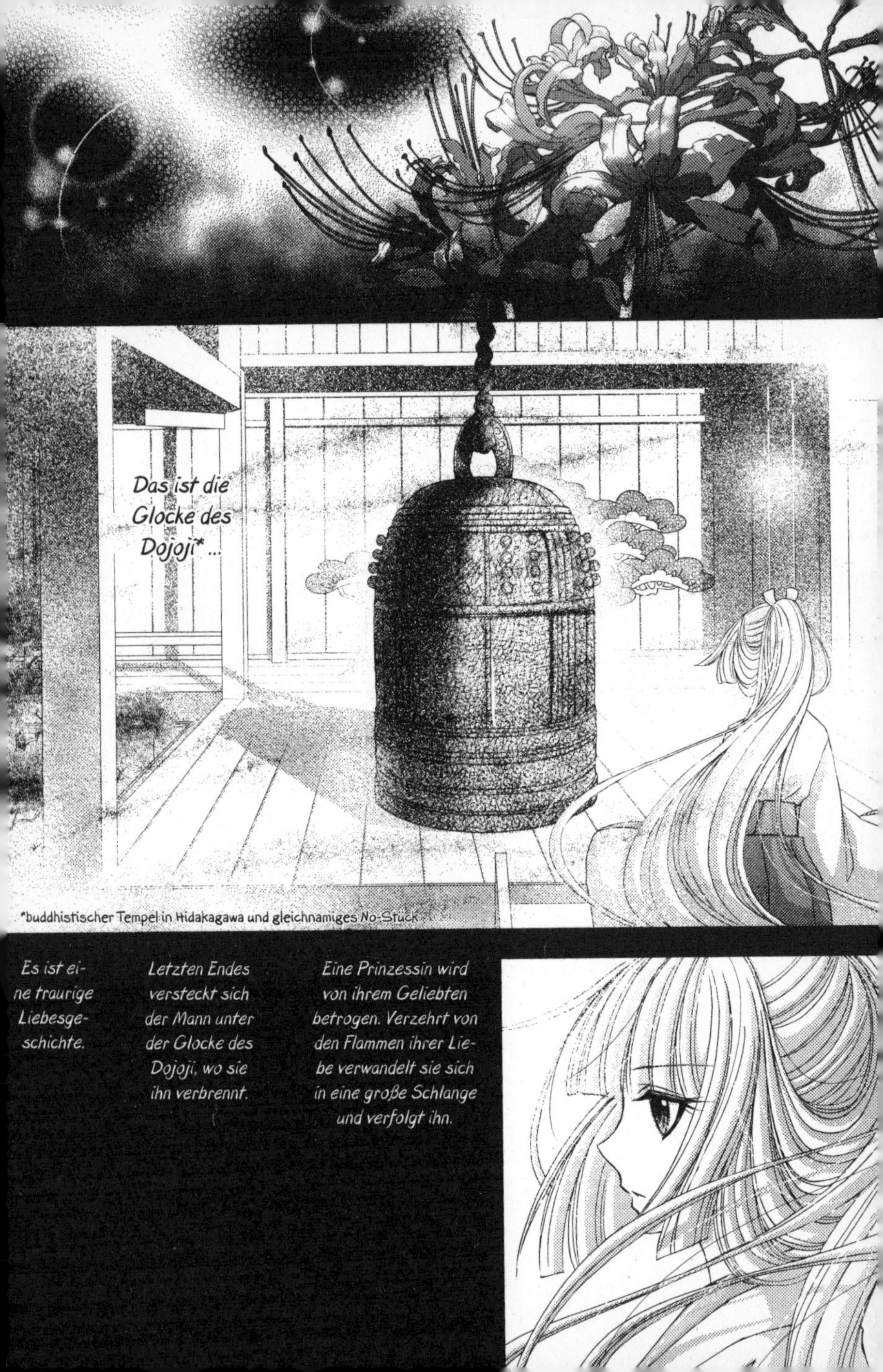

Das ist die Glocke des Dojoji* ...

*buddhistischer Tempel in Hidakagawa und gleichnamiges No-Stück

Eine Prinzessin wird von ihrem Geliebten betrogen. Verzehrt von den Flammen ihrer Liebe verwandelt sie sich in eine große Schlange und verfolgt ihn.

Letzten Endes versteckt sich der Mann unter der Glocke des Dojoji, wo sie ihn verbrennt.

Es ist eine traurige Liebesgeschichte.

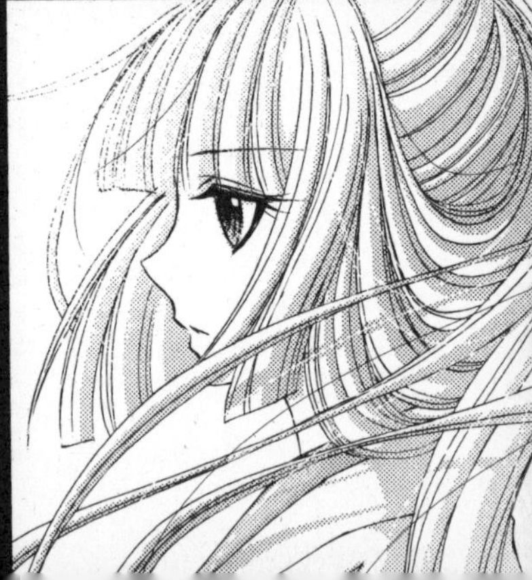

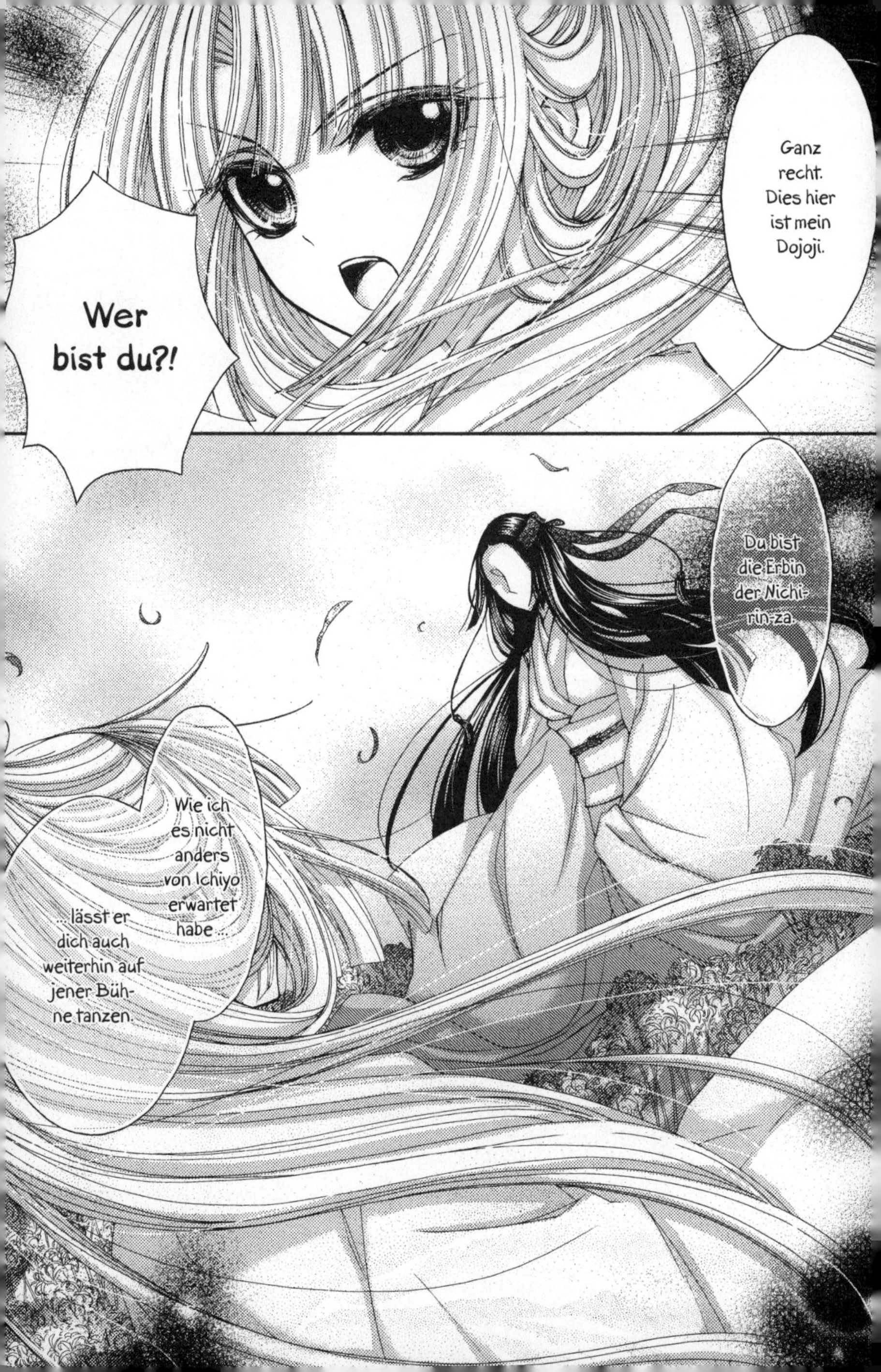
Ganz recht. Dies hier ist mein Dojoji.
Wer bist du?!
Du bist die Erbin der Nichi-rin-za.
Wie ich es nicht anders von Ichiyo erwartet habe ...
... lässt er dich auch weiterhin auf jener Büh-ne tanzen.

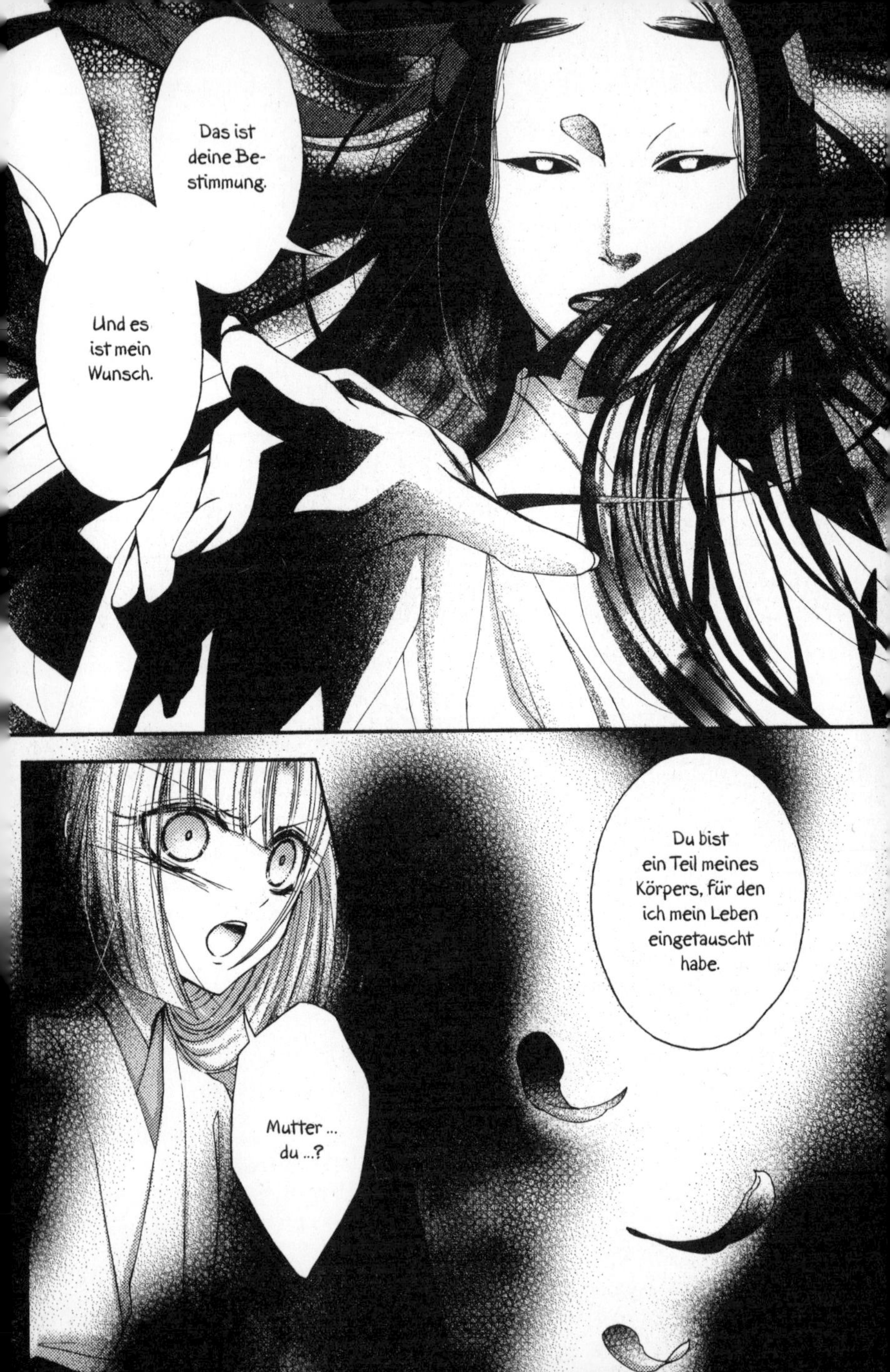
Das ist deine Bestimmung.
Und es ist mein Wunsch.
Du bist ein Teil meines Körpers, für den ich mein Leben eingetauscht habe.
Mutter ... du ...?

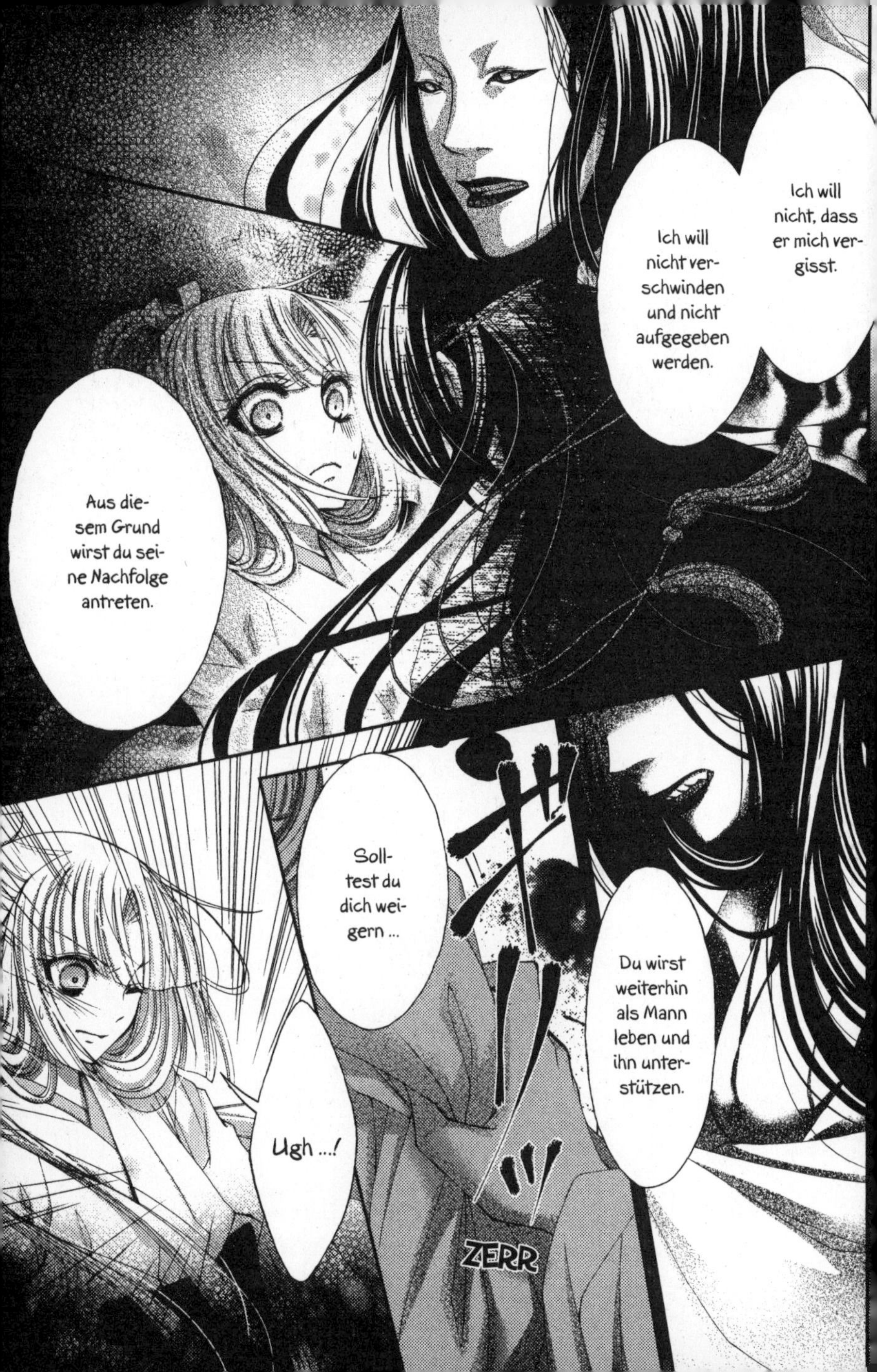
Ich will nicht, dass er mich vergisst.
Ich will nicht verschwinden und nicht aufgegeben werden.
Aus diesem Grund wirst du seine Nachfolge antreten.
Solltest du dich weigern ...
Du wirst weiterhin als Mann leben und ihn unterstützen.
Ugh ...!
ZERR

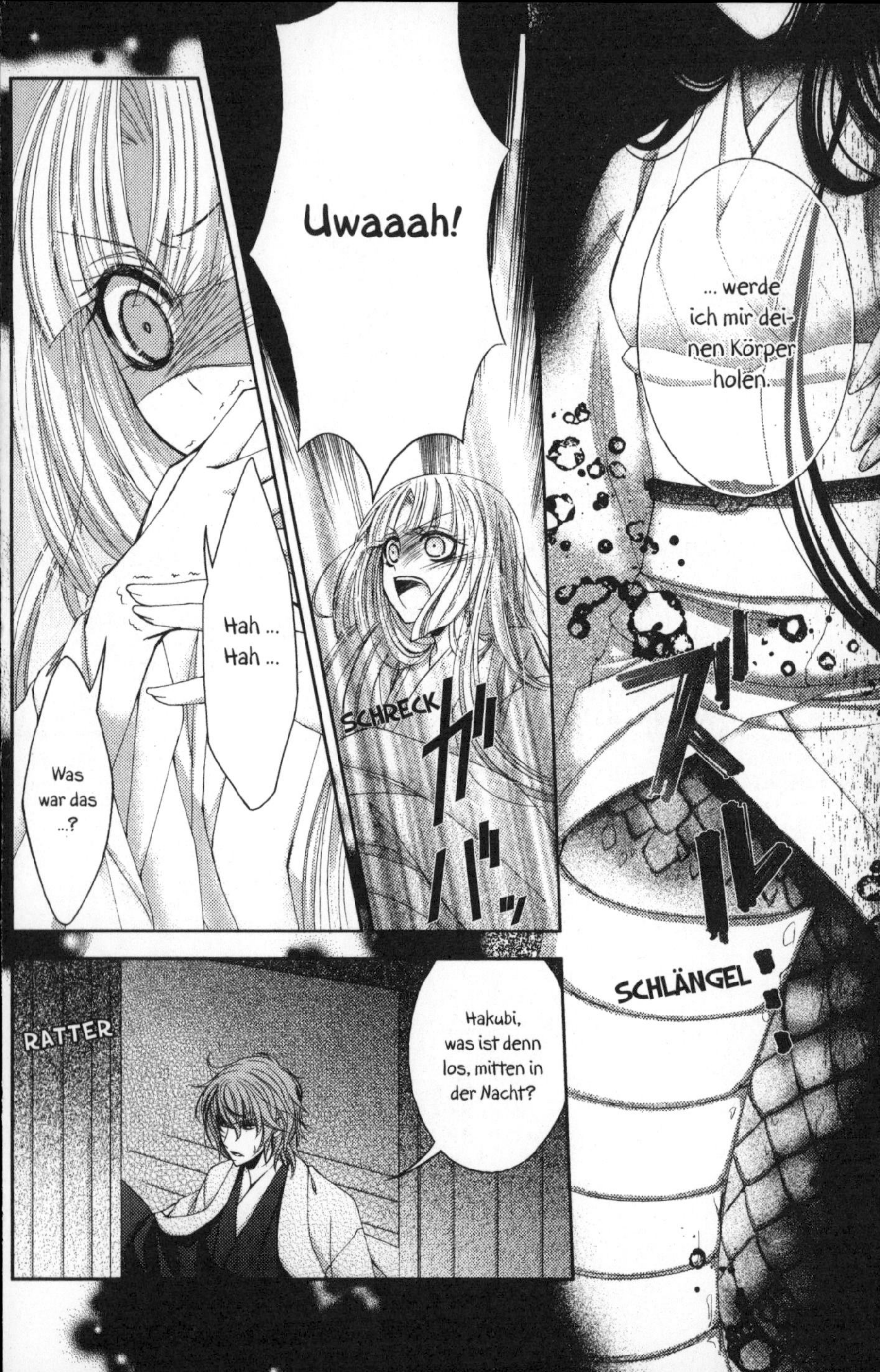
... werde ich mir deinen Körper holen.
SCHLÄNGEL
Uwaaah!
SCHRECK
Hah ... Hah ...
Was war das ...?
Hakubi, was ist denn los, mitten in der Nacht?
RATTER

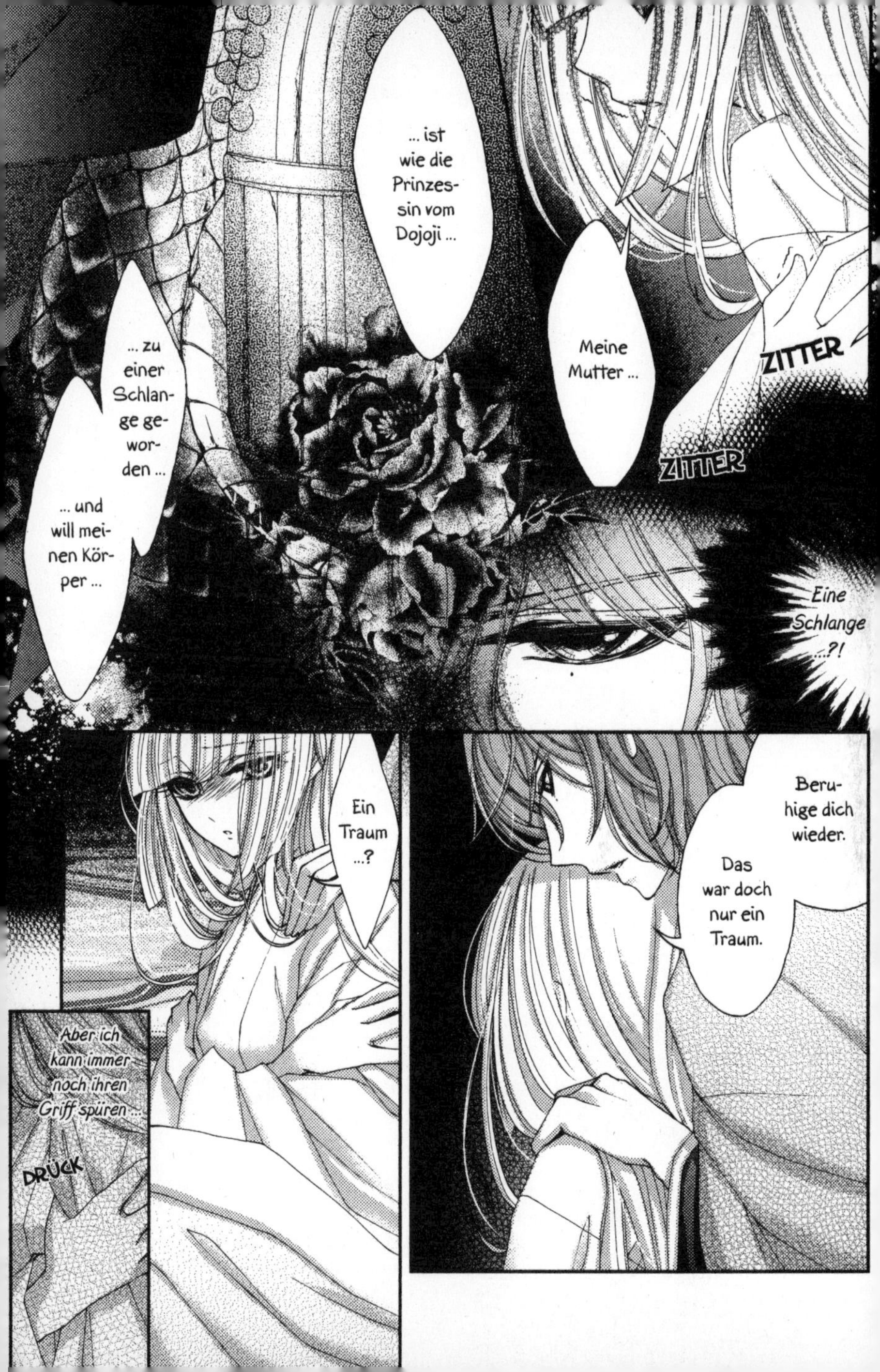

Meine Mutter ...
... ist wie die Prinzessin vom Dojoji ...
ZITTER
ZITTER
... zu einer Schlange geworden ...
... und will meinen Körper ...
Eine Schlange ...?!
Beruhige dich wieder.
Das war doch nur ein Traum.
Ein Traum ...?
Aber ich kann immer noch ihren Griff spüren ...
DRÜCK

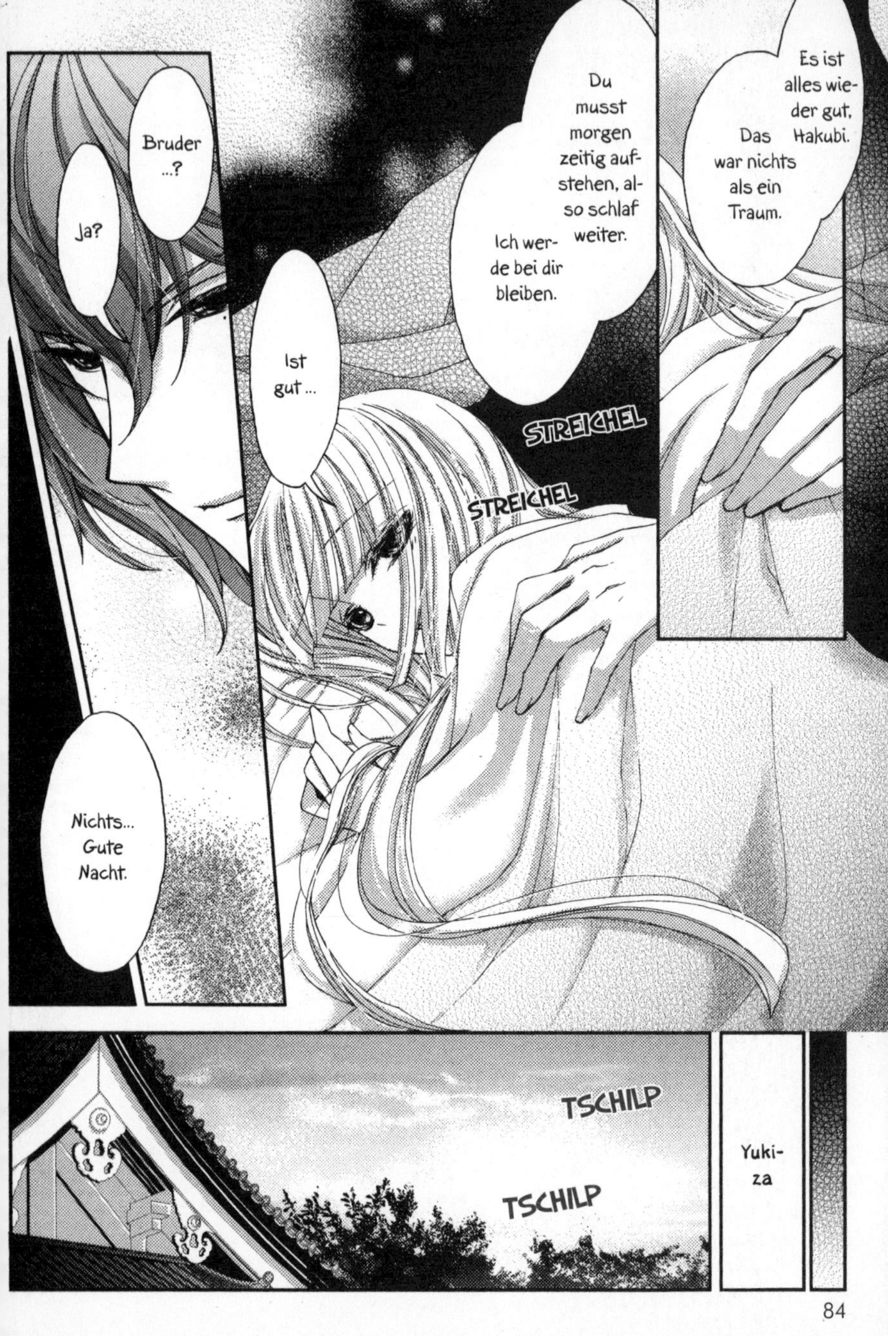
Es ist alles wieder gut, Hakubi.
Das war nichts als ein Traum.
Du musst morgen zeitig aufstehen, also schlaf weiter.
Ich werde bei dir bleiben.
STREICHEL
STREICHEL
Ist gut ...
Bruder ...?
Ja?
Nichts... Gute Nacht.
Yuki-za
TSCHILP
TSCHILP

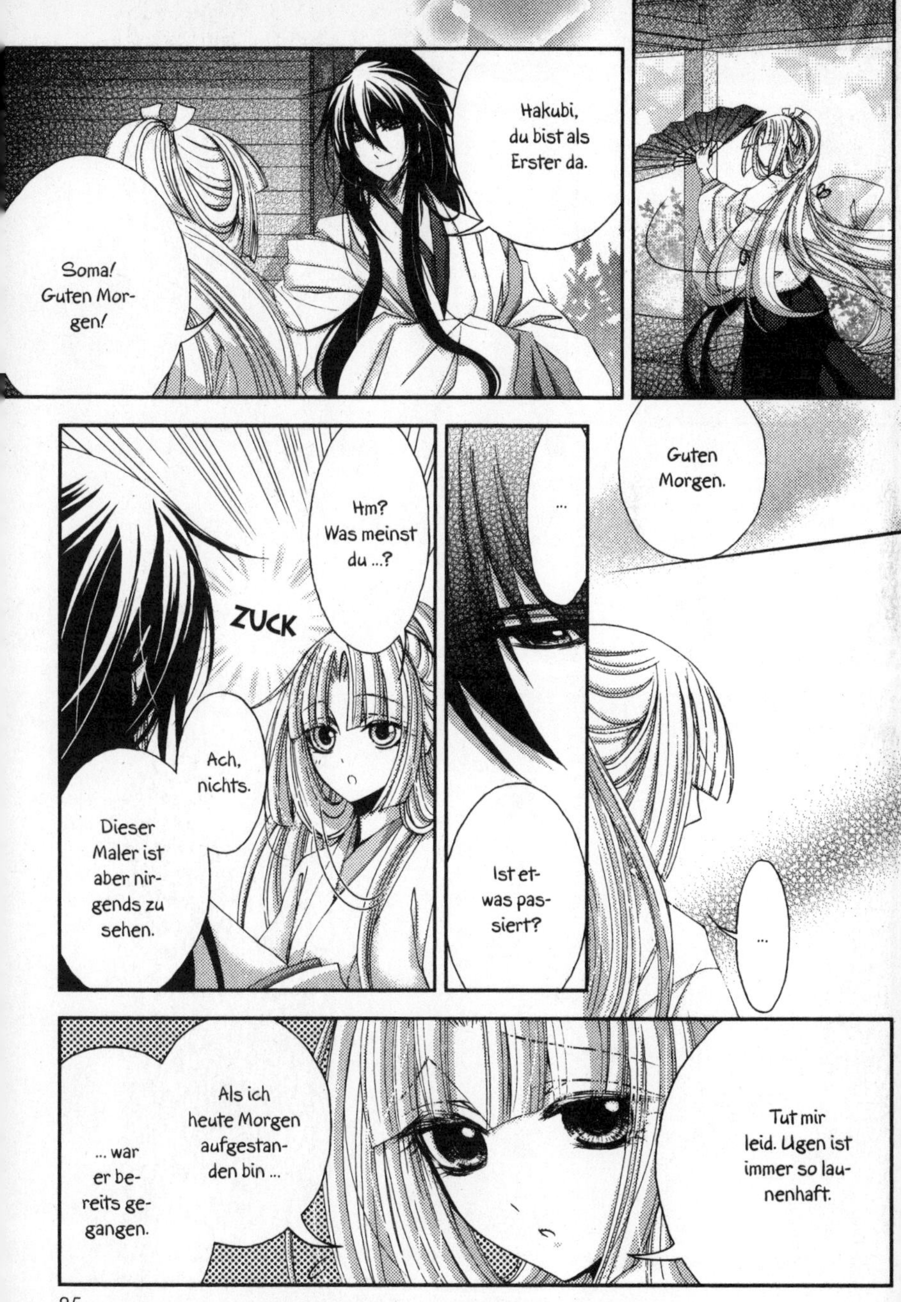

Guten Morgen.
Hakubi, du bist als Erster da.
Soma! Guten Morgen!
...
...
Ist etwas passiert?
Hm? Was meinst du ...?
ZUCK
Ach, nichts.
Dieser Maler ist aber nirgends zu sehen.
Tut mir leid. Ugen ist immer so launenhaft.
Als ich heute Morgen aufgestanden bin ...
... war er bereits gegangen.

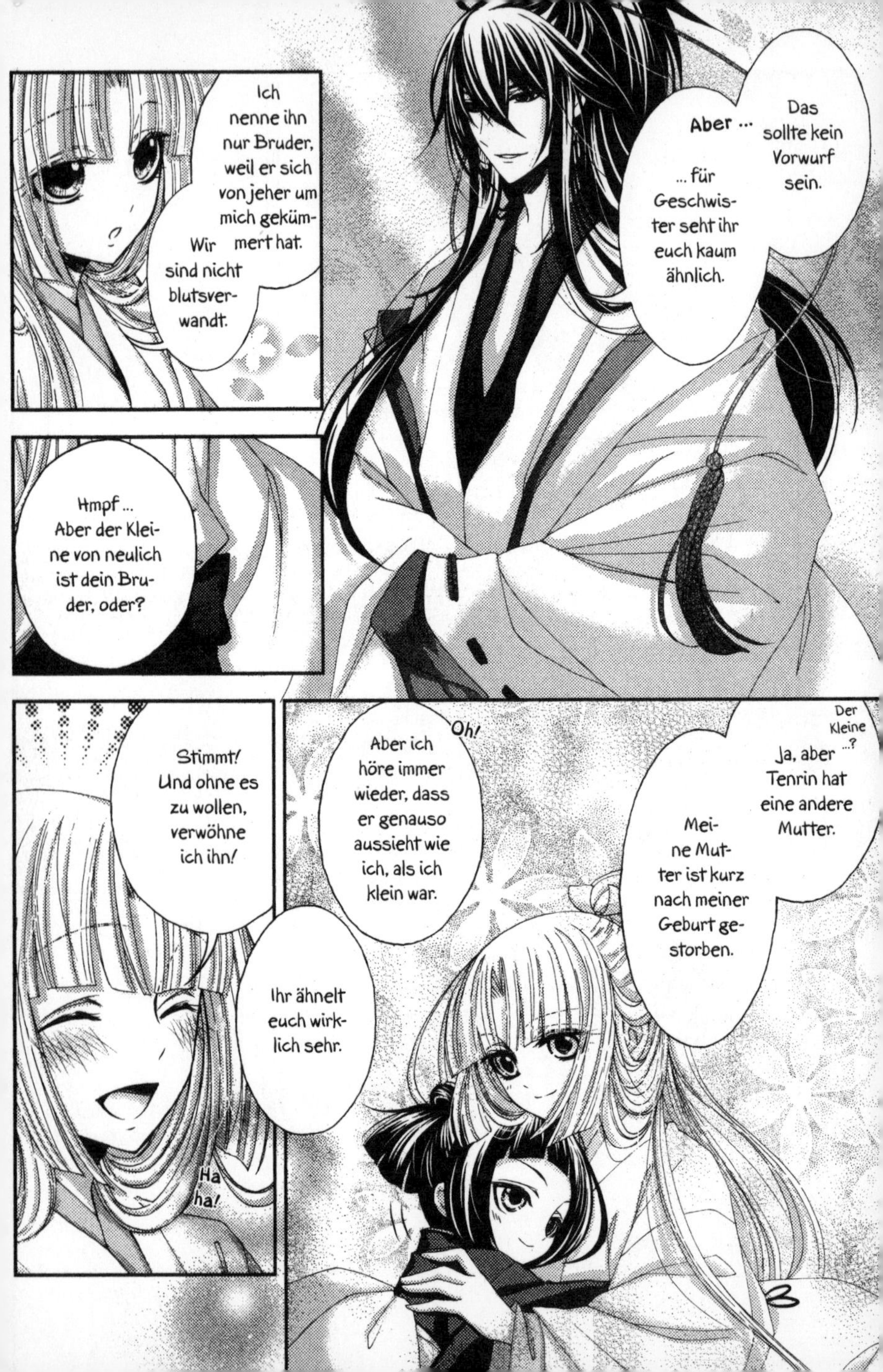
Das sollte kein Vorwurf sein.
Aber ... ... für Geschwister seht ihr euch kaum ähnlich.
Ich nenne ihn nur Bruder, weil er sich von jeher um mich gekümmert hat.
Wir sind nicht blutsverwandt.
Hmpf ... Aber der Kleine von neulich ist dein Bruder, oder?
Der Kleine ...?
Ja, aber Tenrin hat eine andere Mutter.
Meine Mutter ist kurz nach meiner Geburt gestorben.
Oh!
Aber ich höre immer wieder, dass er genauso aussieht wie ich, als ich klein war.
Ihr ähnelt euch wirklich sehr.
Stimmt! Und ohne es zu wollen, verwöhne ich ihn!
Ha ha!

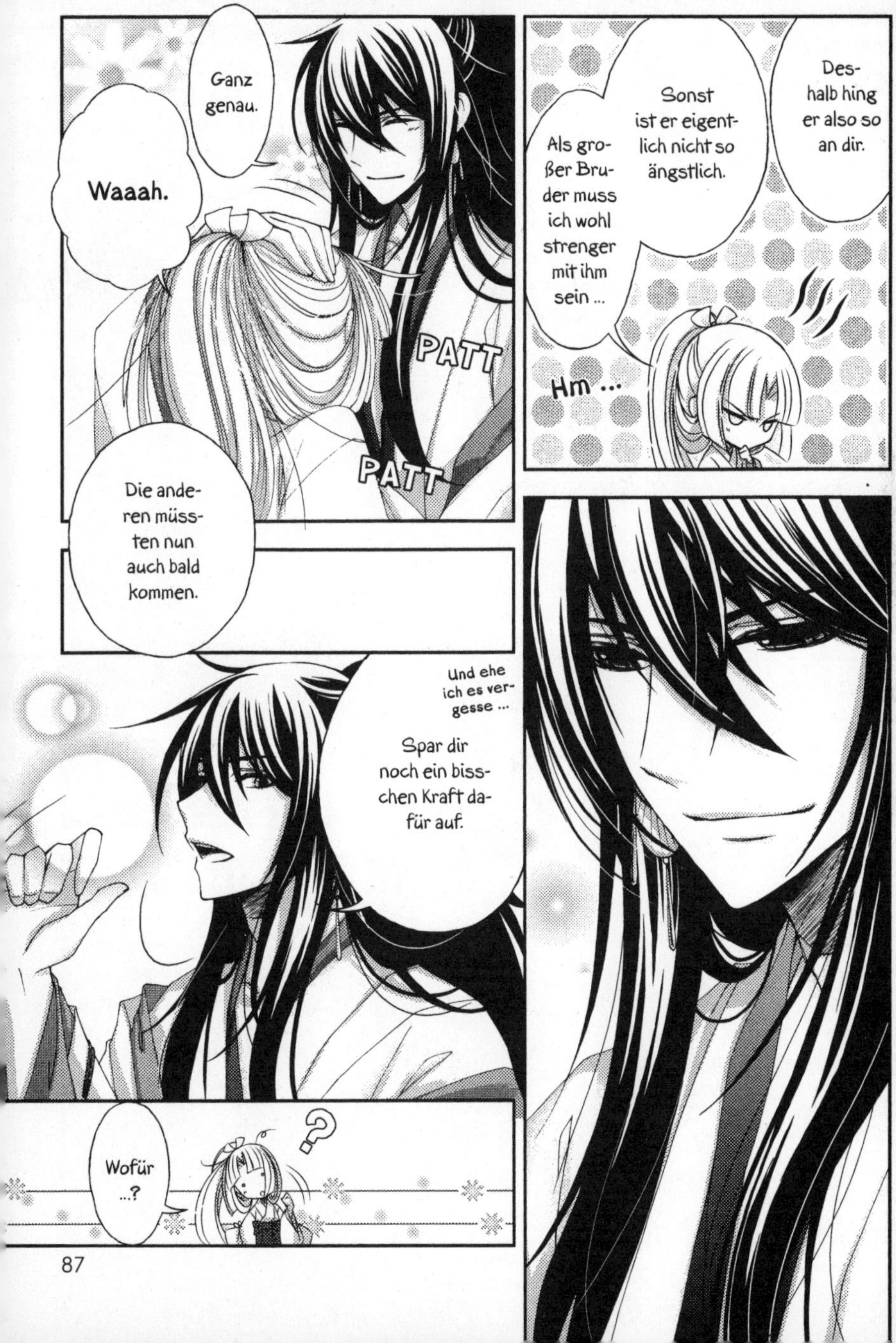

Deshalb hing er also so an dir.
Sonst ist er eigentlich nicht so ängstlich.
Als großer Bruder muss ich wohl strenger mit ihm sein ...
Hm ...

Ganz genau.
Waaah.
PATT
PATT
Die anderen müssten nun auch bald kommen.

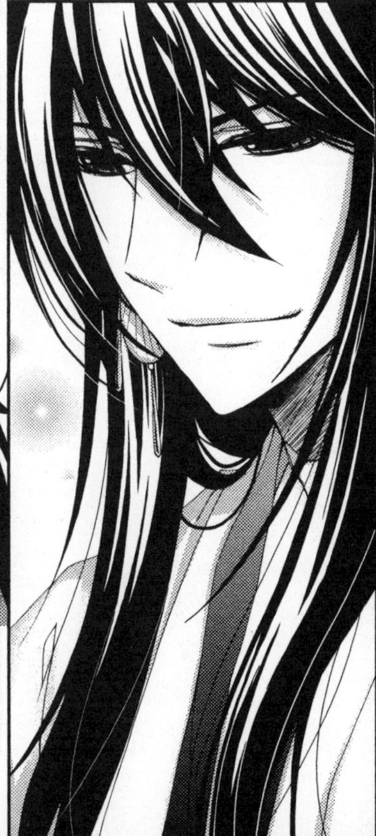

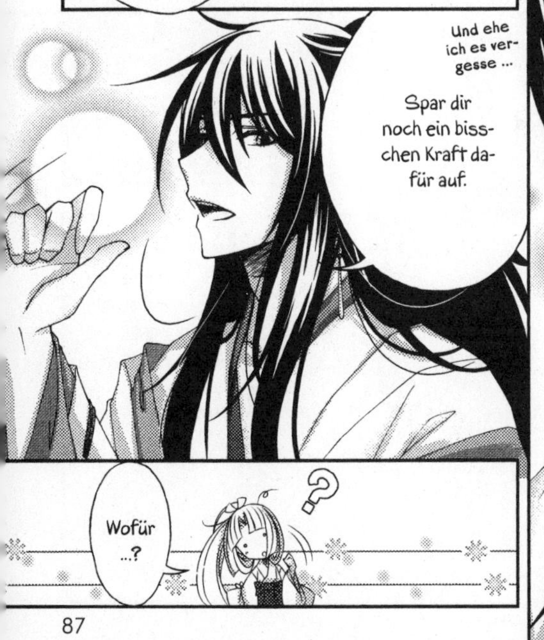

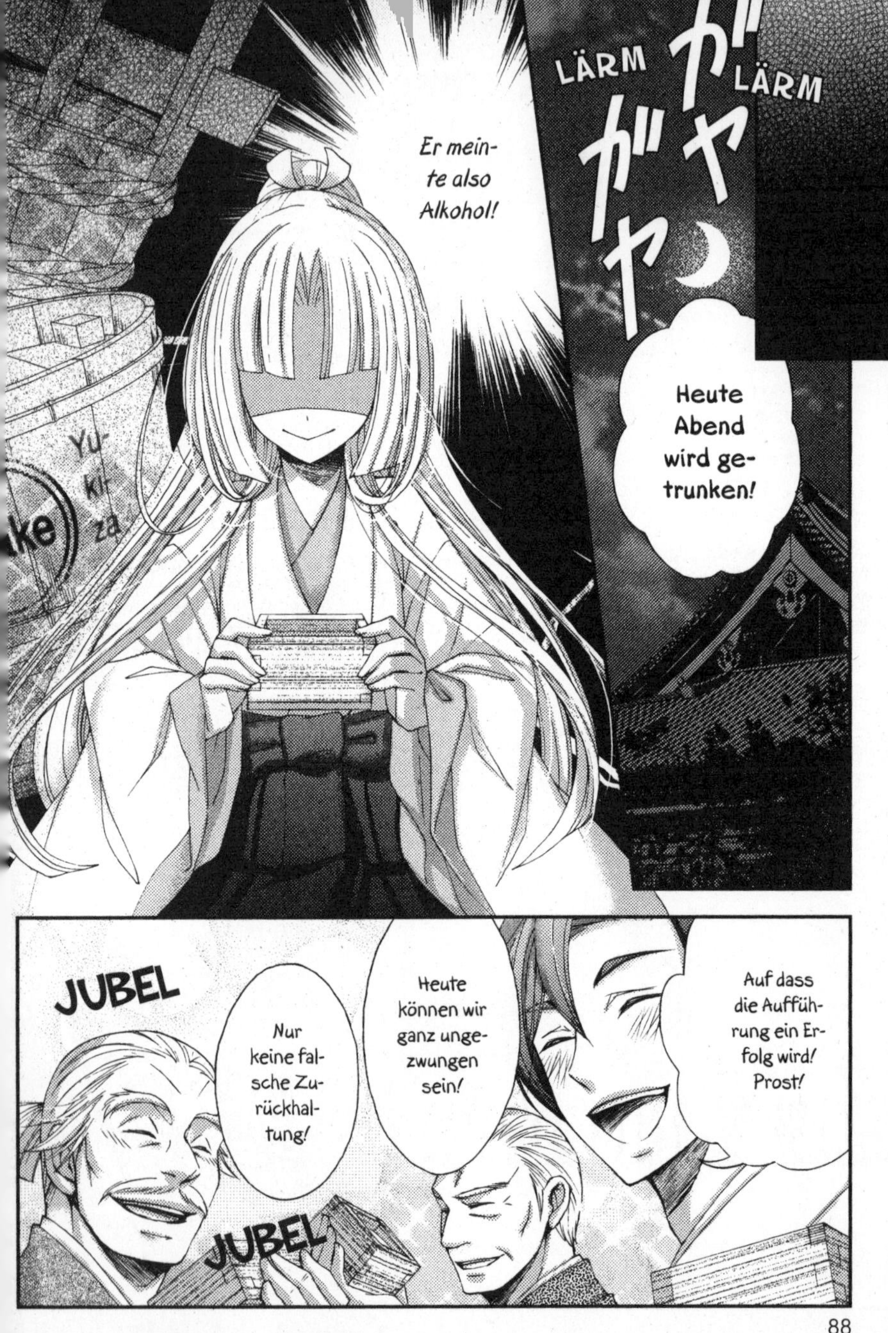
LÄRM
ガヤガヤ
LÄRM
Heute Abend wird ge-trunken!
Er mein-te also Alkohol!
Yu-ki-za
Auf dass die Aufführung ein Er-folg wird! Prost!
Heute können wir ganz unge-zwungen sein!
Nur keine fal-sche Zu-rückhal-tung!
JUBEL
JUBEL

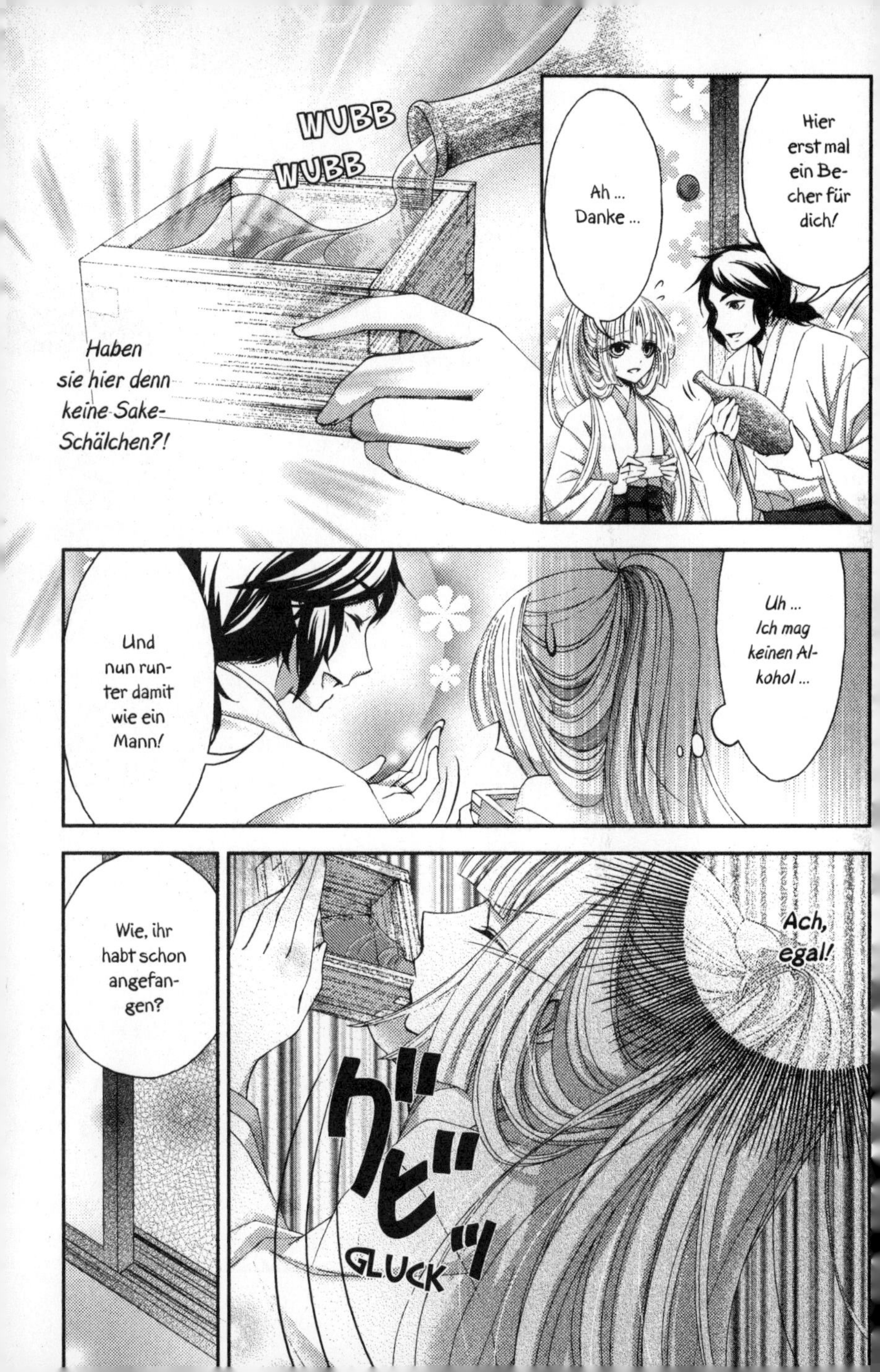

Hier erst mal ein Becher für dich!
Ah ... Danke ...
WUBB
WUBB
Haben sie hier denn keine Sake-Schälchen?!

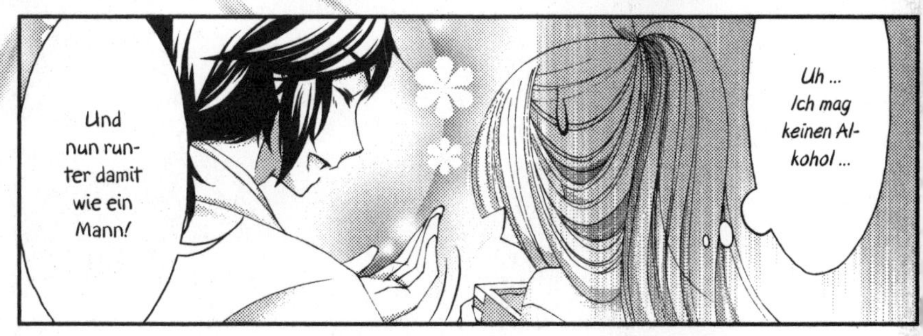

Ach, egal!
GLUCK
Wie, ihr habt schon angefangen?

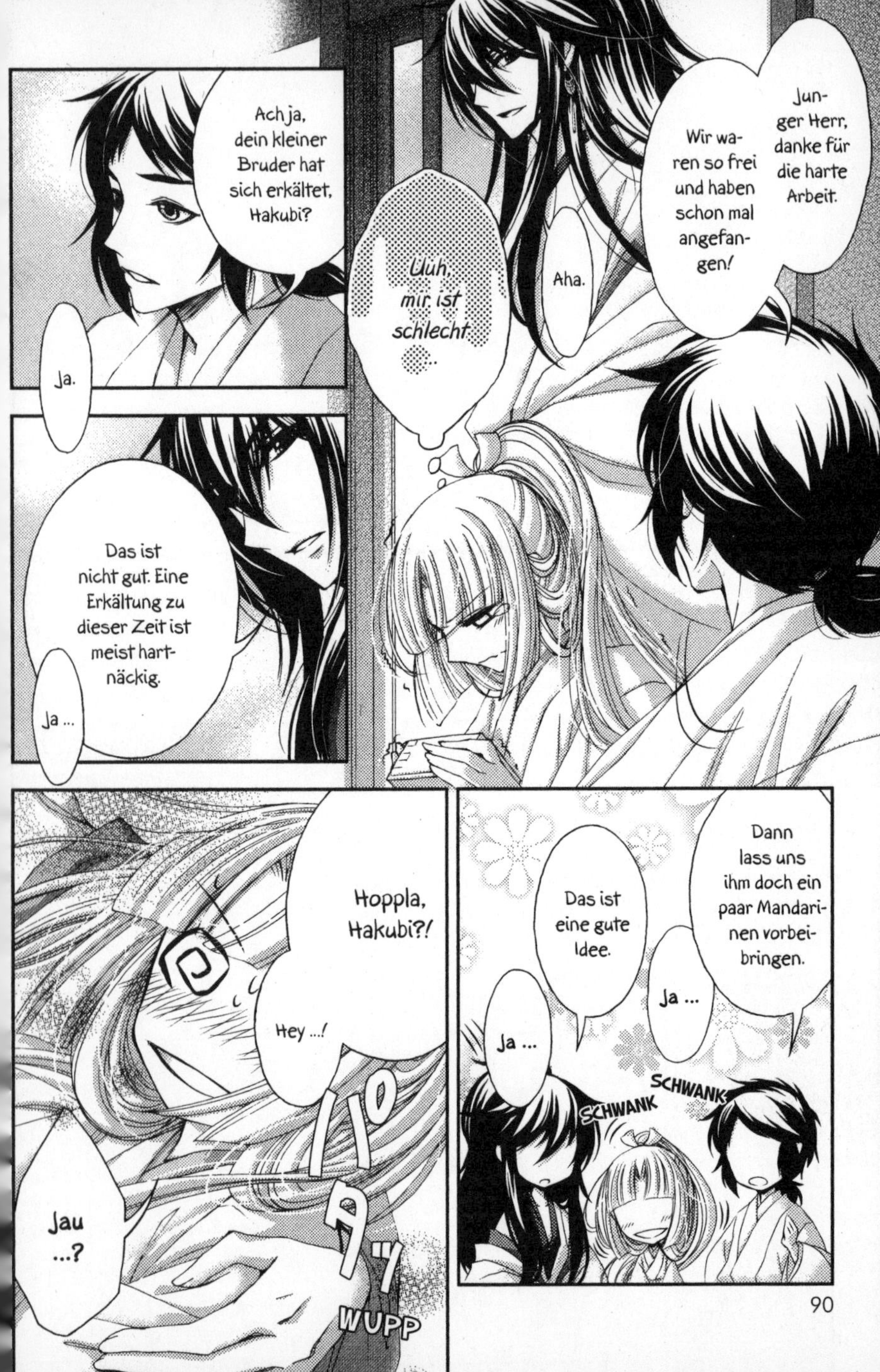

Junger Herr, danke für die harte Arbeit.
Wir waren so frei und haben schon mal angefangen!
Aha.
Uuh, mir ist schlecht ...
Ach ja, dein kleiner Bruder hat sich erkältet, Hakubi?
Ja.
Das ist nicht gut. Eine Erkältung zu dieser Zeit ist meist hartnäckig.
Ja ...
Dann lass uns ihm doch ein paar Mandarinen vorbeibringen.
Das ist eine gute Idee.
Ja ...
Ja ...
SCHWANK
SCHWANK
Hoppla, Hakubi?!
Hey ...!
Jau ...?
WUPP

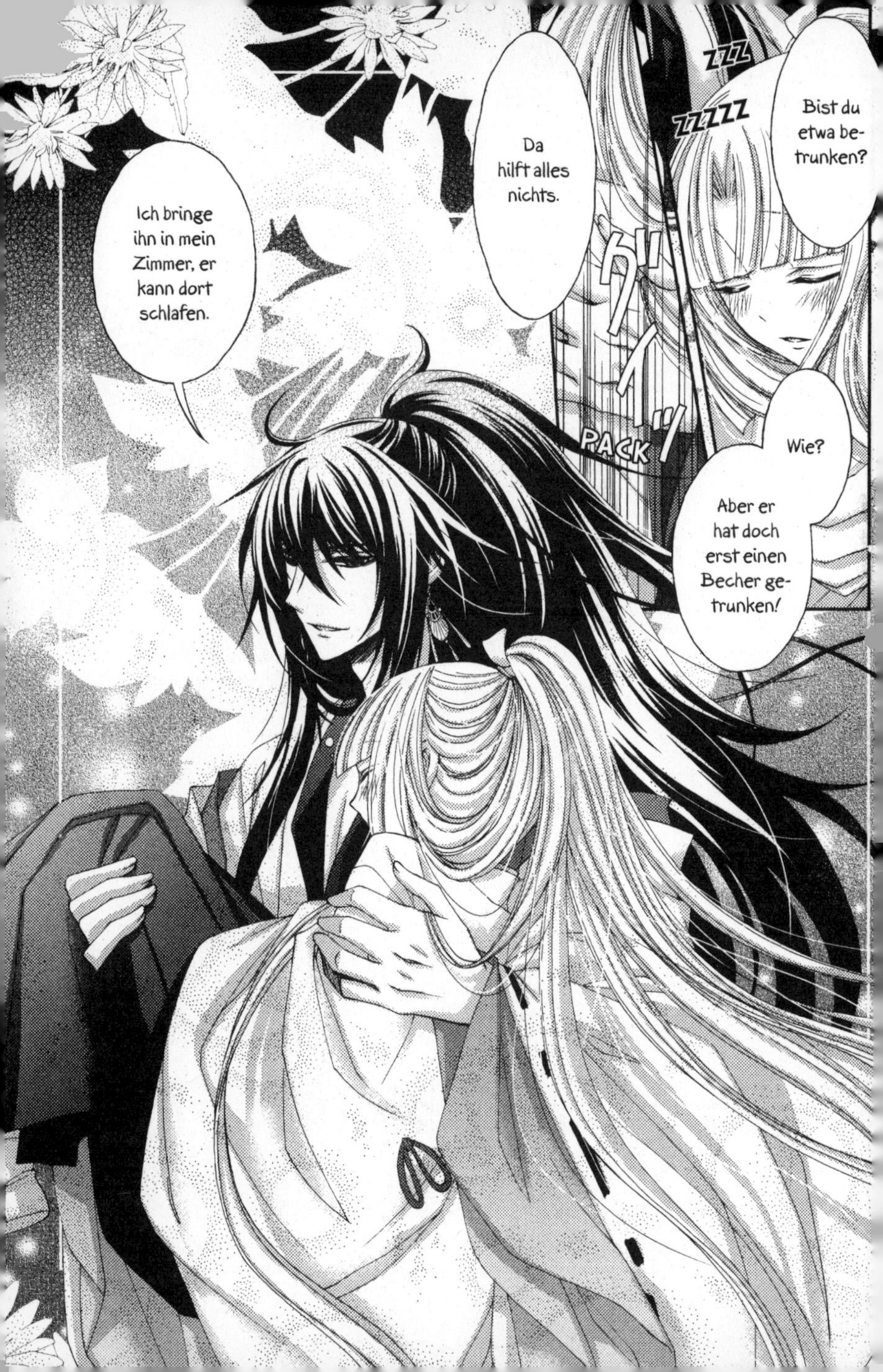

Bist du etwa be-trunken?
ZZZ
ZZZZZ
Wie?
Aber er hat doch erst einen Becher ge-trunken!
Da hilft alles nichts.
PACK
Ich bringe ihn in mein Zimmer, er kann dort schlafen.

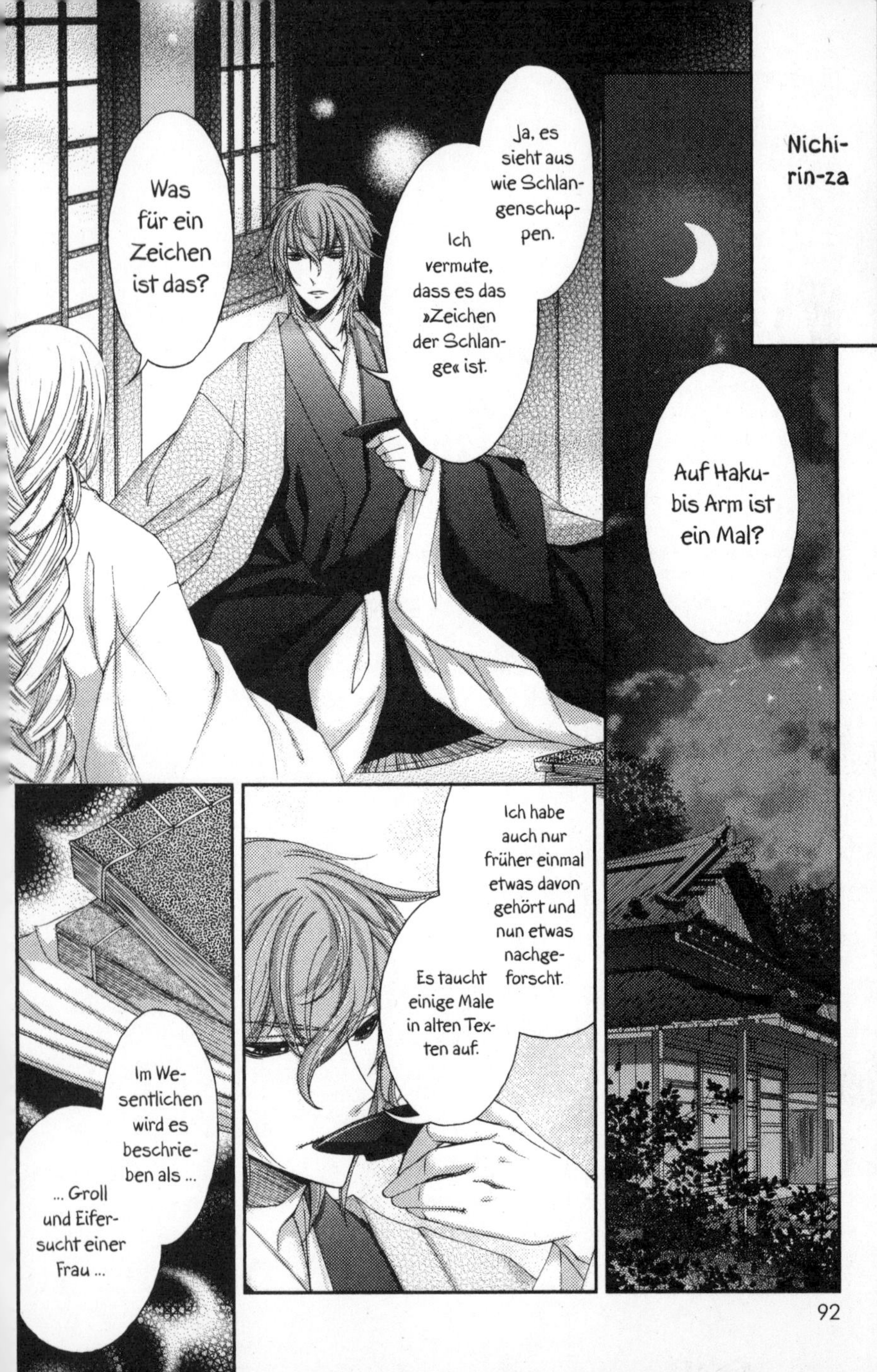
Nichirin-za
Auf Hakubis Arm ist ein Mal?
Ja, es sieht aus wie Schlangenschuppen.
Ich vermute, dass es das »Zeichen der Schlange« ist.
Was für ein Zeichen ist das?
Ich habe auch nur früher einmal etwas davon gehört und nun etwas nachgeforscht.
Es taucht einige Male in alten Texten auf.
Im Wesentlichen wird es beschrieben als ...
... Groll und Eifersucht einer Frau ...

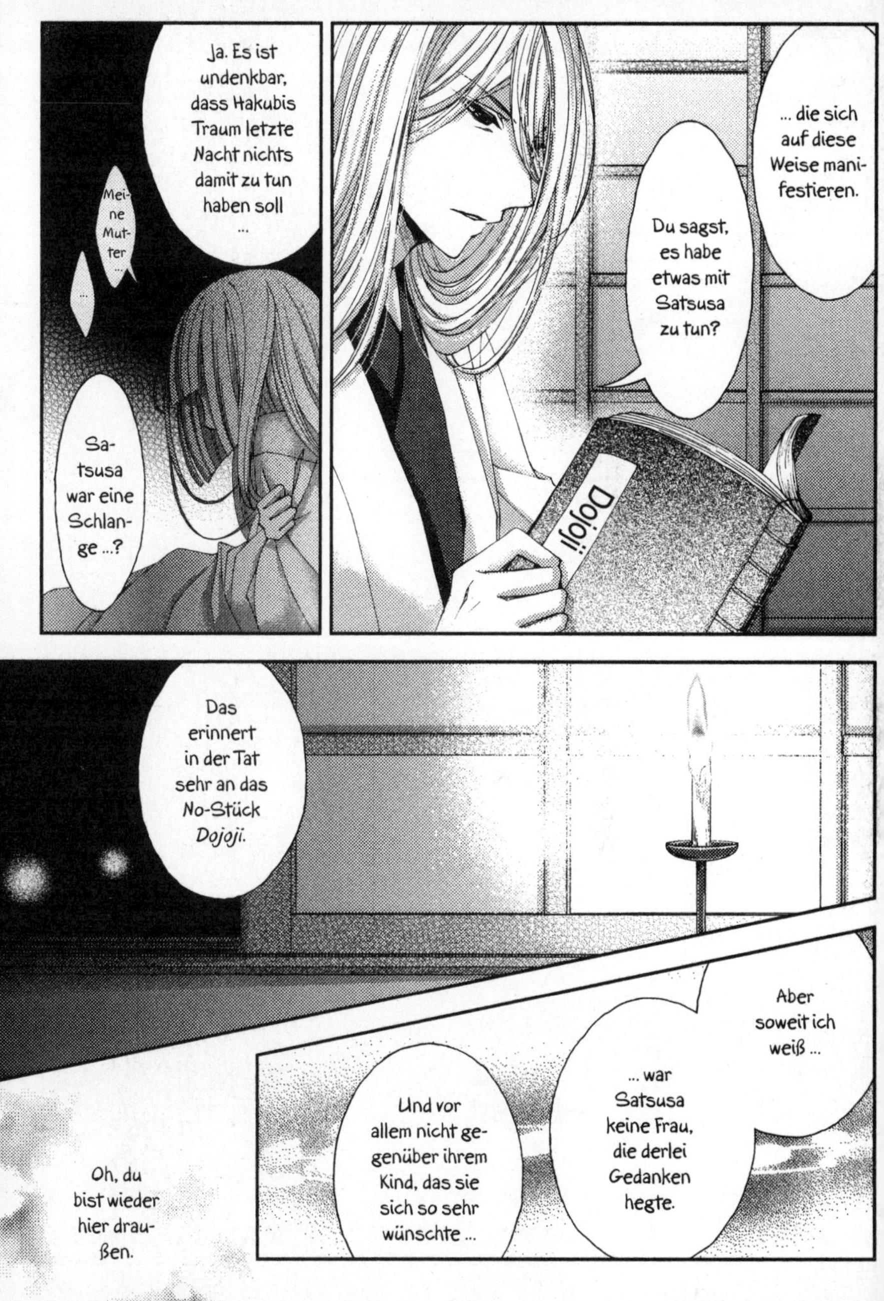
... die sich auf diese Weise manifestieren.
Du sagst, es habe etwas mit Satsusa zu tun?
Dojoji
Ja. Es ist undenkbar, dass Hakubis Traum letzte Nacht nichts damit zu tun haben soll ...
Meine Mutter ...
...
Satsusa war eine Schlange ...?
Das erinnert in der Tat sehr an das No-Stück *Dojoji*.
Aber soweit ich weiß ...
... war Satsusa keine Frau, die derlei Gedanken hegte.
Und vor allem nicht gegenüber ihrem Kind, das sie sich so sehr wünschte ...
Oh, du bist wieder hier draußen.

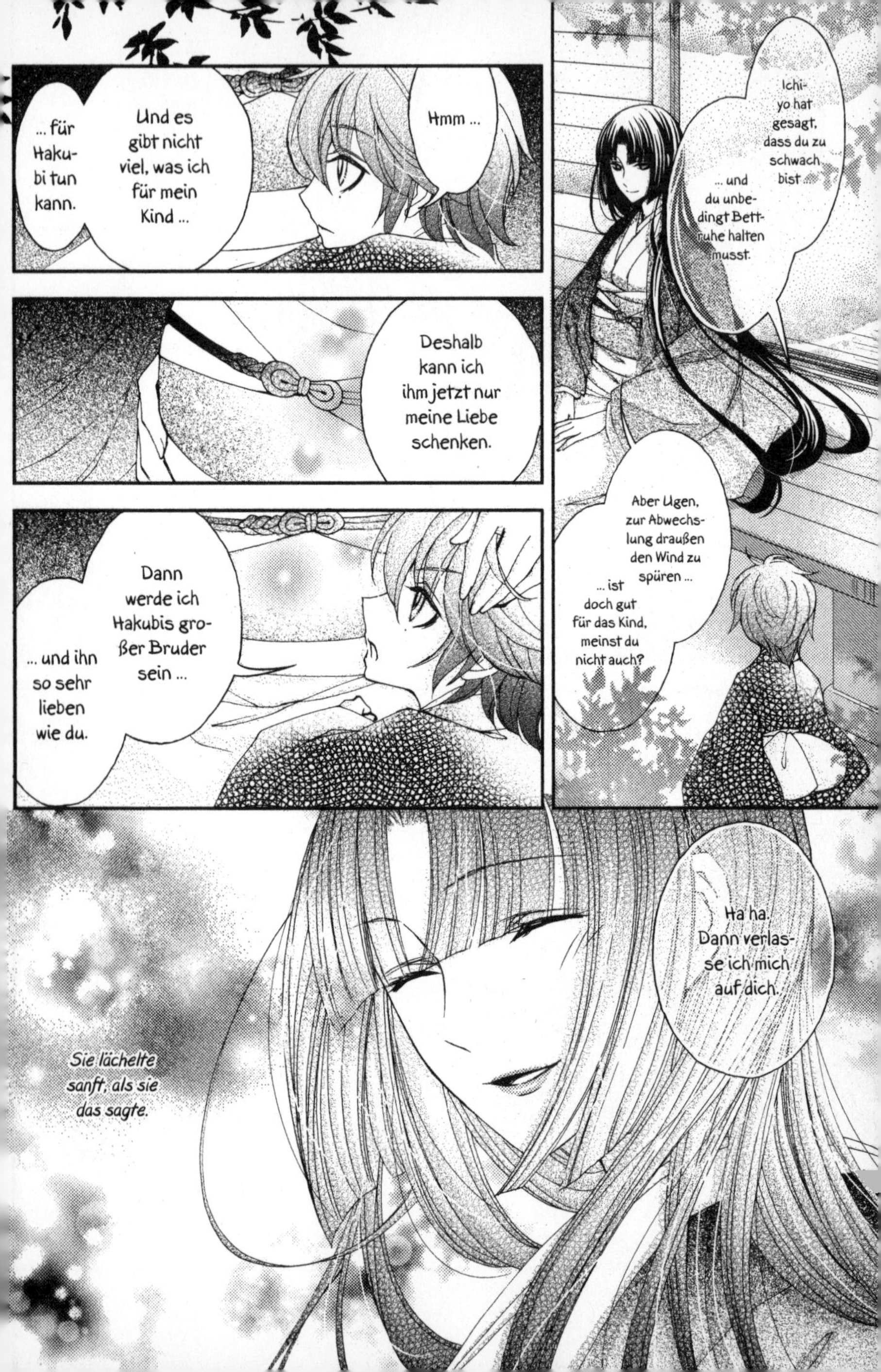
Ichiyo hat gesagt, dass du zu schwach bist ...
... und du unbedingt Bettruhe halten musst.
Aber Ugen, zur Abwechslung draußen den Wind zu spüren ...
... ist doch gut für das Kind, meinst du nicht auch?
Hmm ...
Und es gibt nicht viel, was ich für mein Kind ...
... für Hakubi tun kann.
Deshalb kann ich ihm jetzt nur meine Liebe schenken.
Dann werde ich Hakubis großer Bruder sein ...
... und ihn so sehr lieben wie du.
Ha ha. Dann verlasse ich mich auf dich.
Sie lächelte sanft, als sie das sagte.

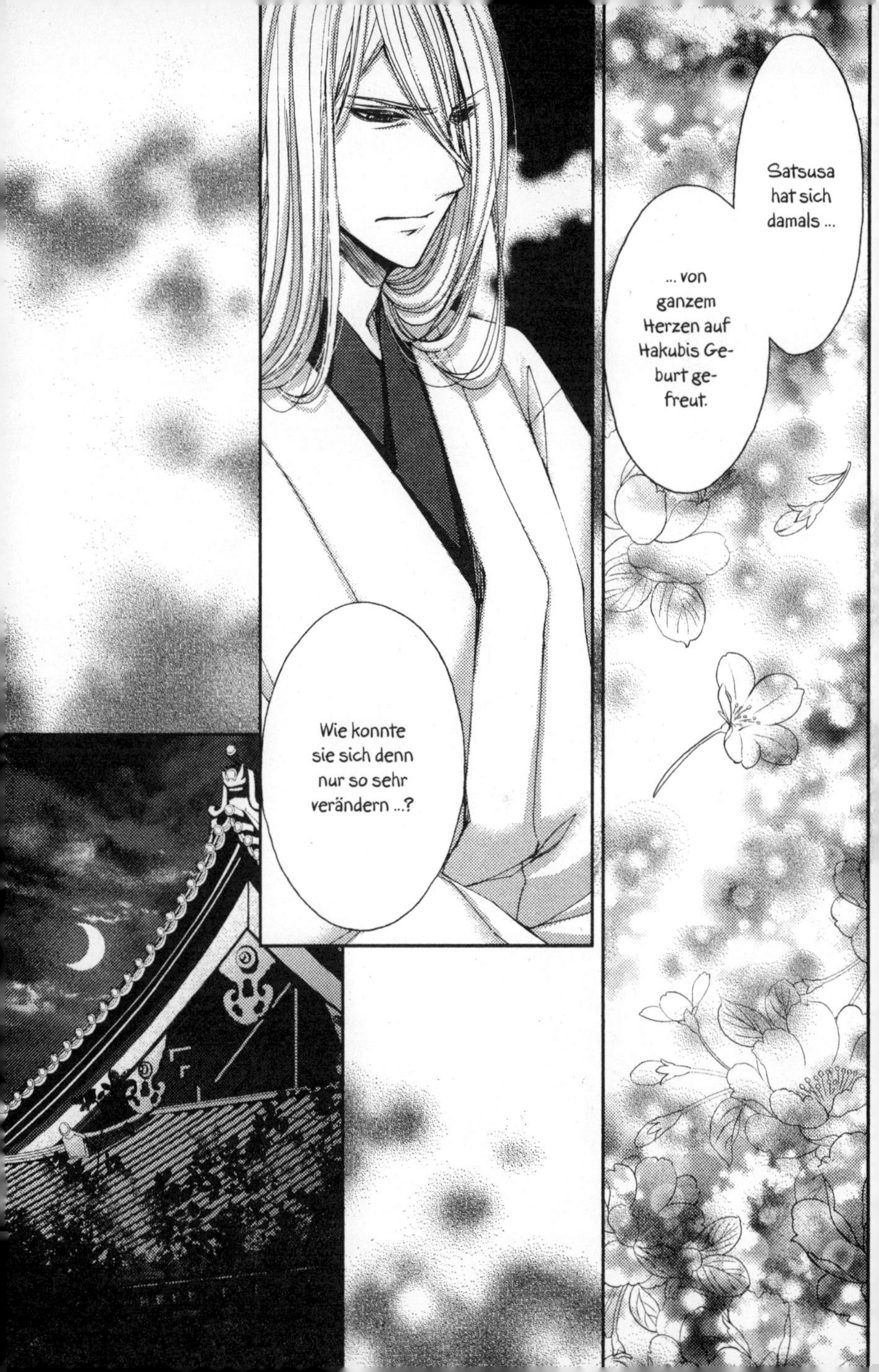
Satsusa hat sich damals ...
... von ganzem Herzen auf Hakubis Geburt gefreut.
Wie konnte sie sich denn nur so sehr verändern ...?

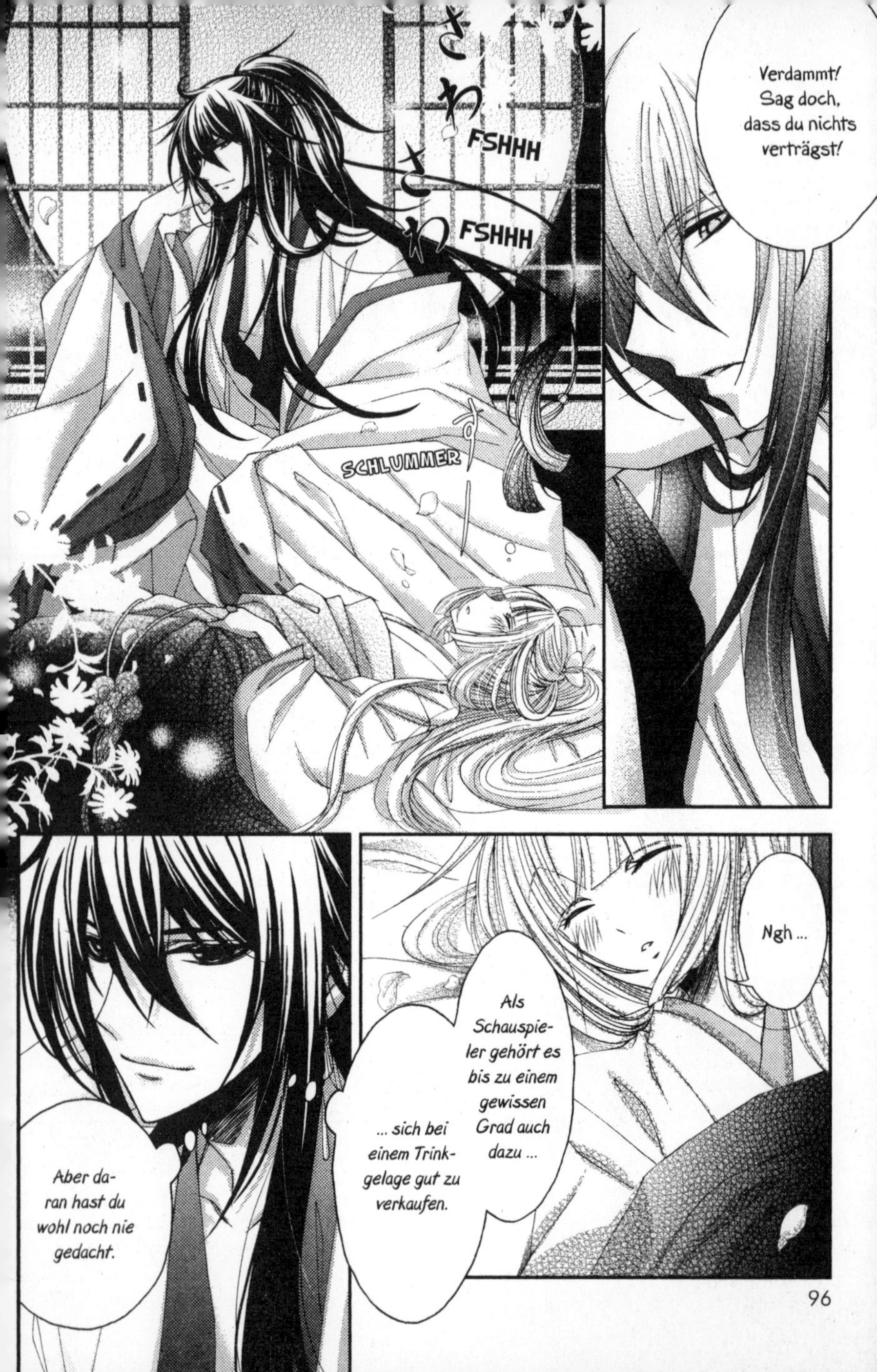
Verdammt! Sag doch, dass du nichts verträgst!
さわ さわ
FSHHH
FSHHH
SCHLUMMER
Ngh ...
Als Schauspieler gehört es bis zu einem gewissen Grad auch dazu ...
... sich bei einem Trinkgelage gut zu verkaufen.
Aber daran hast du wohl noch nie gedacht.

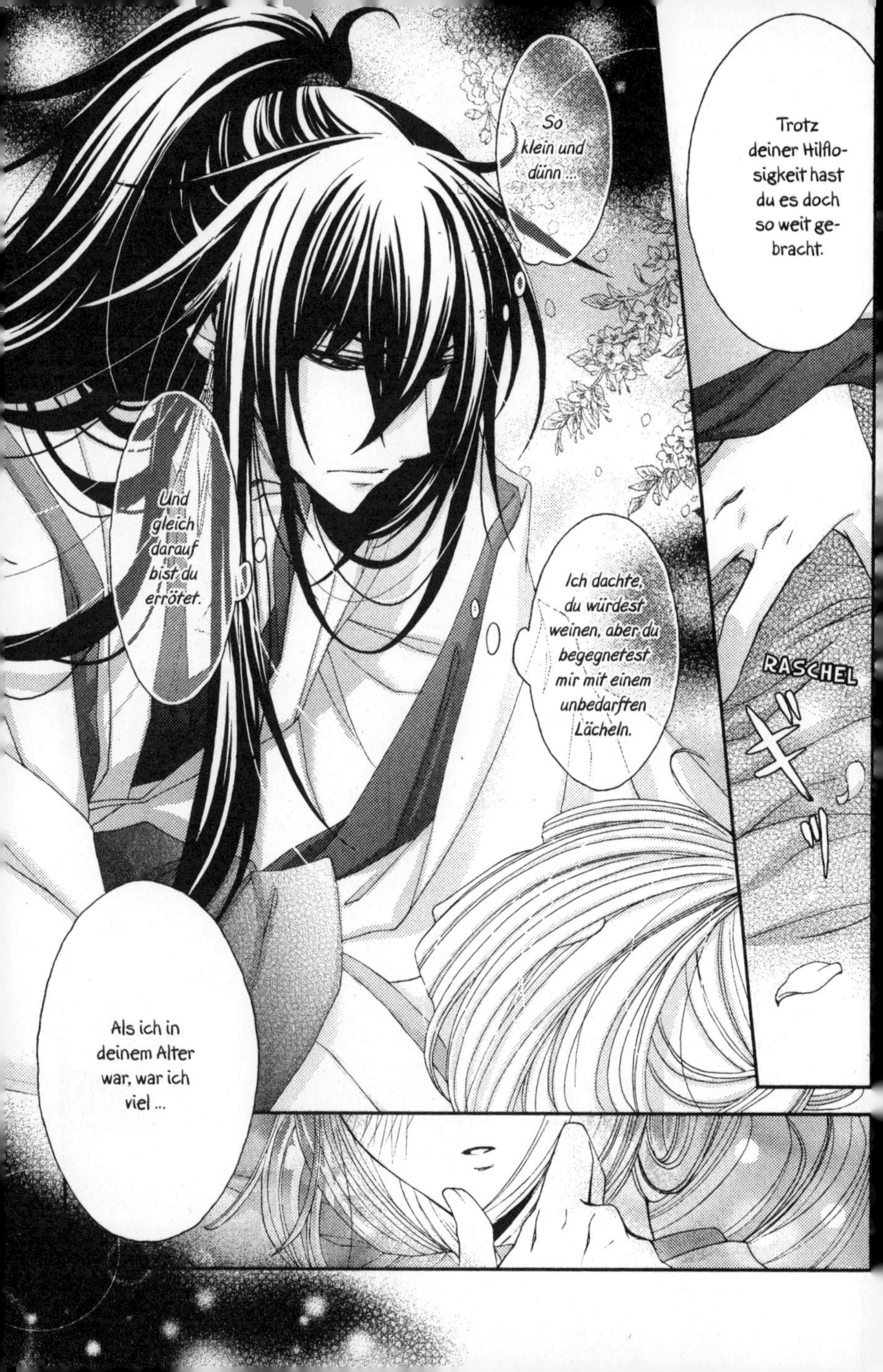
Trotz deiner Hilflosigkeit hast du es doch so weit gebracht.
RASCHEL
So klein und dünn ...
Ich dachte, du würdest weinen, aber du begegnetest mir mit einem unbedarften Lächeln.
Und gleich darauf bist du errötet.
Als ich in deinem Alter war, war ich viel ...

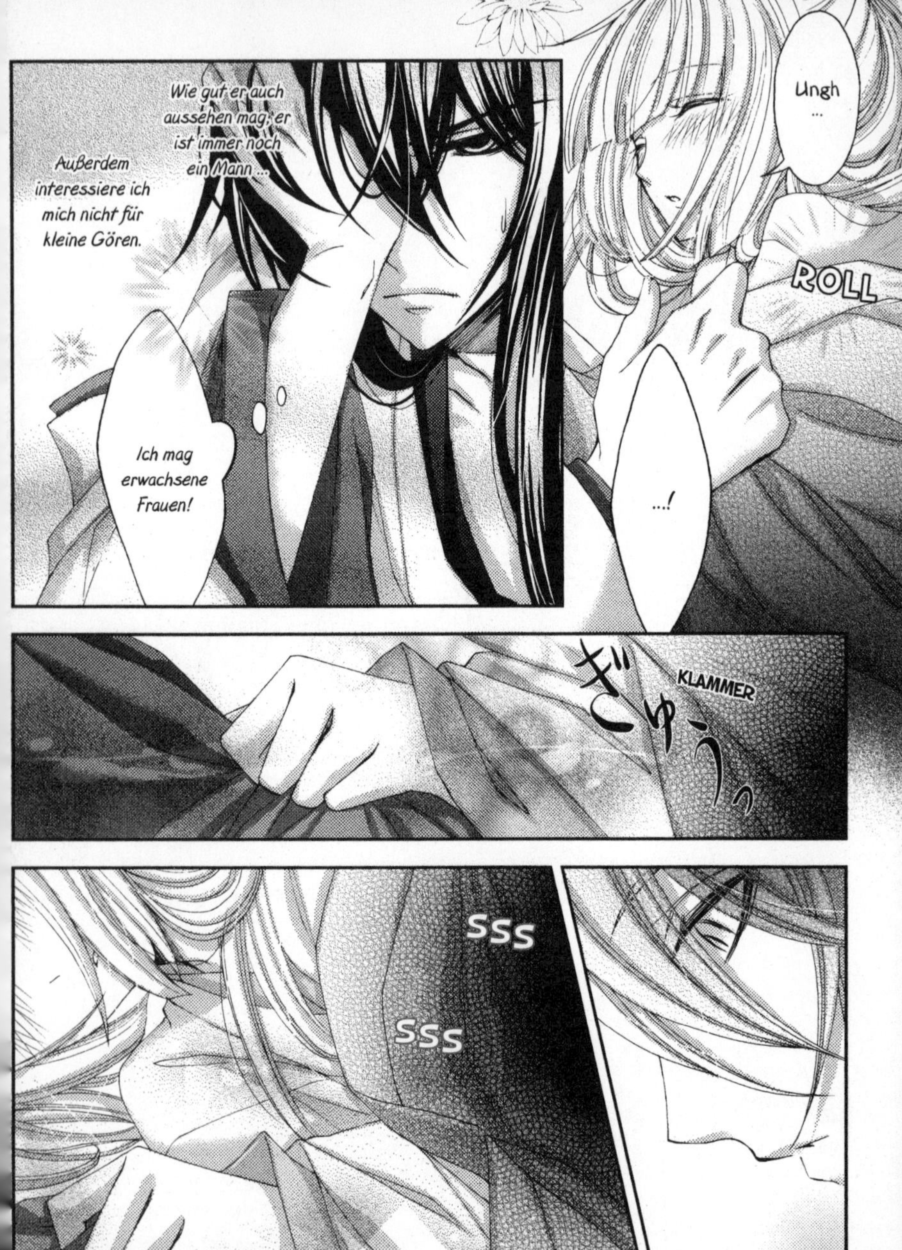
Ungh ...
ROLL
...!
Wie gut er auch aussehen mag, er ist immer noch ein Mann ...
Außerdem interessiere ich mich nicht für kleine Gören.
Ich mag erwachsene Frauen!
KLAMMER
SSS
SSS

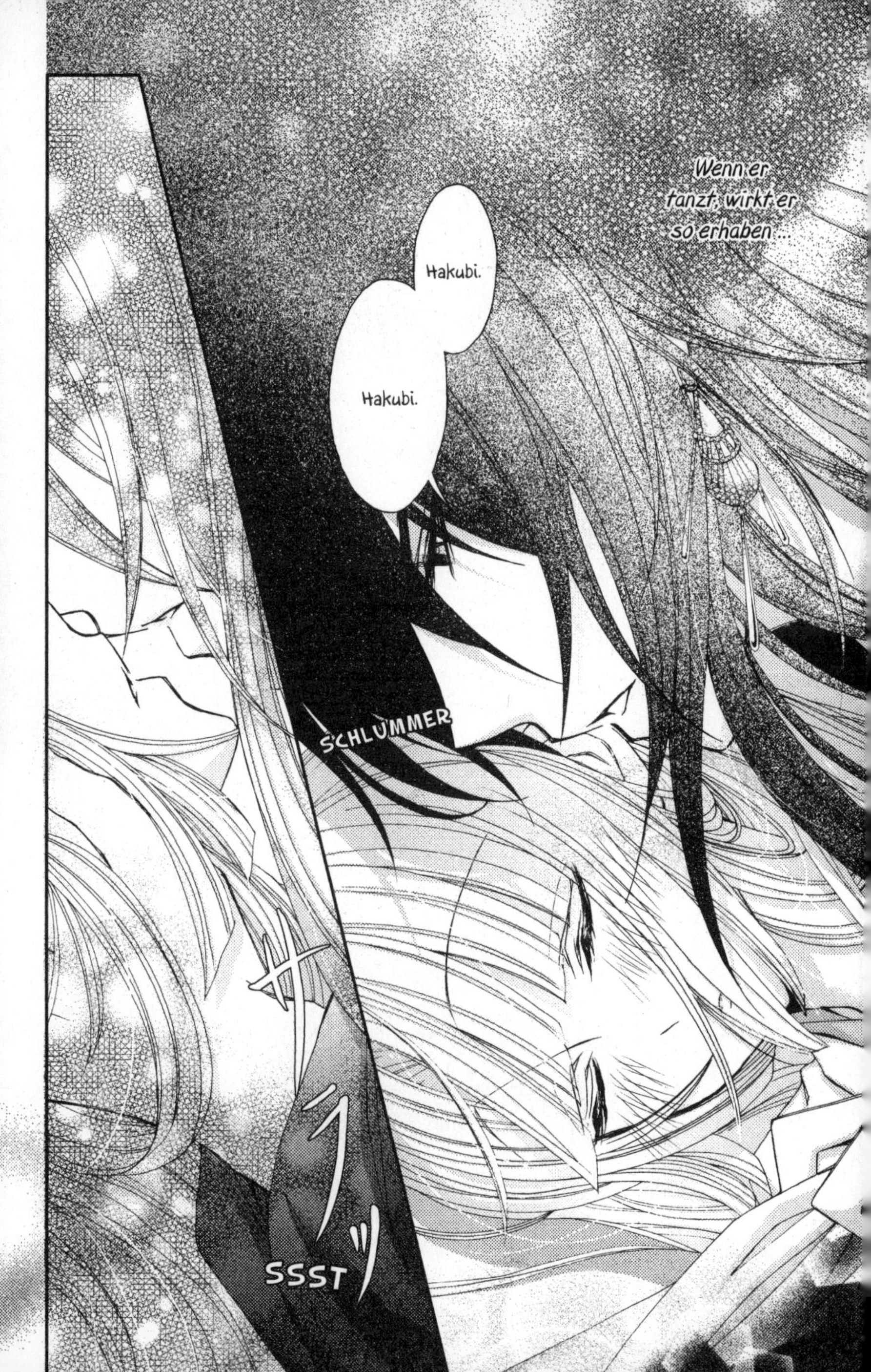

Wenn er tanzt, wirkt er so erhaben ...
Hakubi.
Hakubi.
SCHLUMMER
SSST

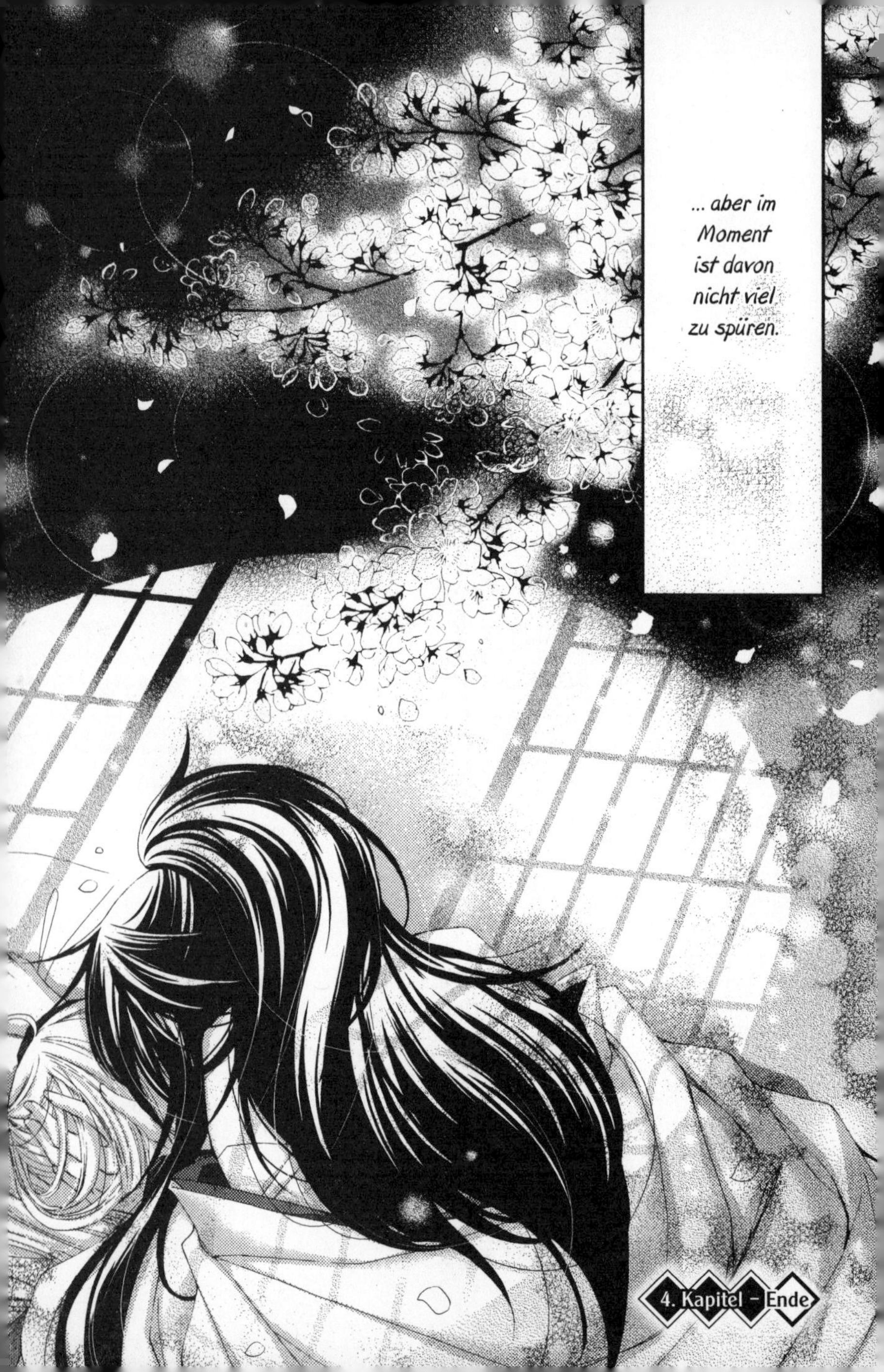
... aber im
Moment
ist davon
nicht viel
zu spüren.
4. Kapitel – Ende

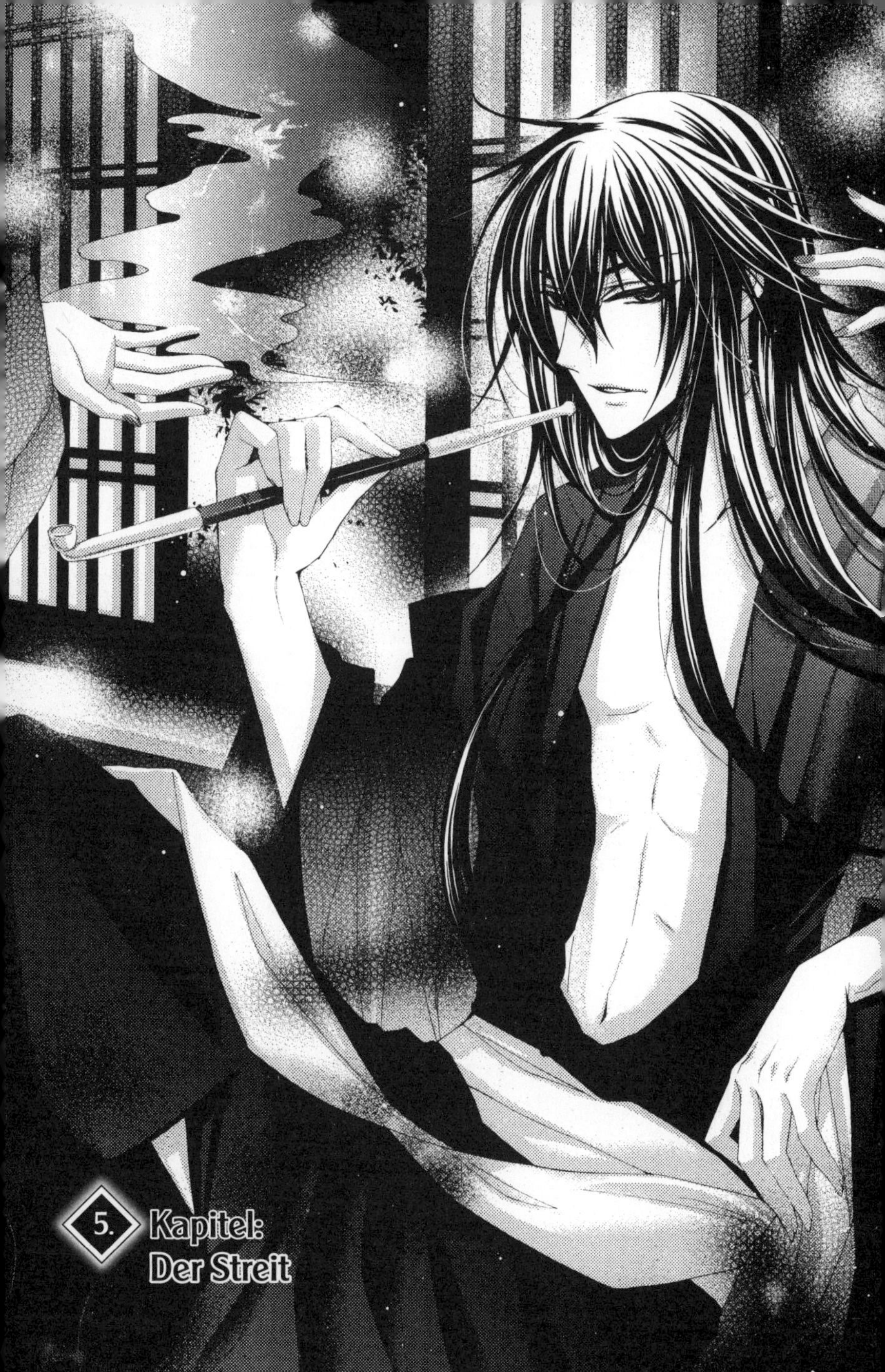
5.
Kapitel:
Der Streit

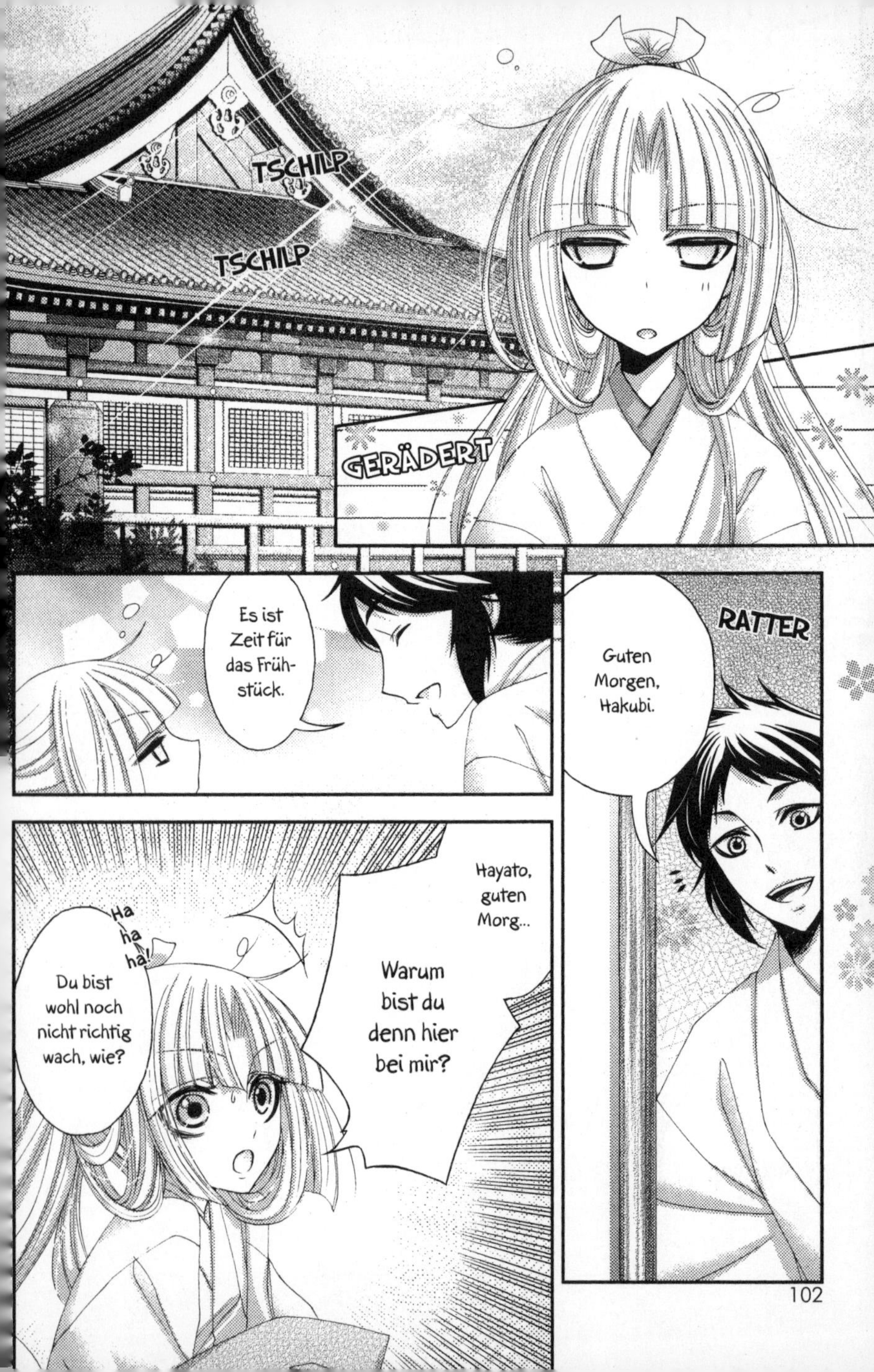
TSCHILP
TSCHILP
GERÄDERT
RATTER
Guten Morgen, Hakubi.
Es ist Zeit für das Früh-stück.
Hayato, guten Morg...
Warum bist du denn hier bei mir?
Ha ha ha!
Du bist wohl noch nicht richtig wach, wie?

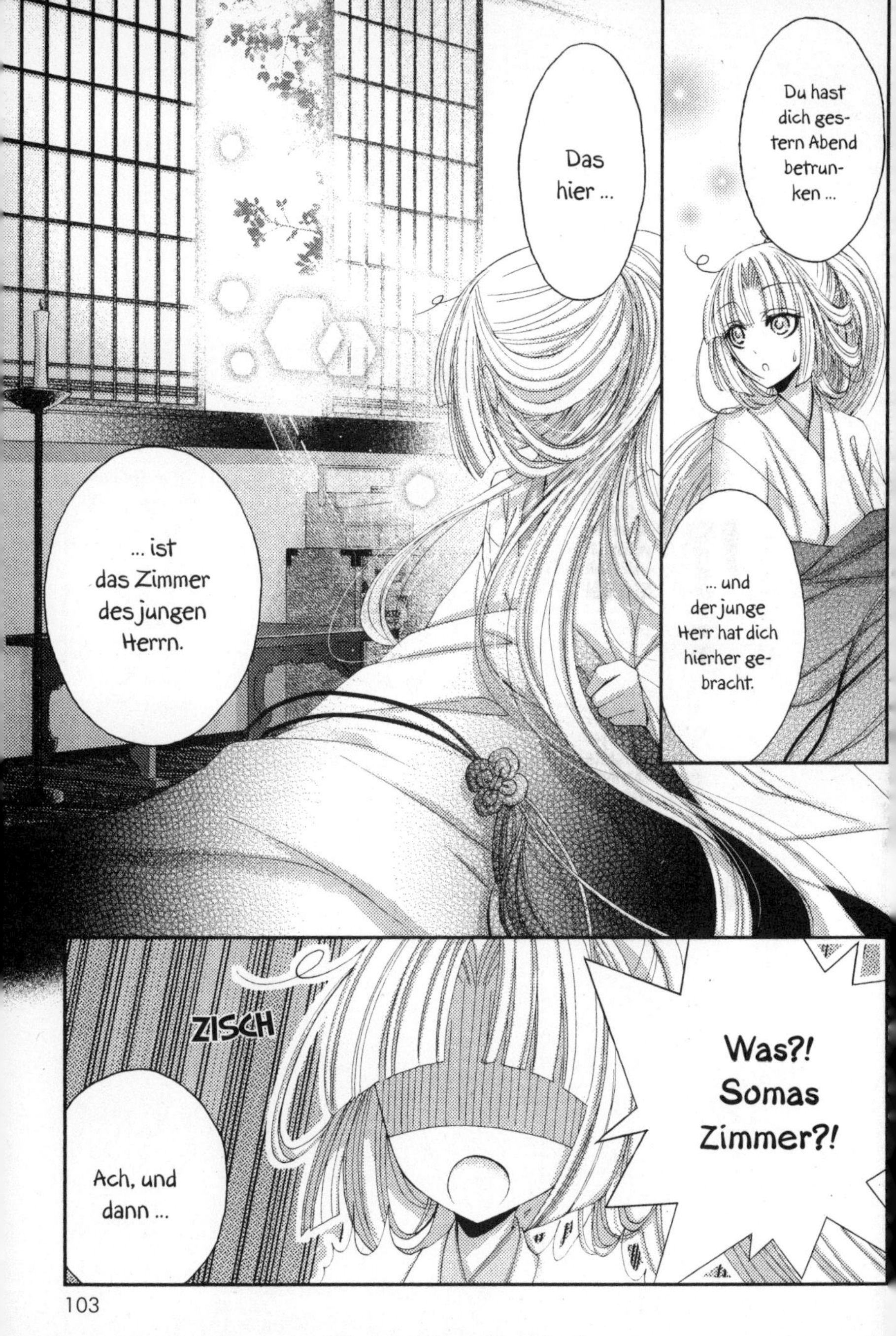
Du hast dich gestern Abend betrunken ...
... und der junge Herr hat dich hierher gebracht.
Das hier ...
... ist das Zimmer des jungen Herrn.
Was?! Somas Zimmer?!
ZISCH
Ach, und dann ...

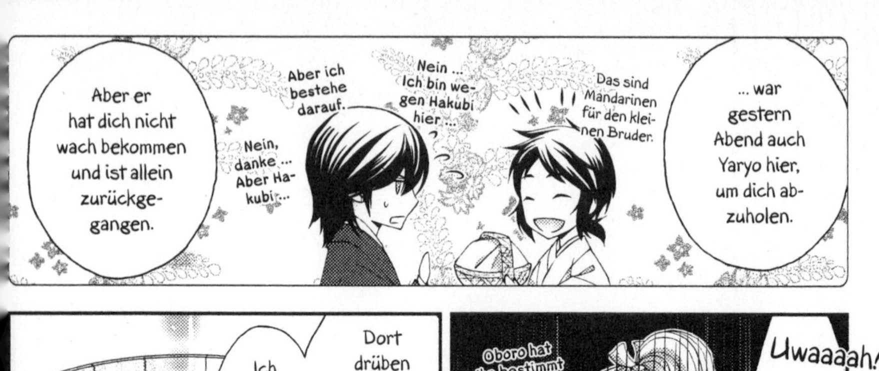
... war gestern Abend auch Yaryo hier, um dich abzuholen.
Das sind Mandarinen für den kleinen Bruder.
Nein ... Ich bin wegen Hakubi hier ...
Aber ich bestehe darauf.
Nein, danke ... Aber Hakubi ...
Aber er hat dich nicht wach bekommen und ist allein zurückgegangen.

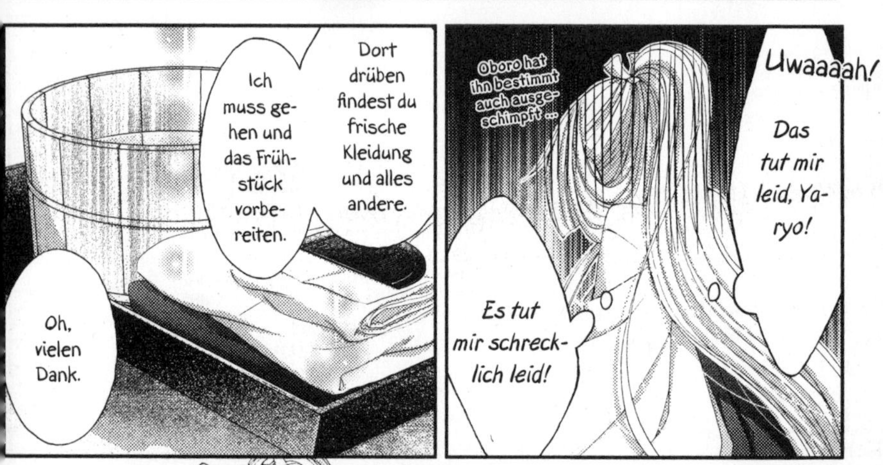
Uwaaaah!
Das tut mir leid, Yaryo!
Es tut mir schrecklich leid!
Oboro hat ihn bestimmt auch ausgeschimpft ...
Dort drüben findest du frische Kleidung und alles andere.
Ich muss gehen und das Frühstück vorbereiten.
Oh, vielen Dank.

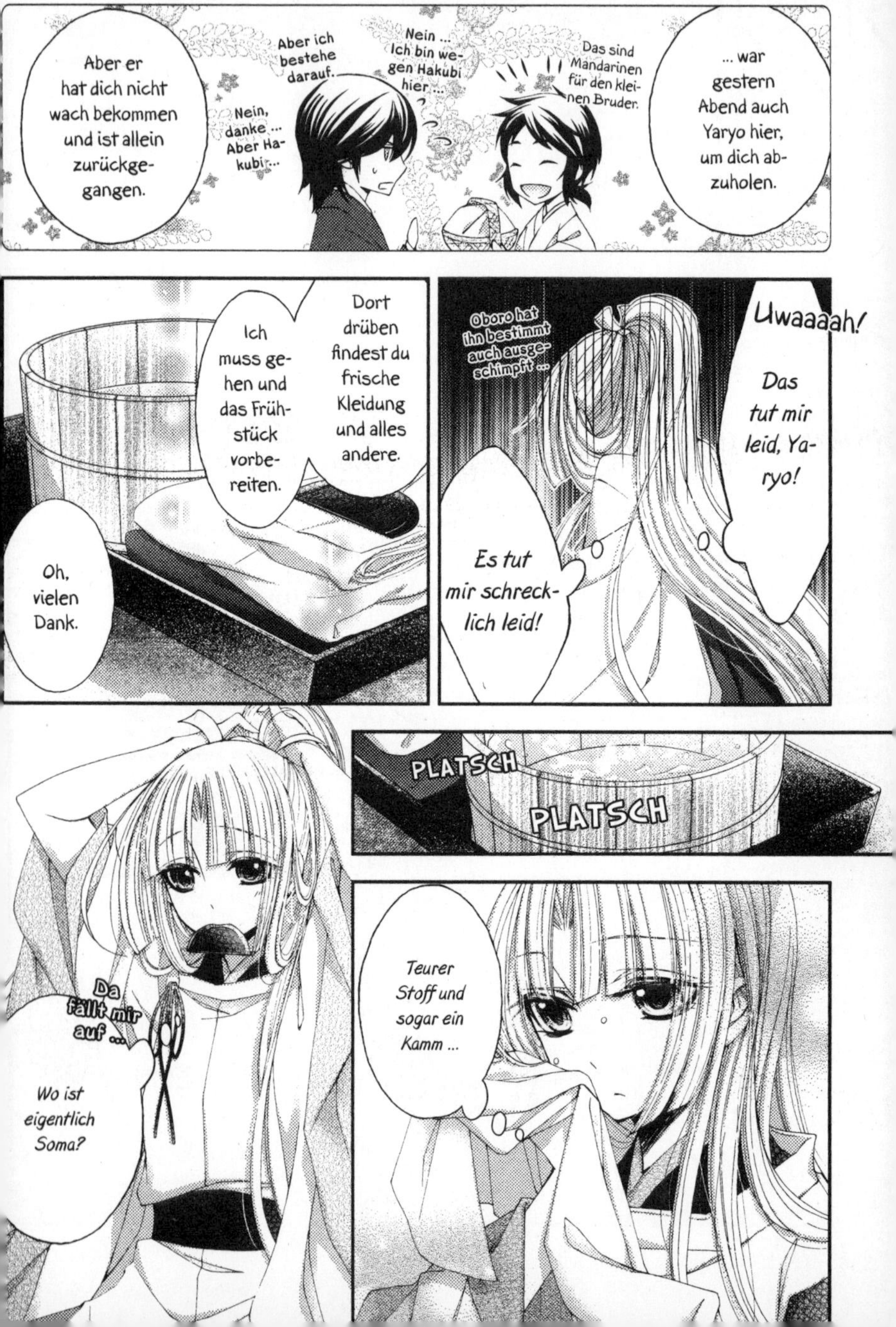

PLATSCH
PLATSCH
Teurer Stoff und sogar ein Kamm ...
Da fällt mir auf ...
Wo ist eigentlich Soma?

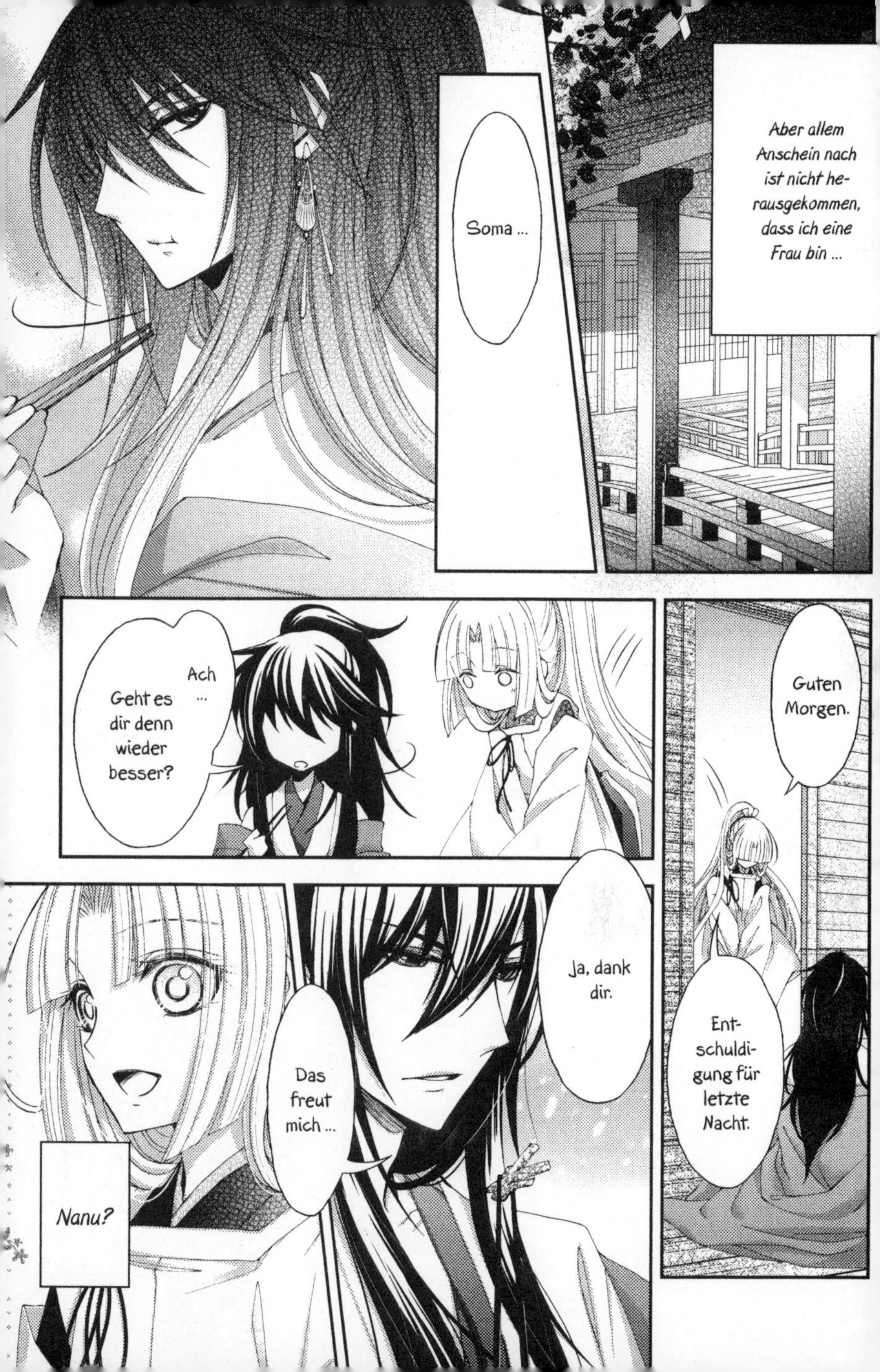
Aber allem Anschein nach ist nicht herausgekommen, dass ich eine Frau bin ...
Soma ...
Guten Morgen.
Entschuldigung für letzte Nacht.
Ach ...
Geht es dir denn wieder besser?
Ja, dank dir.
Das freut mich ...
Nanu?

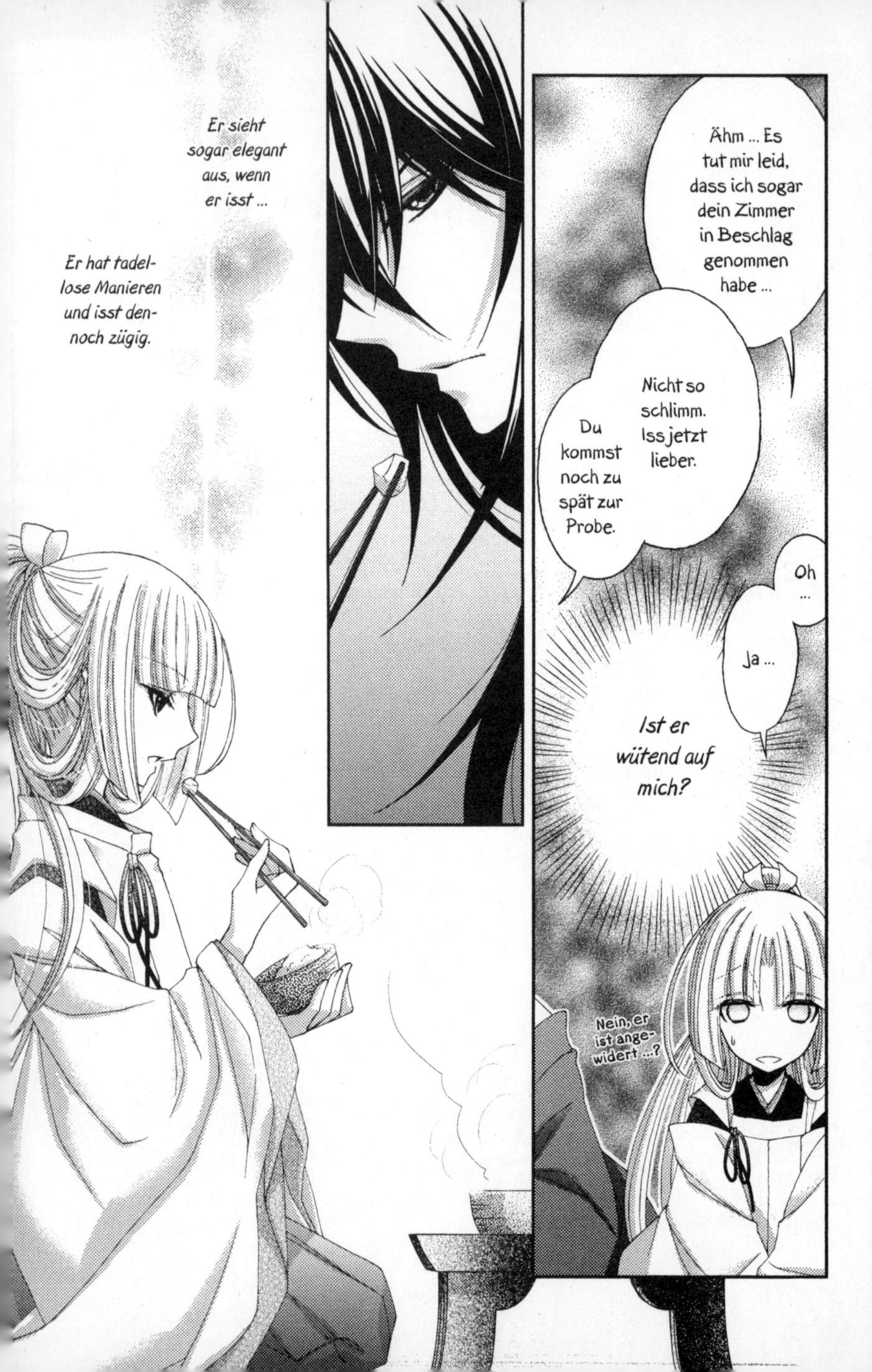
Ähm ... Es tut mir leid, dass ich sogar dein Zimmer in Beschlag genommen habe ...
Nicht so schlimm. Iss jetzt lieber.
Du kommst noch zu spät zur Probe.
Oh ...
Ja ...
Ist er wütend auf mich?
Nein, er ist angewidert ...?
Er sieht sogar elegant aus, wenn er isst ...
Er hat tadellose Manieren und isst dennoch zügig.

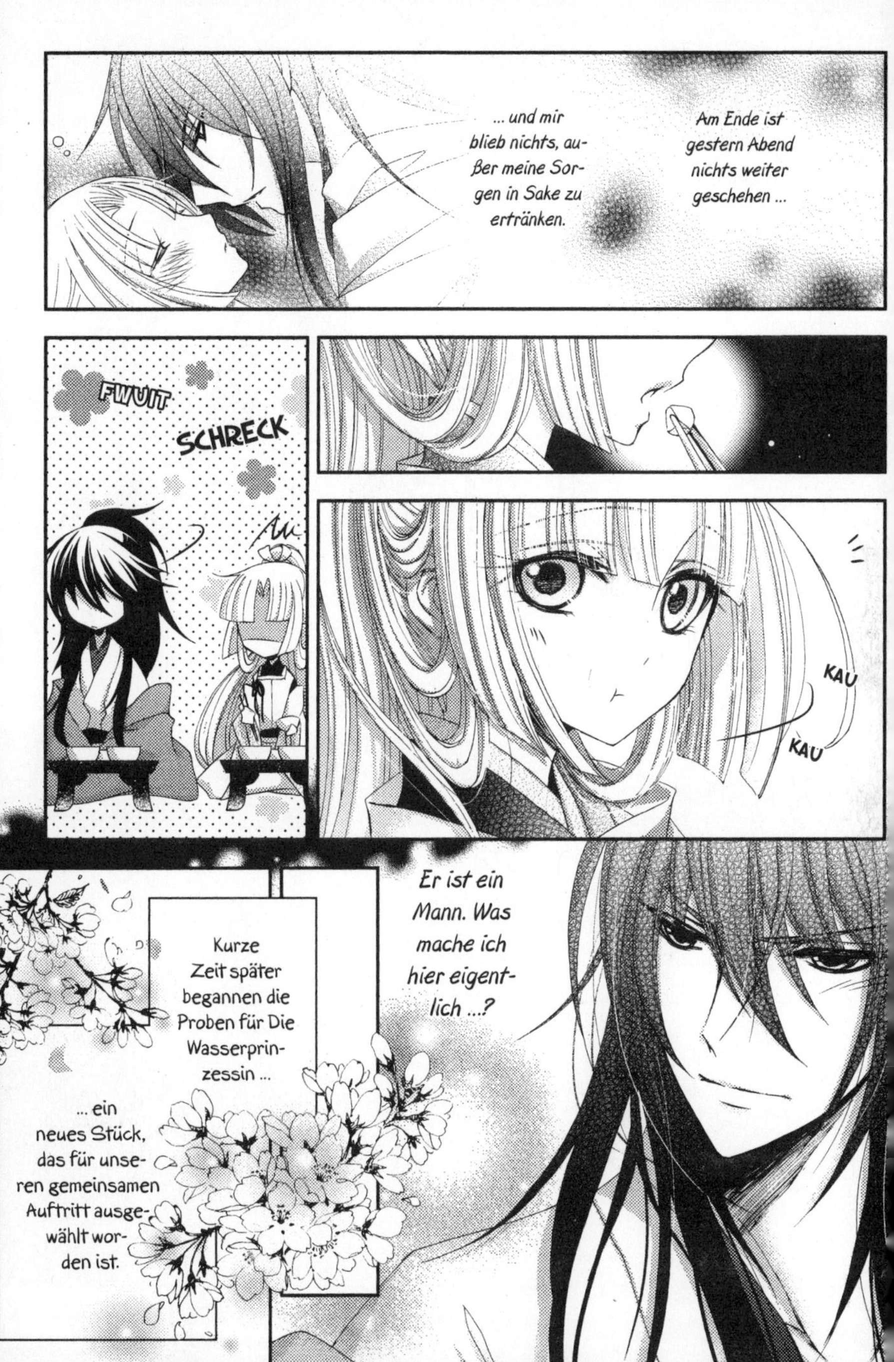
Am Ende ist gestern Abend nichts weiter geschehen ...
... und mir blieb nichts, außer meine Sorgen in Sake zu ertränken.
FWUIT
SCHRECK
KAU
KAU
Er ist ein Mann. Was mache ich hier eigentlich ...?
Kurze Zeit später begannen die Proben für Die Wasserprinzessin ...
... ein neues Stück, das für unseren gemeinsamen Auftritt ausgewählt worden ist.

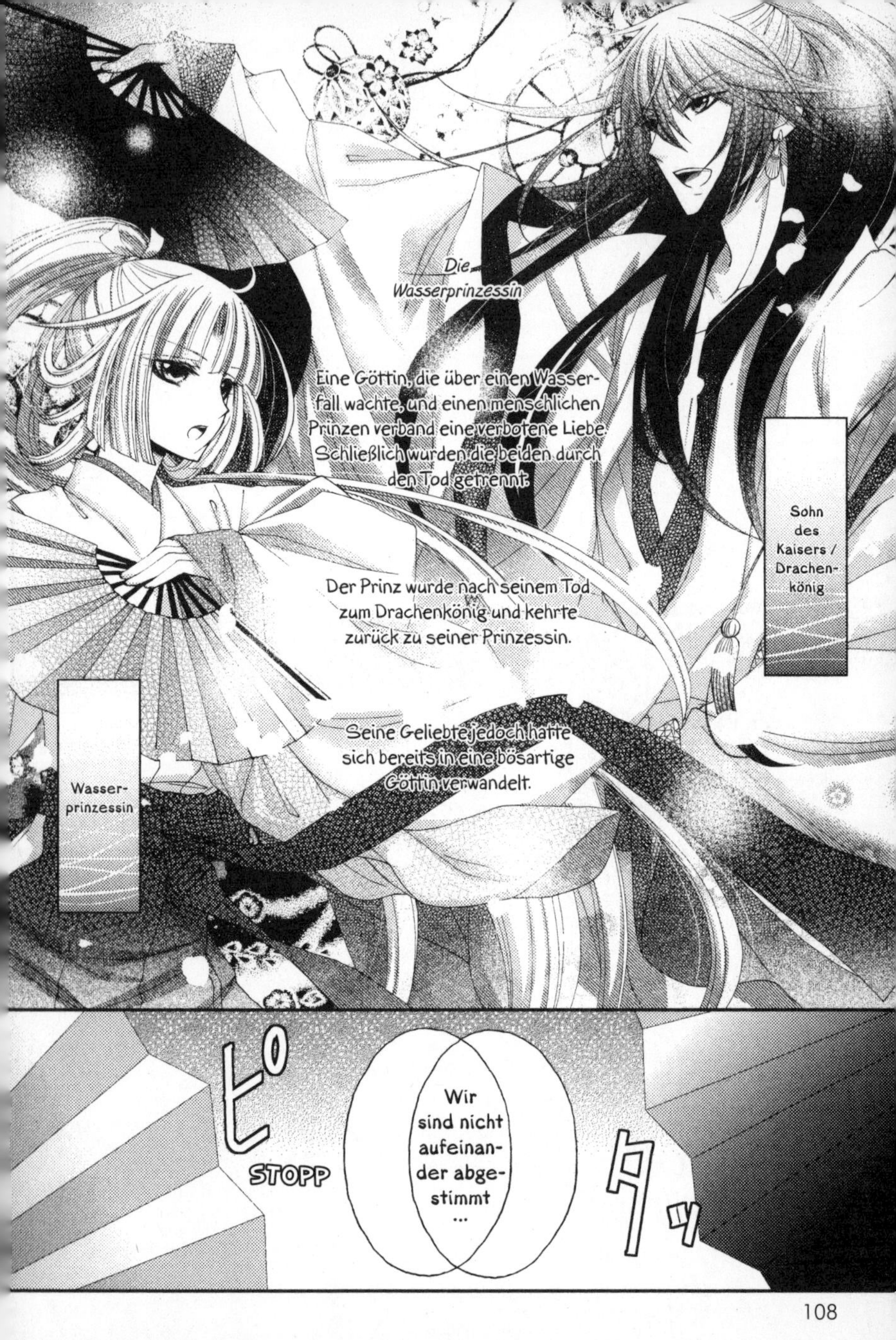
Die Wasserprinzessin
Eine Göttin, die über einen Wasserfall wachte, und einen menschlichen Prinzen verband eine verbotene Liebe. Schließlich wurden die beiden durch den Tod getrennt.
Sohn des Kaisers / Drachenkönig
Der Prinz wurde nach seinem Tod zum Drachenkönig und kehrte zurück zu seiner Prinzessin.
Seine Geliebte jedoch hatte sich bereits in eine bösartige Göttin verwandelt.
Wasserprinzessin
STOPP
Wir sind nicht aufeinander abgestimmt ...

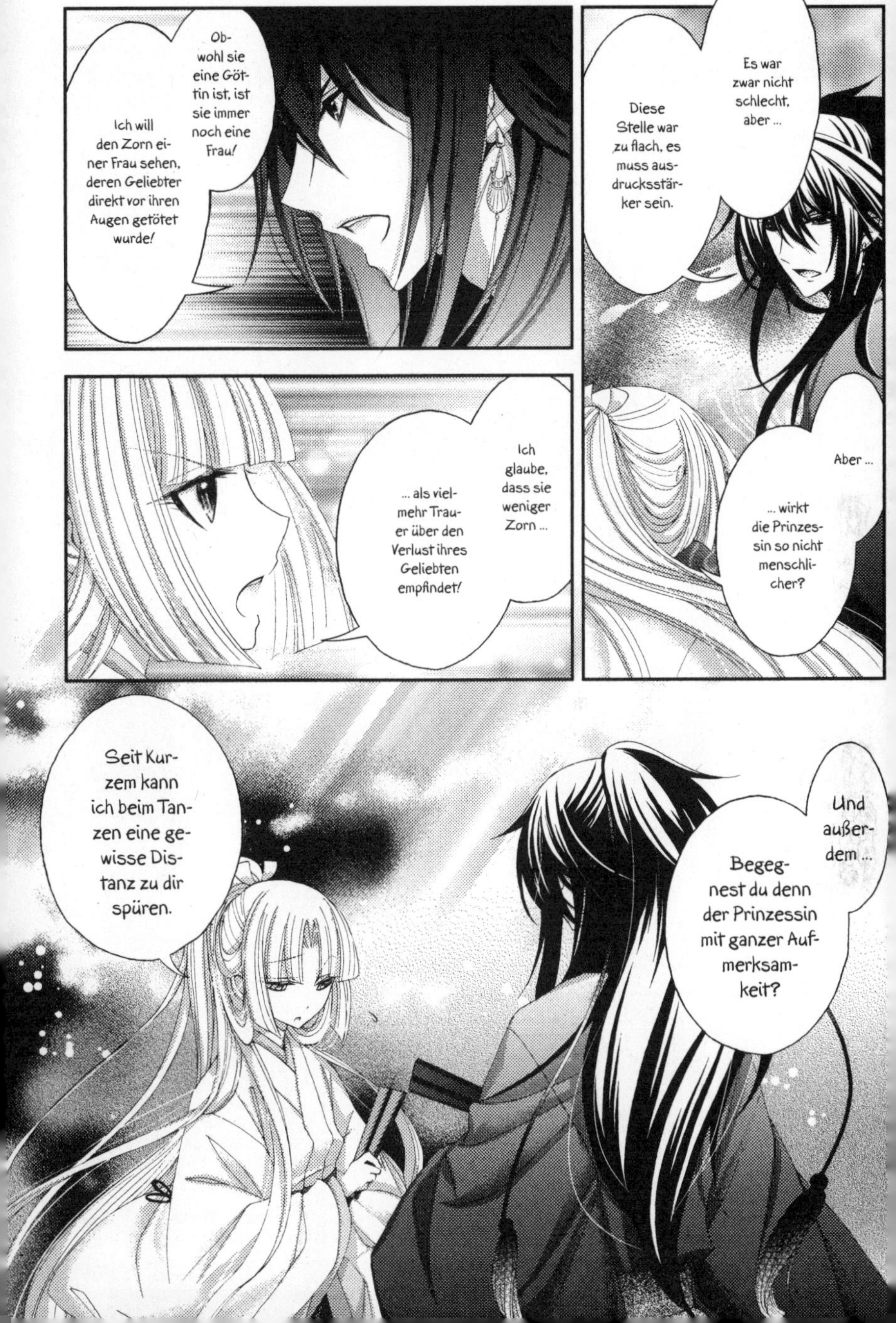

Es war zwar nicht schlecht, aber ...

Diese Stelle war zu flach, es muss ausdrucksstärker sein.

Obwohl sie eine Göttin ist, ist sie immer noch eine Frau!

Ich will den Zorn einer Frau sehen, deren Geliebter direkt vor ihren Augen getötet wurde!

Aber ...

... wirkt die Prinzessin so nicht menschlicher?

Ich glaube, dass sie weniger Zorn ...

... als vielmehr Trauer über den Verlust ihres Geliebten empfindet!

Und außerdem ...

Begegnest du denn der Prinzessin mit ganzer Aufmerksamkeit?

Seit Kurzem kann ich beim Tanzen eine gewisse Distanz zu dir spüren.

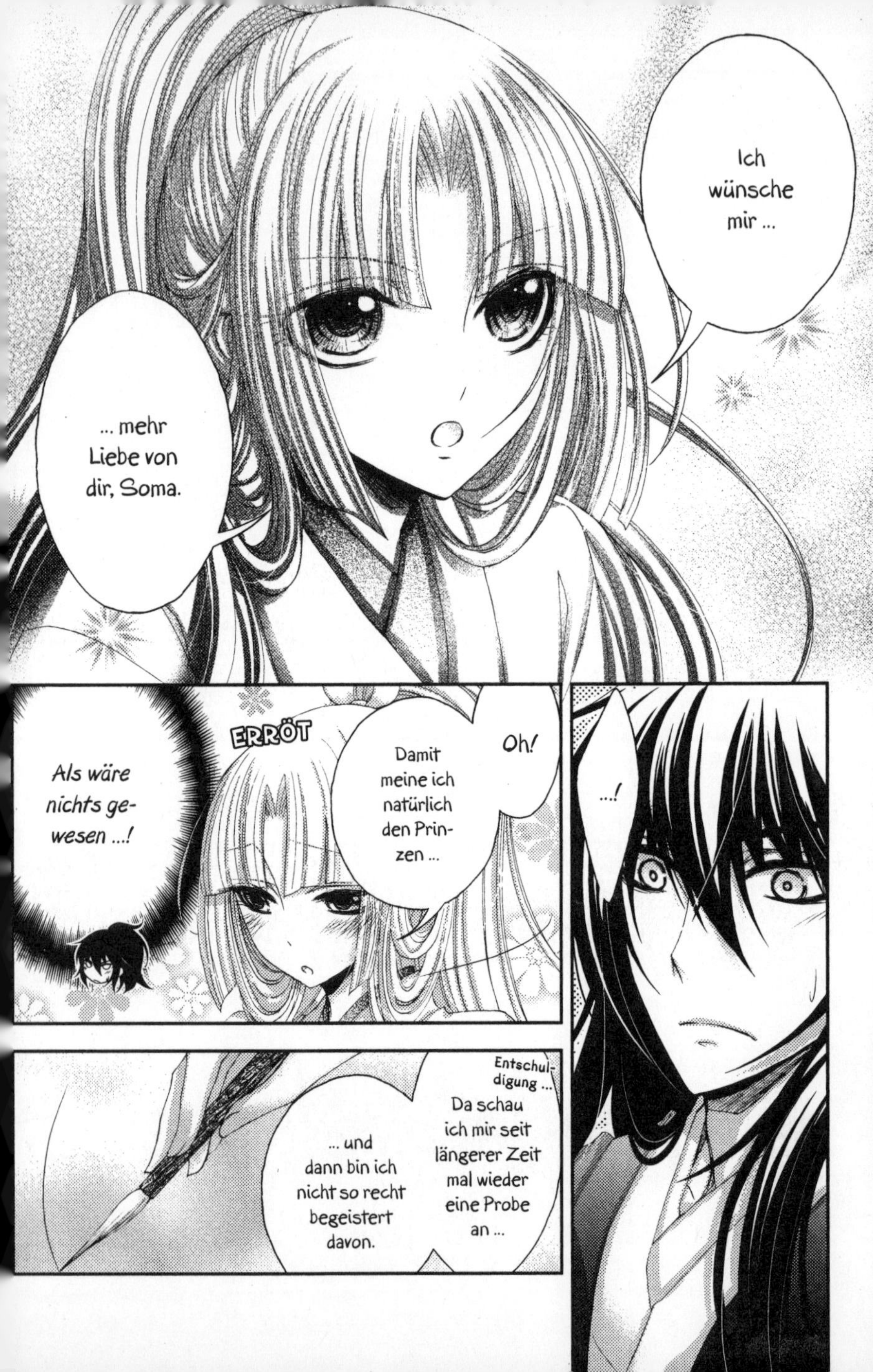
Ich wünsche mir ...
... mehr Liebe von dir, Soma.
Oh!
Damit meine ich natürlich den Prinzen ...
ERRÖT
Als wäre nichts gewesen ...!
...!
Entschuldigung ...
Da schau ich mir seit längerer Zeit mal wieder eine Probe an ...
... und dann bin ich nicht so recht begeistert davon.

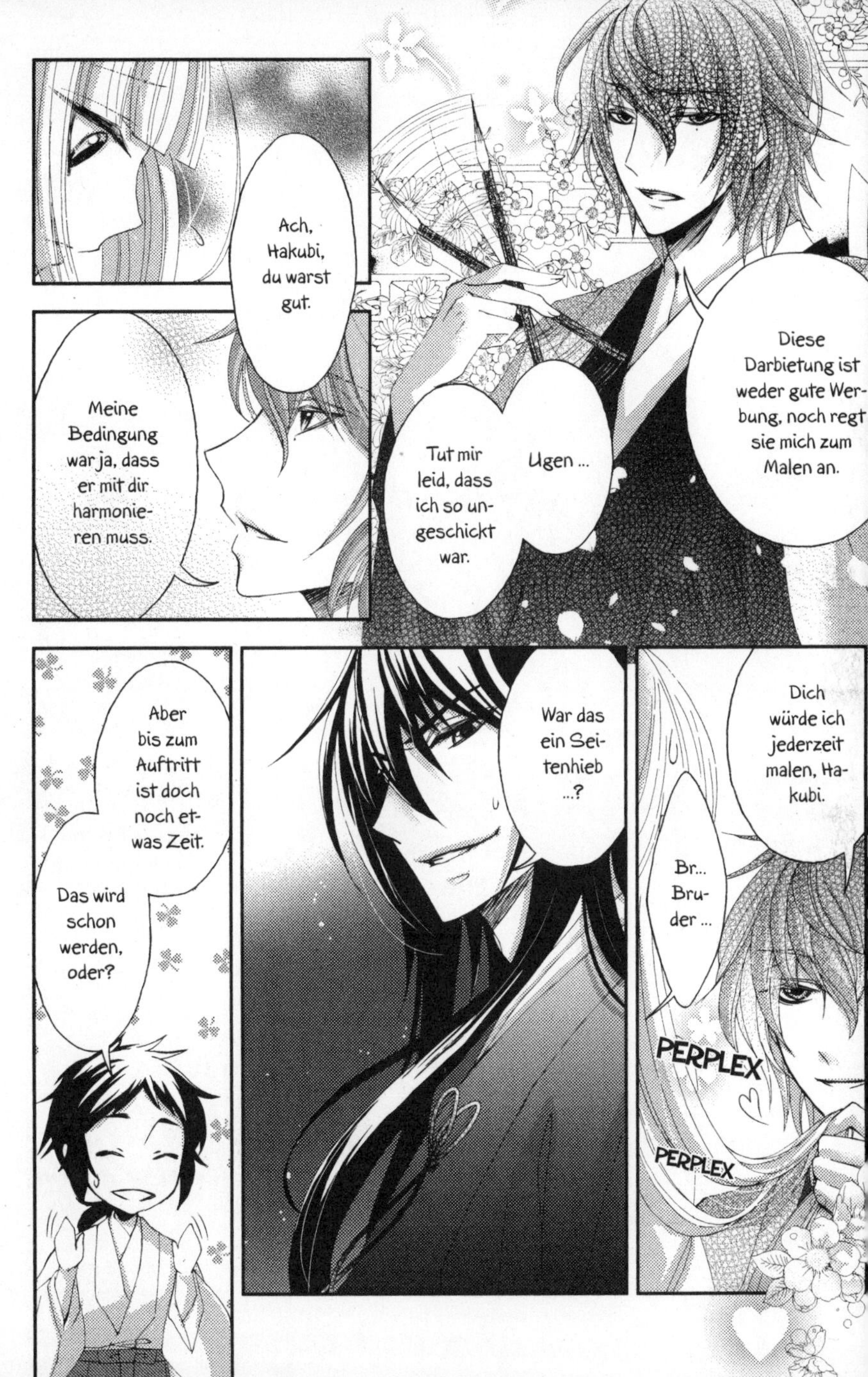

Diese Darbietung ist weder gute Werbung, noch regt sie mich zum Malen an.
Ugen ...
Tut mir leid, dass ich so ungeschickt war.
Ach, Hakubi, du warst gut.
Meine Bedingung war ja, dass er mit dir harmonieren muss.
Dich würde ich jederzeit malen, Hakubi.
Br... Bruder ...
PERPLEX
PERPLEX
War das ein Seitenhieb ...?
Aber bis zum Auftritt ist doch noch etwas Zeit.
Das wird schon werden, oder?

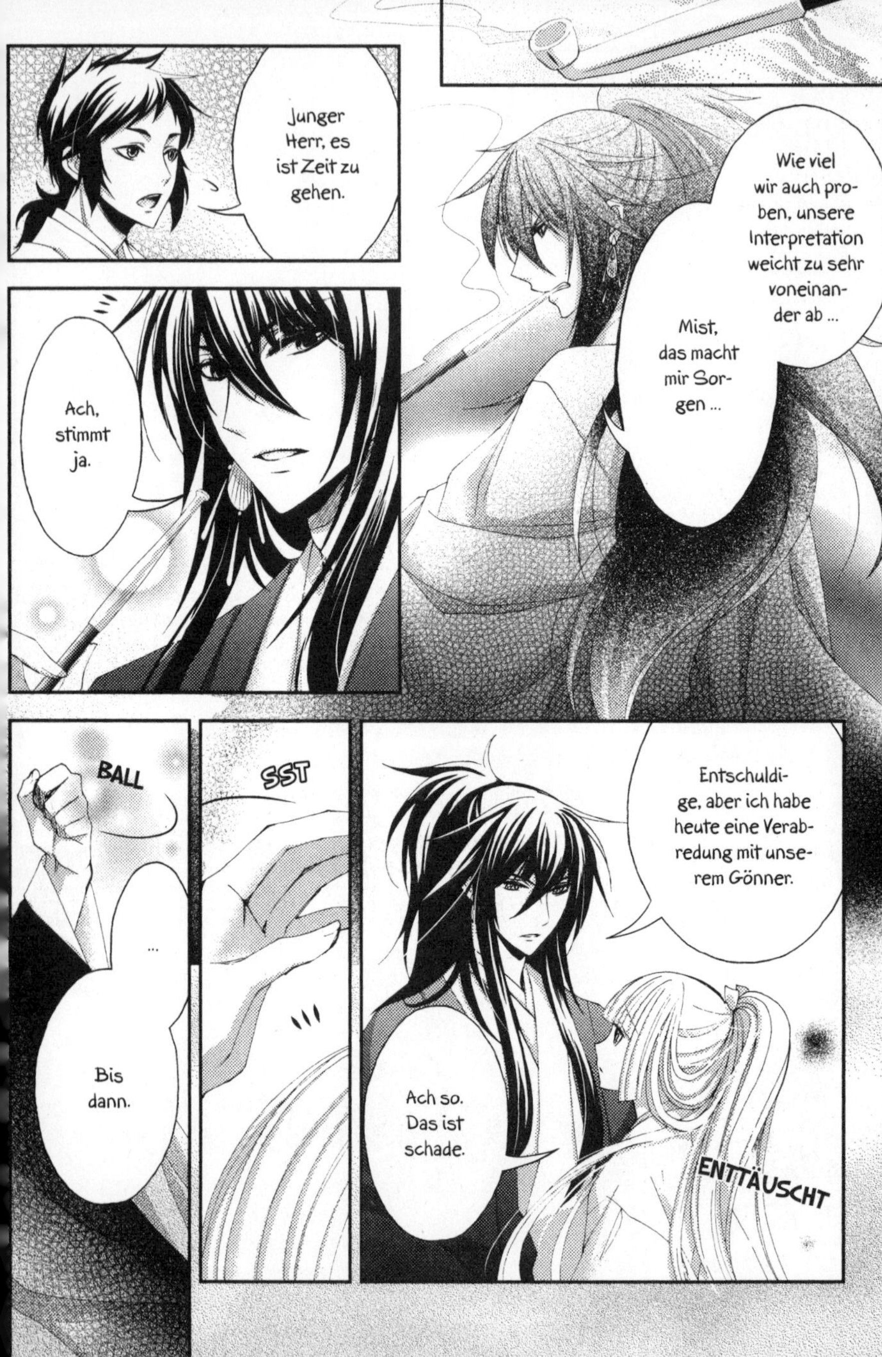
Wie viel wir auch proben, unsere Interpretation weicht zu sehr voneinander ab ...
Mist, das macht mir Sorgen ...
Junger Herr, es ist Zeit zu gehen.
Ach, stimmt ja.
Entschuldige, aber ich habe heute eine Verabredung mit unserem Gönner.
Ach so. Das ist schade.
ENTTÄUSCHT
SST
BALL
...
Bis dann.

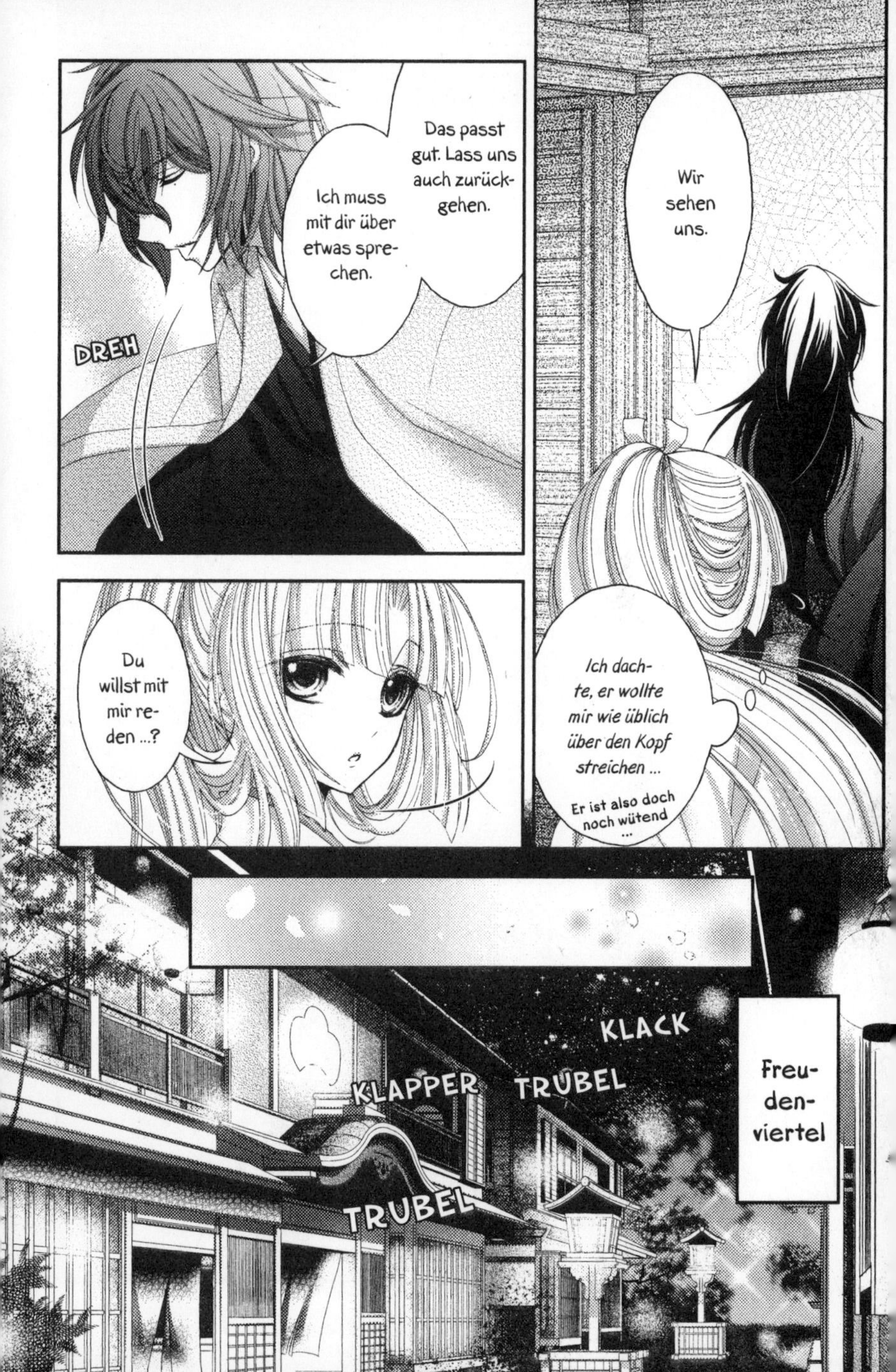
Wir sehen uns.
Das passt gut. Lass uns auch zurückgehen.
Ich muss mit dir über etwas sprechen.
DREH
Du willst mit mir reden ...?
Ich dachte, er wollte mir wie üblich über den Kopf streichen ...
Er ist also doch noch wütend ...
Freudenviertel
KLACK
TRUBEL
KLAPPER
TRUBEL

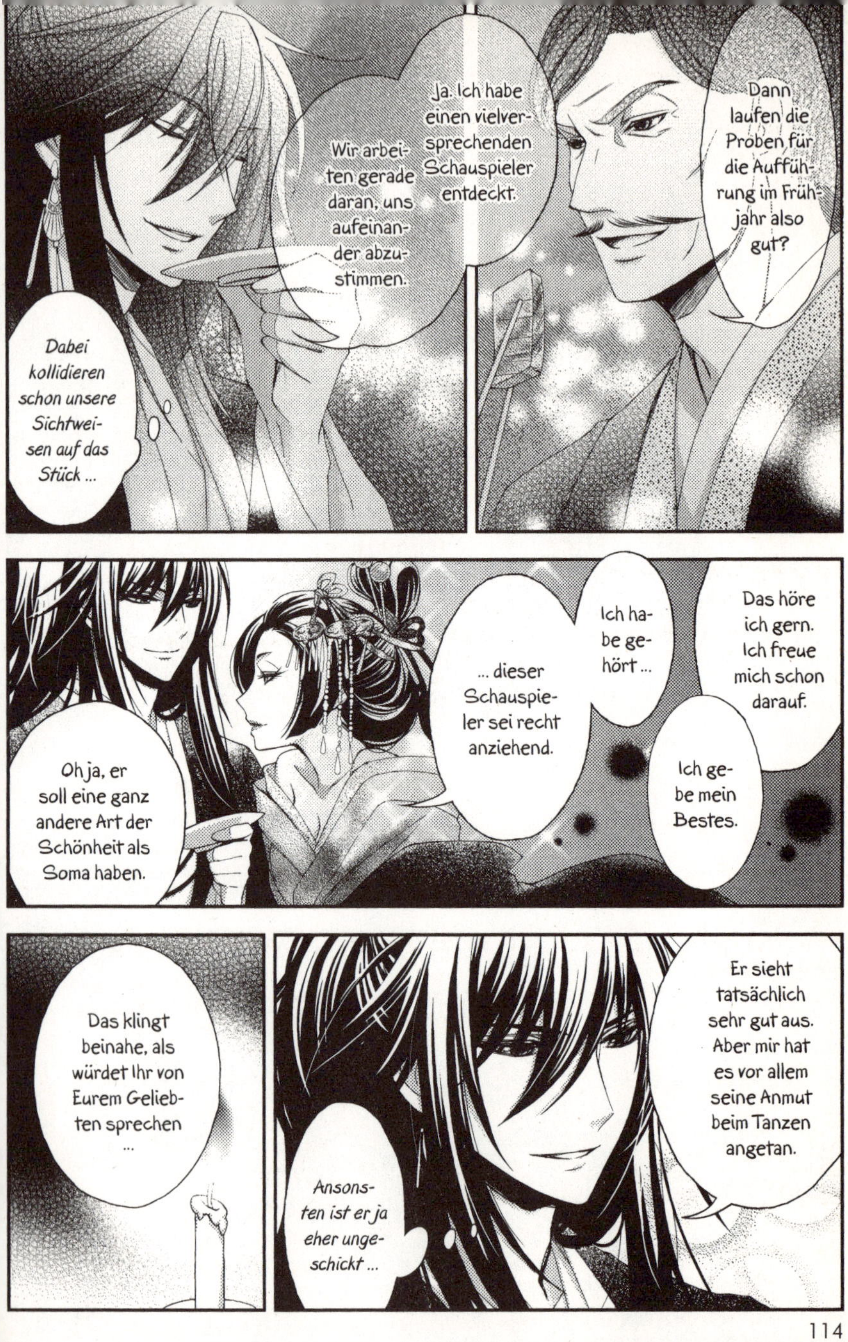

Dann laufen die Proben für die Aufführung im Frühjahr also gut?
Ja. Ich habe einen vielversprechenden Schauspieler entdeckt.
Wir arbeiten gerade daran, uns aufeinander abzustimmen.
Dabei kollidieren schon unsere Sichtweisen auf das Stück ...

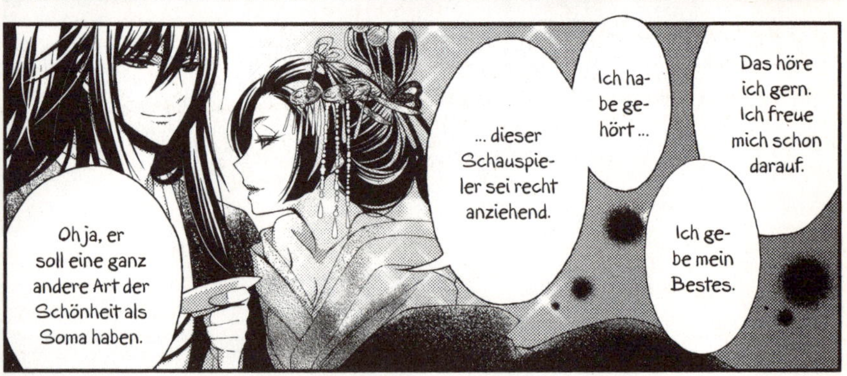
Das höre ich gern. Ich freue mich schon darauf.
Ich gebe mein Bestes.
Ich habe gehört ...
... dieser Schauspieler sei recht anziehend.
Oh ja, er soll eine ganz andere Art der Schönheit als Soma haben.

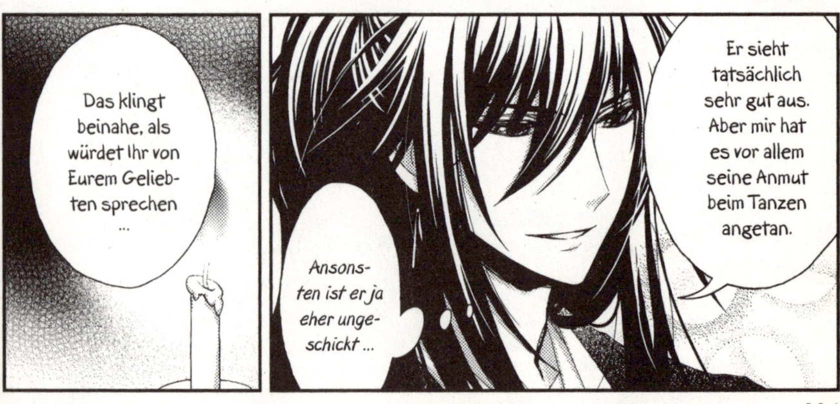
Er sieht tatsächlich sehr gut aus. Aber mir hat es vor allem seine Anmut beim Tanzen angetan.
Ansonsten ist er ja eher ungeschickt ...
Das klingt beinahe, als würdet Ihr von Eurem Geliebten sprechen ...

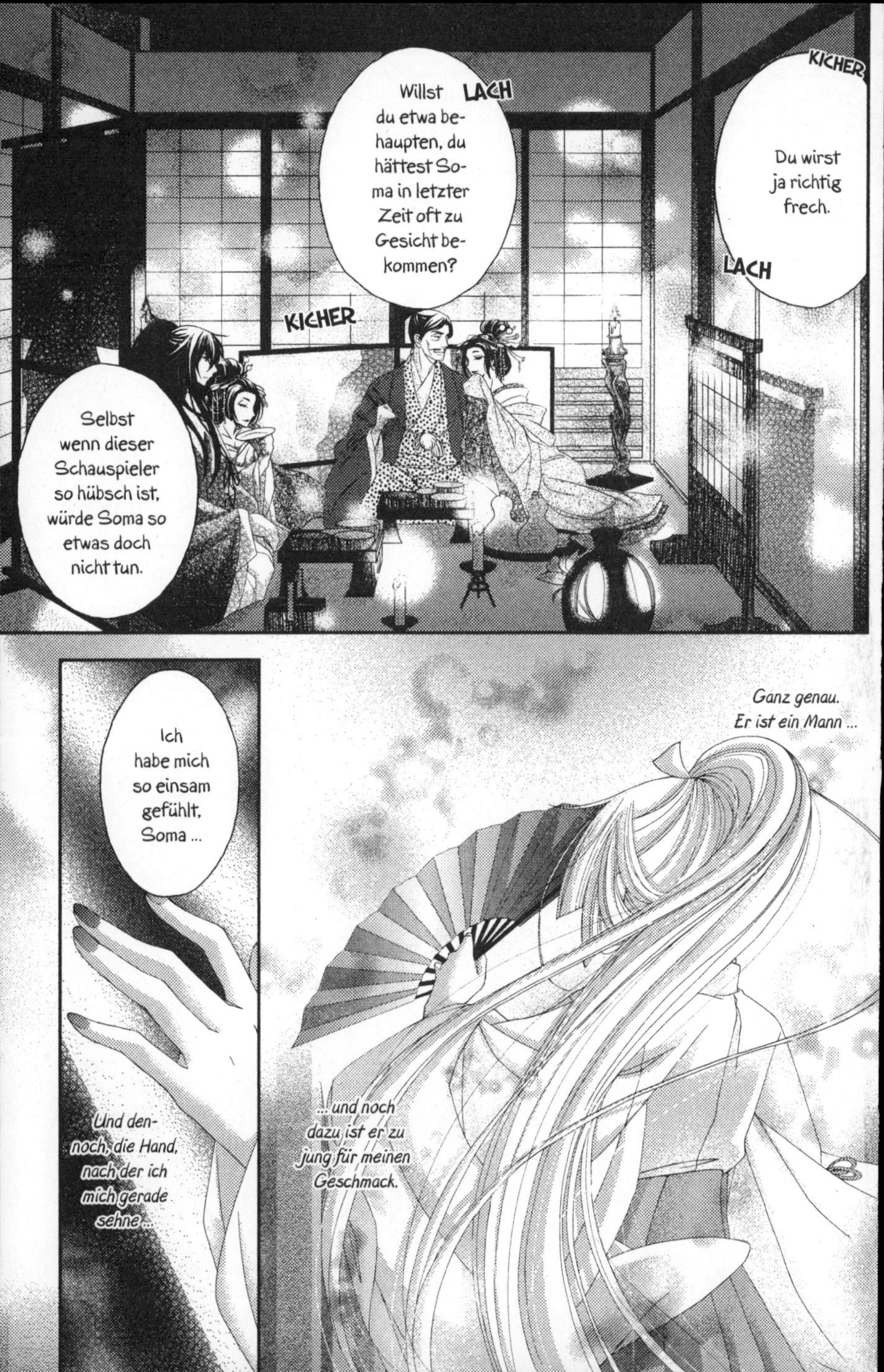

KICHER
Du wirst ja richtig frech.
LACH
LACH
Willst du etwa behaupten, du hättest Soma in letzter Zeit oft zu Gesicht bekommen?
KICHER
Selbst wenn dieser Schauspieler so hübsch ist, würde Soma so etwas doch nicht tun.
Ganz genau. Er ist ein Mann ...
... und noch dazu ist er zu jung für meinen Geschmack.
Ich habe mich so einsam gefühlt, Soma ...
Und dennoch, die Hand, nach der ich mich gerade sehne ...

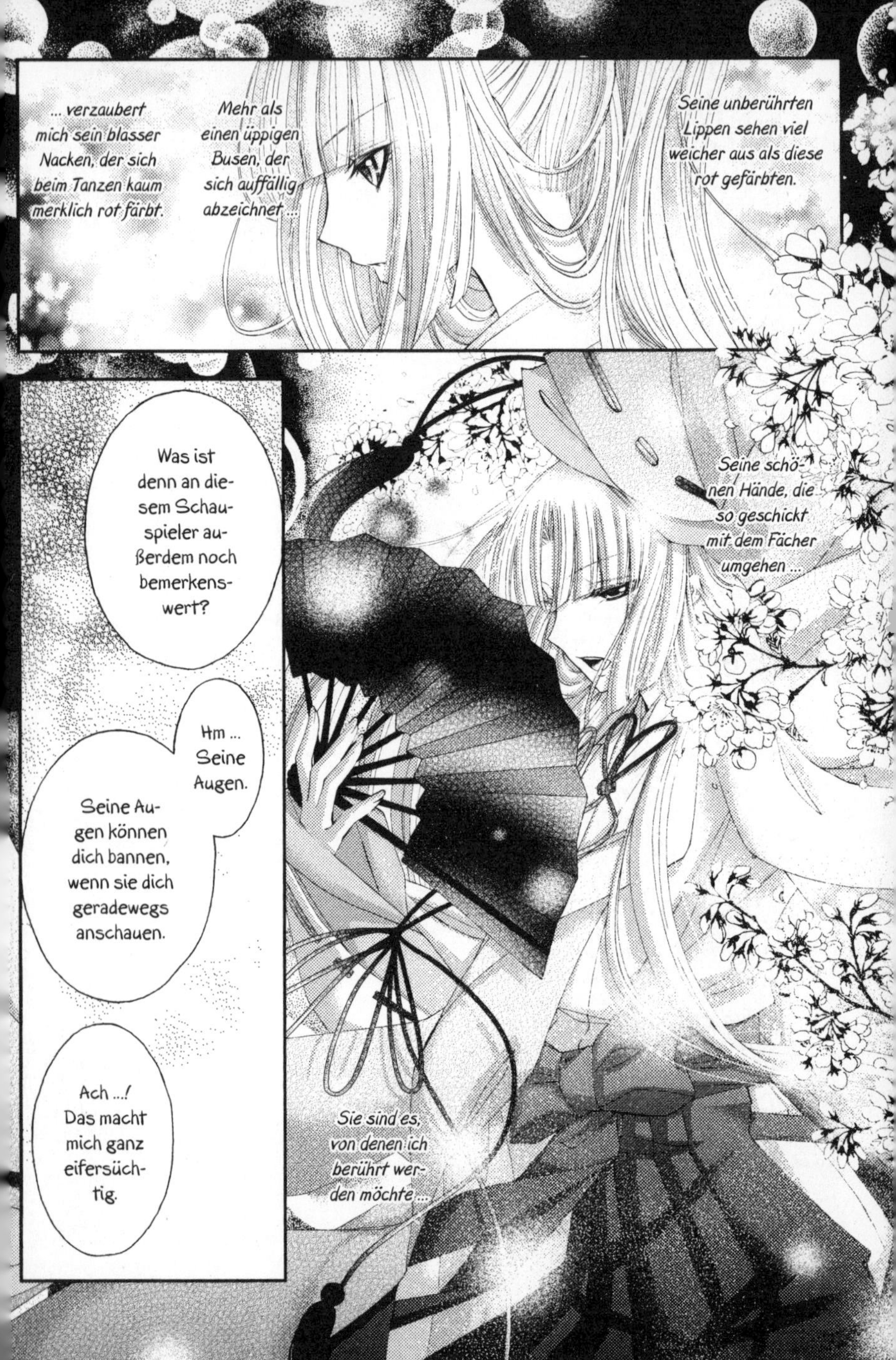
Seine unberührten Lippen sehen viel weicher aus als diese rot gefärbten.
Mehr als einen üppigen Busen, der sich auffällig abzeichnet ...
... verzaubert mich sein blasser Nacken, der sich beim Tanzen kaum merklich rot färbt.
Seine schönen Hände, die so geschickt mit dem Fächer umgehen ...
Was ist denn an diesem Schauspieler außerdem noch bemerkenswert?
Hm ... Seine Augen.
Seine Augen können dich bannen, wenn sie dich geradewegs anschauen.
Sie sind es, von denen ich berührt werden möchte ...
Ach ...! Das macht mich ganz eifersüchtig.

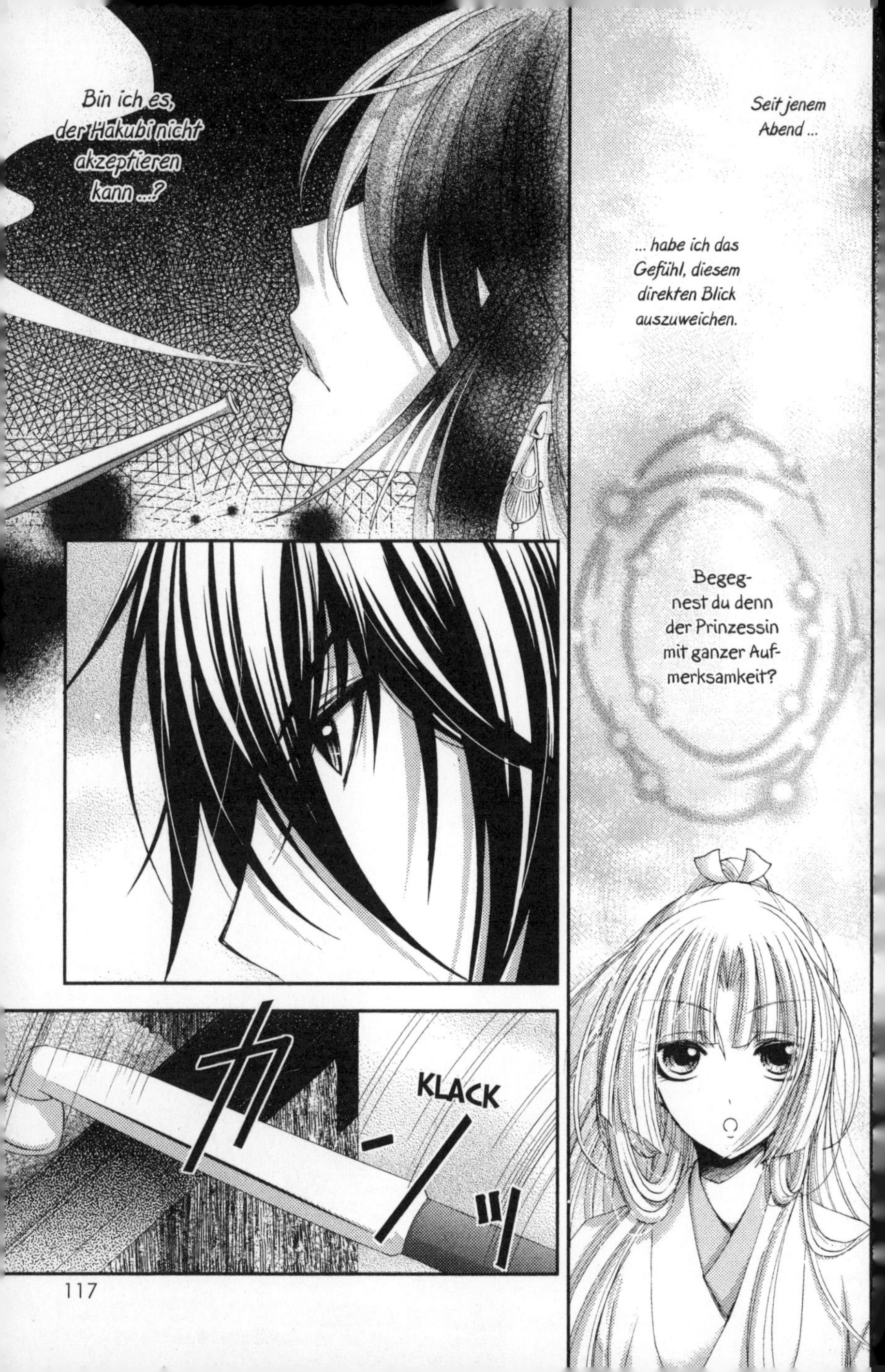

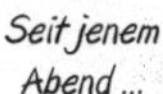

Seit jenem Abend ...

... habe ich das Gefühl, diesem direkten Blick auszuweichen.

Begegnest du denn der Prinzessin mit ganzer Aufmerksamkeit?

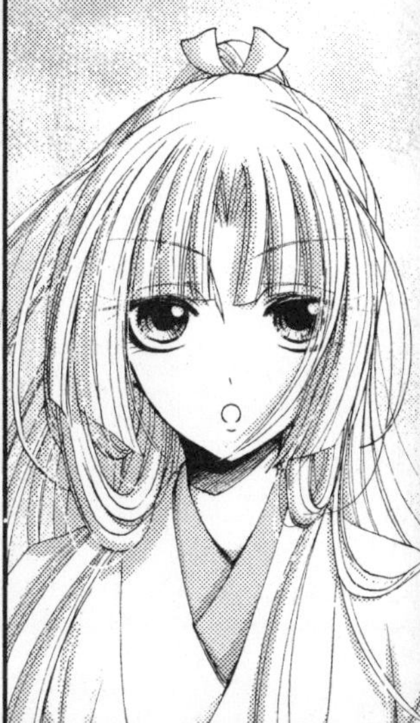

Bin ich es, der Hakubi nicht akzeptieren kann ...?

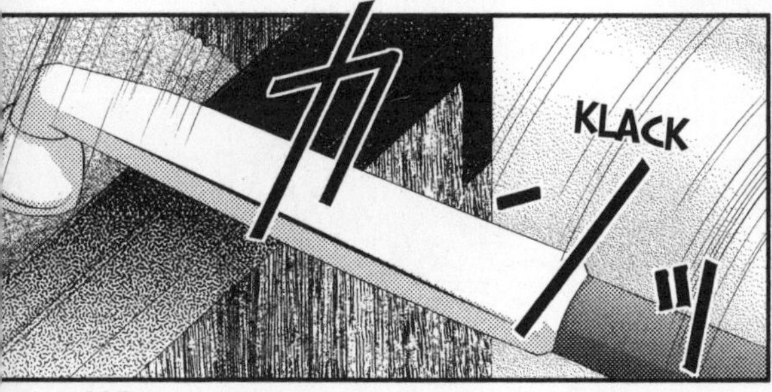

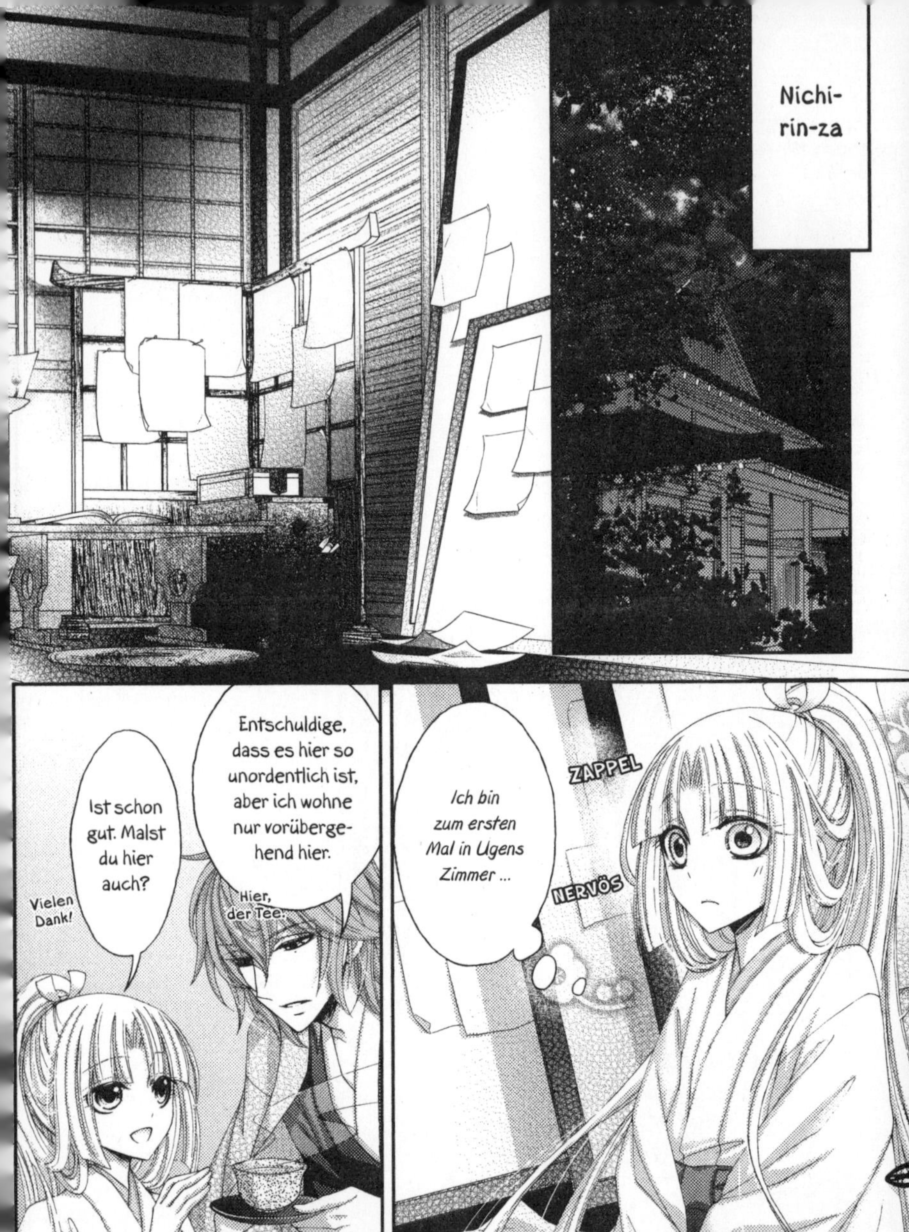
Nichi-rin-za
Entschuldige, dass es hier so unordentlich ist, aber ich wohne nur vorübergehend hier.
Ist schon gut. Malst du hier auch?
Hier, der Tee.
Vielen Dank!
Ich bin zum ersten Mal in Ugens Zimmer ...
ZAPPEL
NERVÖS

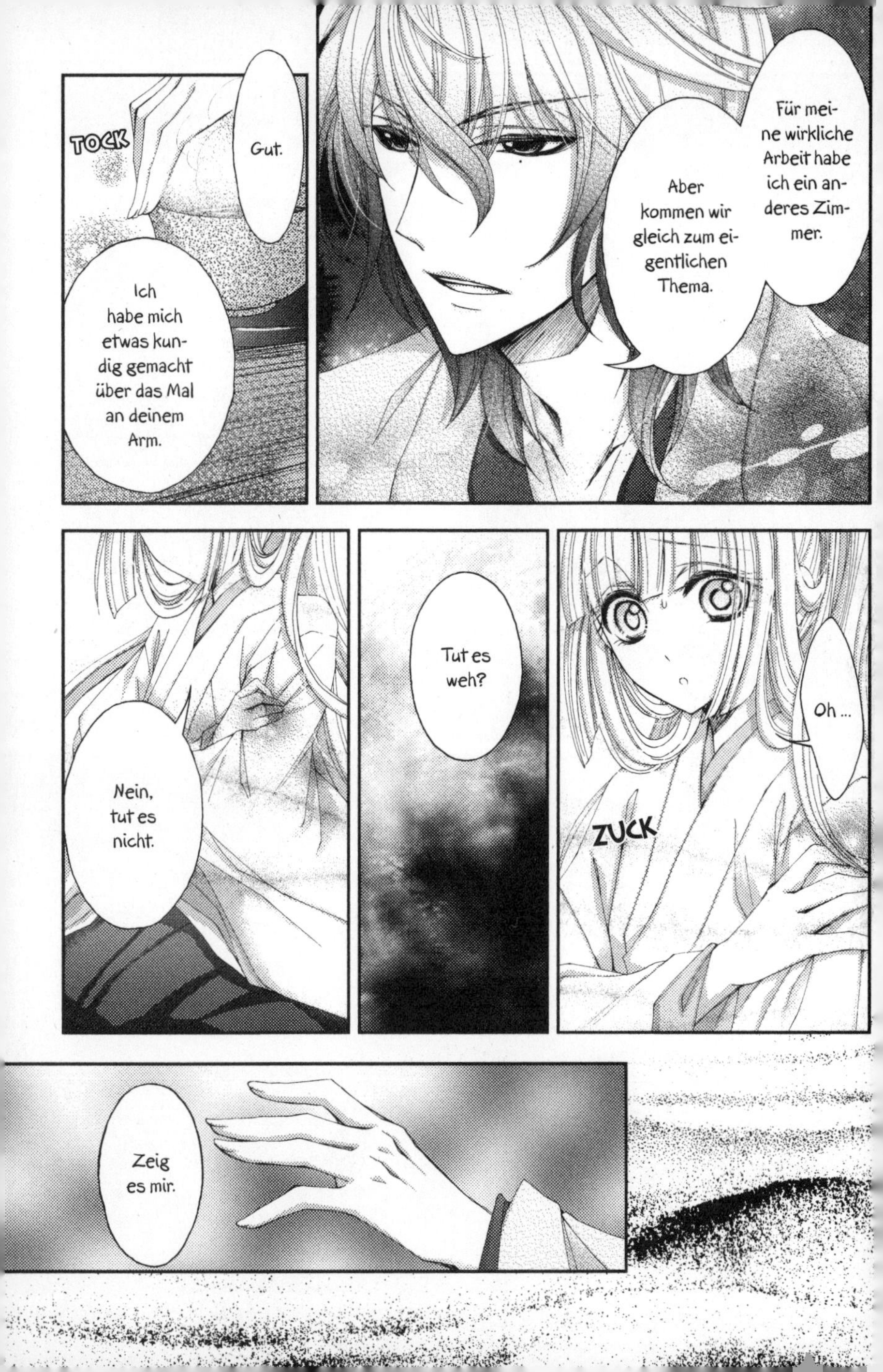

Für meine wirkliche Arbeit habe ich ein anderes Zimmer.

Aber kommen wir gleich zum eigentlichen Thema.

Gut.

TOCK

Ich habe mich etwas kundig gemacht über das Mal an deinem Arm.

Oh ...

ZUCK

Tut es weh?

Nein, tut es nicht.

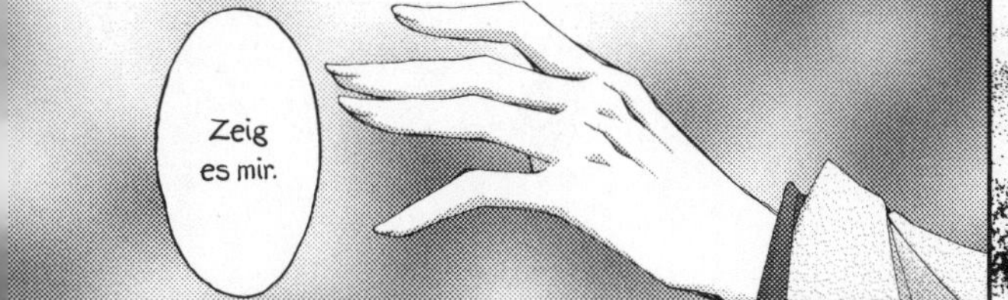

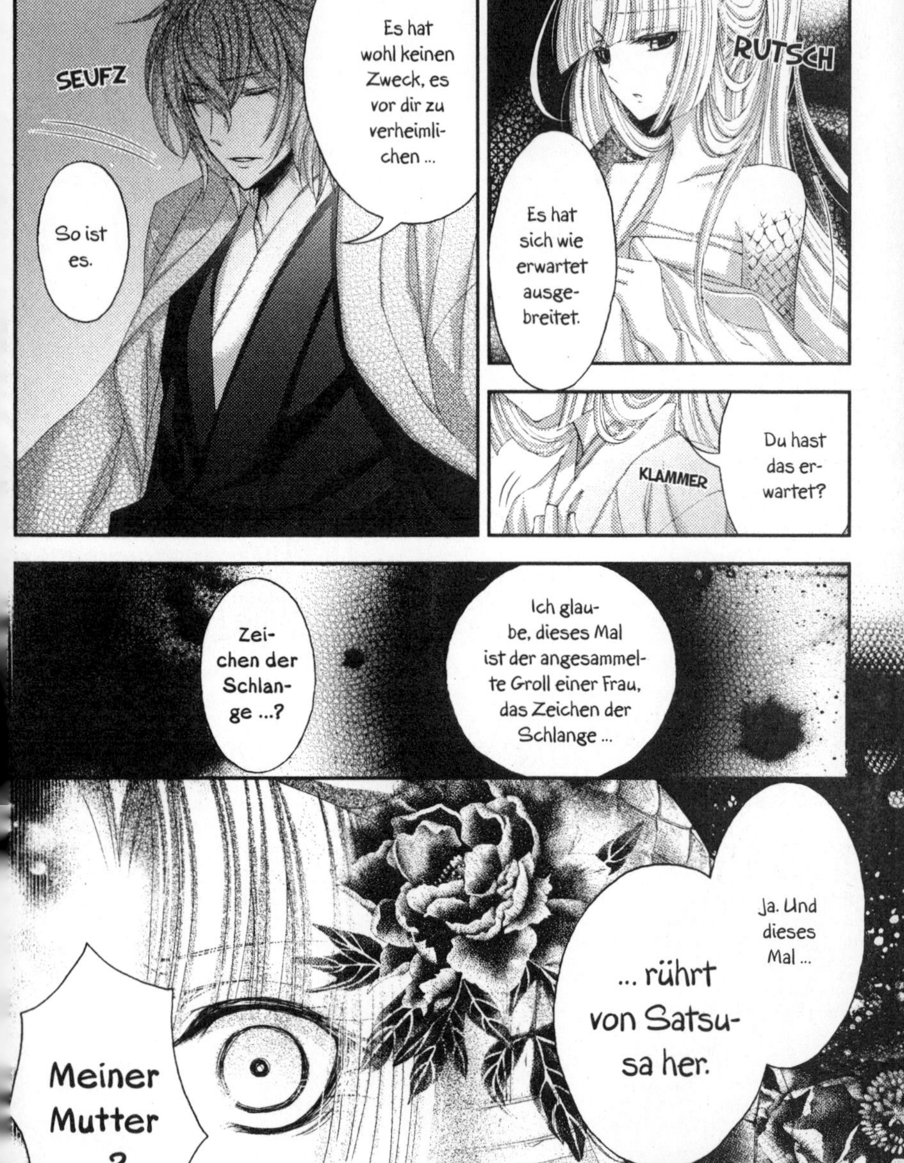
RUTSCH
Es hat sich wie erwartet ausgebreitet.
KLAMMER
Du hast das erwartet?
SEUFZ
Es hat wohl keinen Zweck, es vor dir zu verheimlichen ...
So ist es.
Ich glaube, dieses Mal ist der angesammelte Groll einer Frau, das Zeichen der Schlange ...
Zeichen der Schlange ...?
Ja. Und dieses Mal ...
... rührt von Satsusa her.
Meiner Mutter ...?

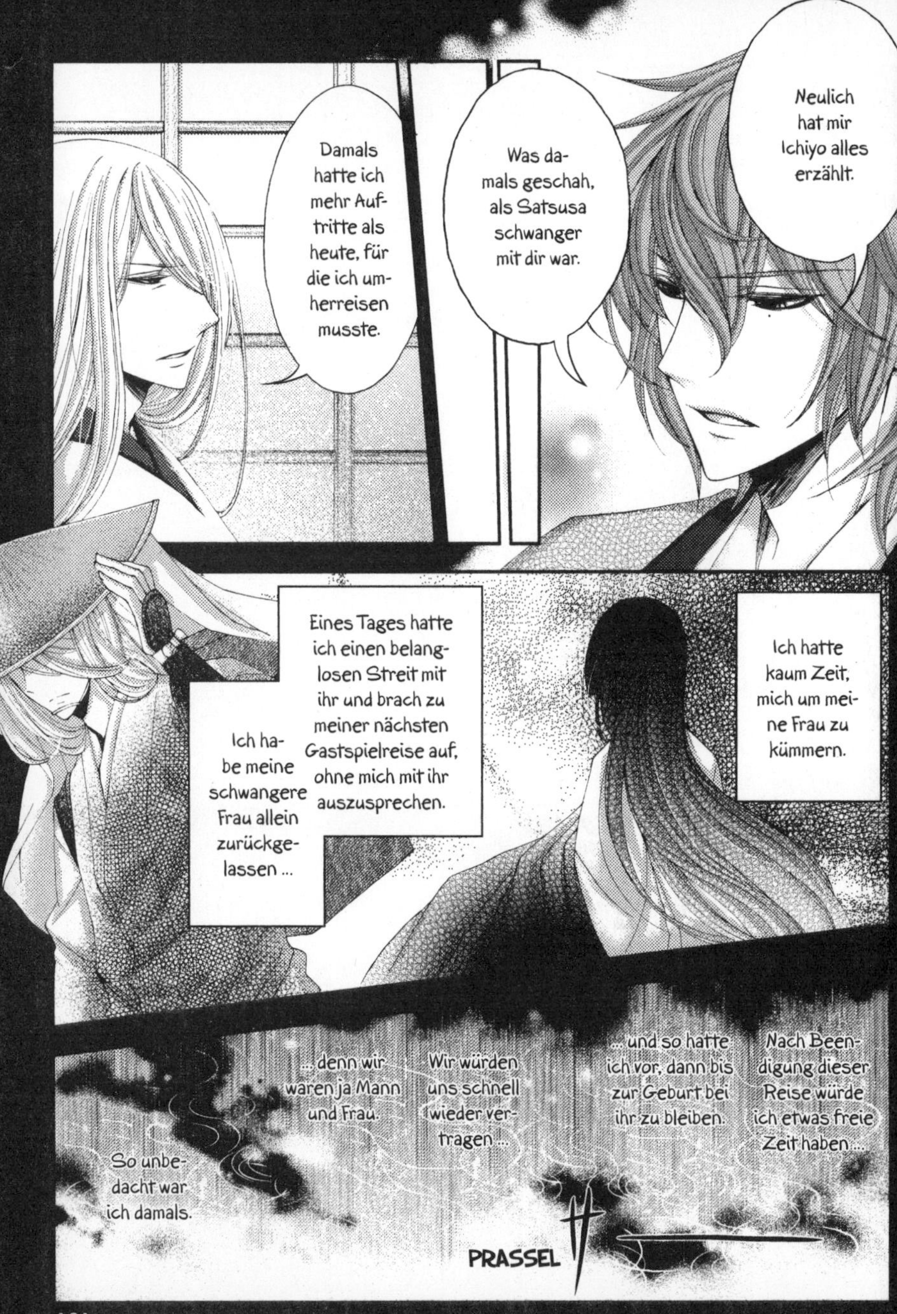

Neulich hat mir Ichiyo alles erzählt.
Was damals geschah, als Satsusa schwanger mit dir war.
Damals hatte ich mehr Auftritte als heute, für die ich umherreisen musste.
Ich hatte kaum Zeit, mich um meine Frau zu kümmern.
Eines Tages hatte ich einen belanglosen Streit mit ihr und brach zu meiner nächsten Gastspielreise auf, ohne mich mit ihr auszusprechen.
Ich habe meine schwangere Frau allein zurückgelassen ...
Nach Beendigung dieser Reise würde ich etwas freie Zeit haben ...
... und so hatte ich vor, dann bis zur Geburt bei ihr zu bleiben.
Wir würden uns schnell wieder vertragen ...
... denn wir waren ja Mann und Frau.
So unbedacht war ich damals.
PRASSEL

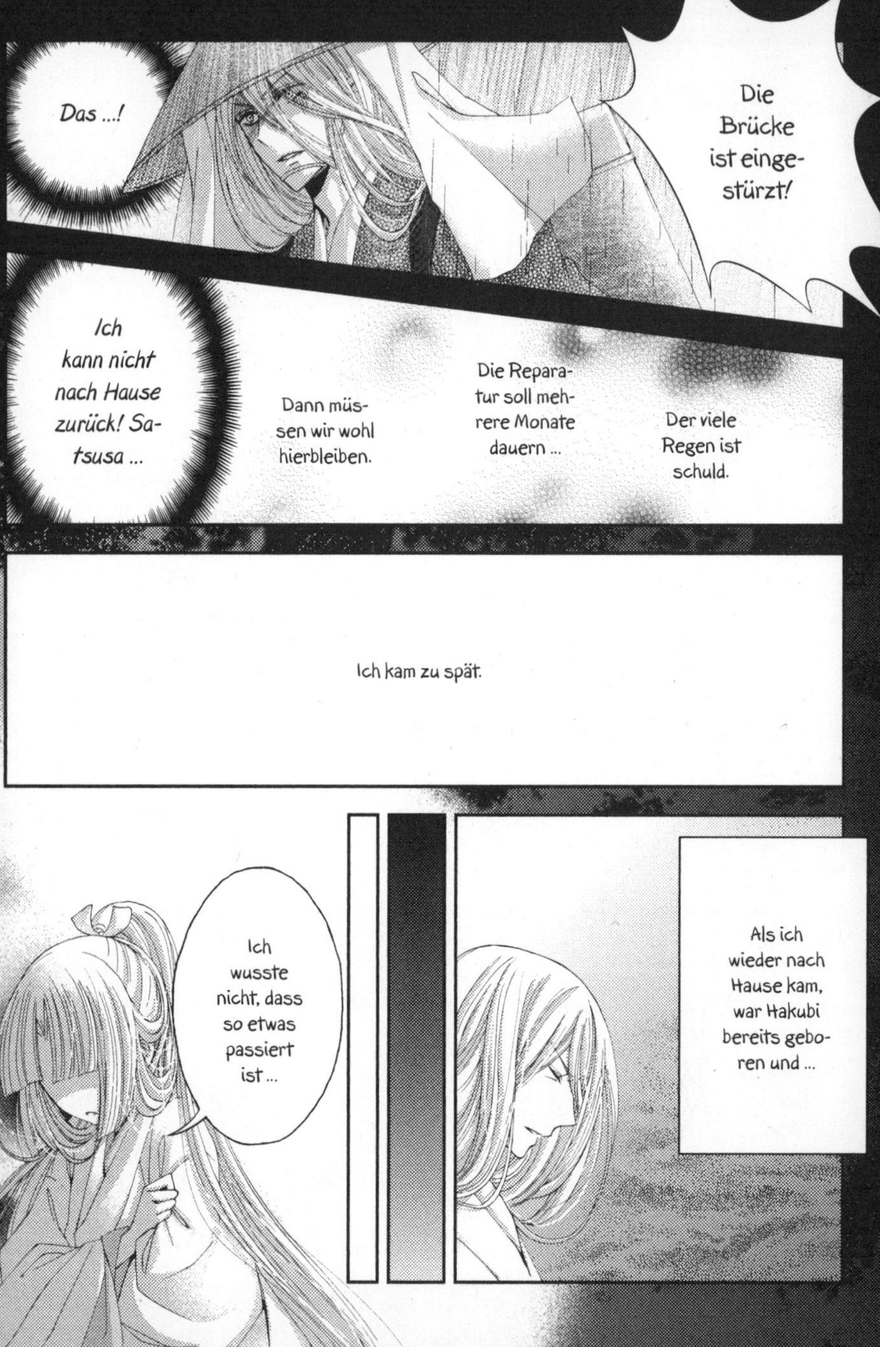
Die Brücke ist eingestürzt!
Das ...!
Der viele Regen ist schuld.
Die Reparatur soll mehrere Monate dauern ...
Dann müssen wir wohl hierbleiben.
Ich kann nicht nach Hause zurück! Satsusa ...
Ich kam zu spät.
Als ich wieder nach Hause kam, war Hakubi bereits geboren und ...
Ich wusste nicht, dass so etwas passiert ist ...

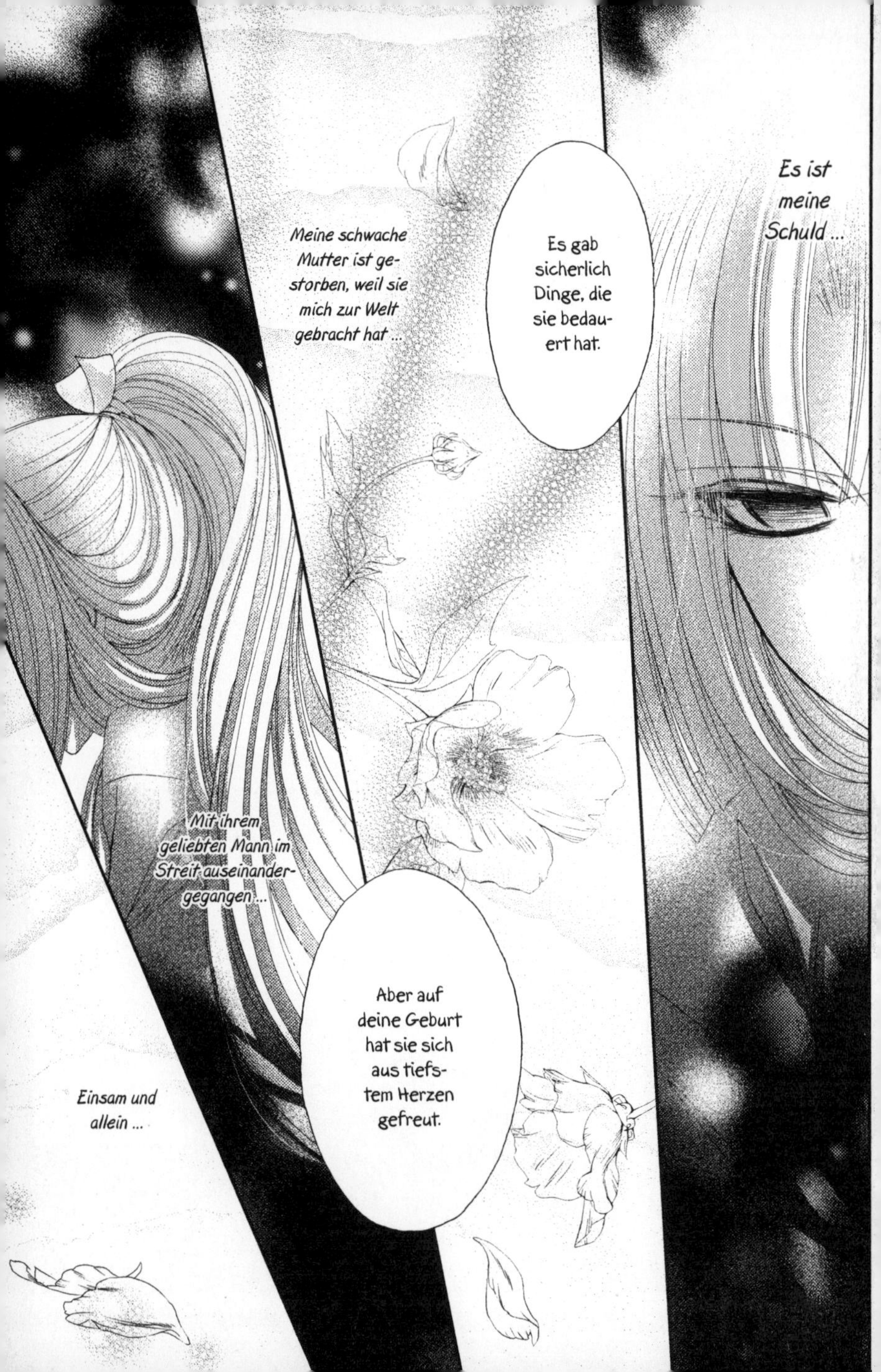
Es ist meine Schuld ...
Es gab sicherlich Dinge, die sie bedau-ert hat.
Meine schwache Mutter ist ge-storben, weil sie mich zur Welt gebracht hat ...
Mit ihrem geliebten Mann im Streit auseinander-gegangen ...
Aber auf deine Geburt hat sie sich aus tiefs-tem Herzen gefreut.
Einsam und allein ...

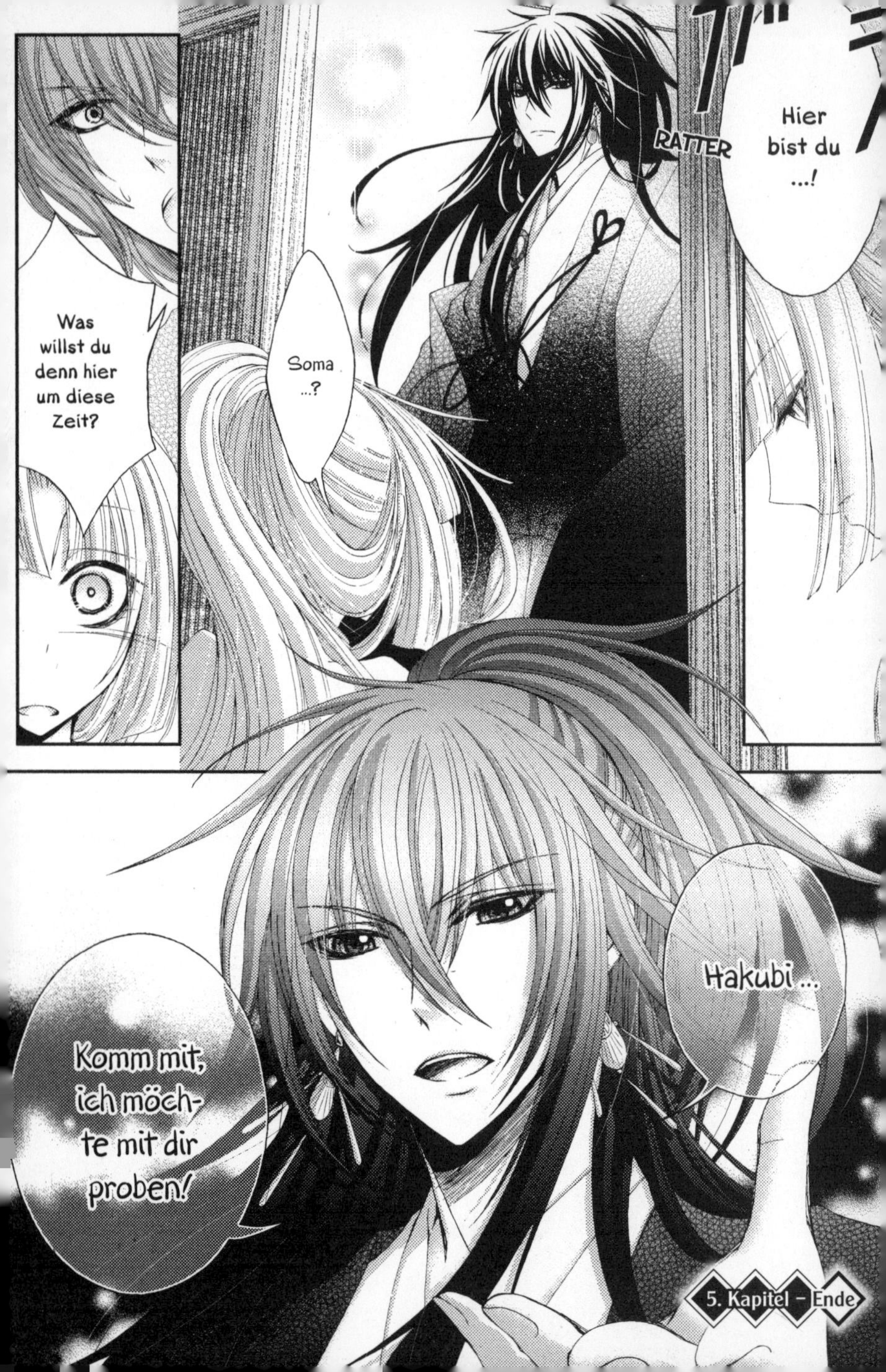
RATTER
Hier bist du ...!
Soma ...?
Was willst du denn hier um diese Zeit?
Hakubi ...
Komm mit, ich möchte mit dir proben!
5. Kapitel – Ende

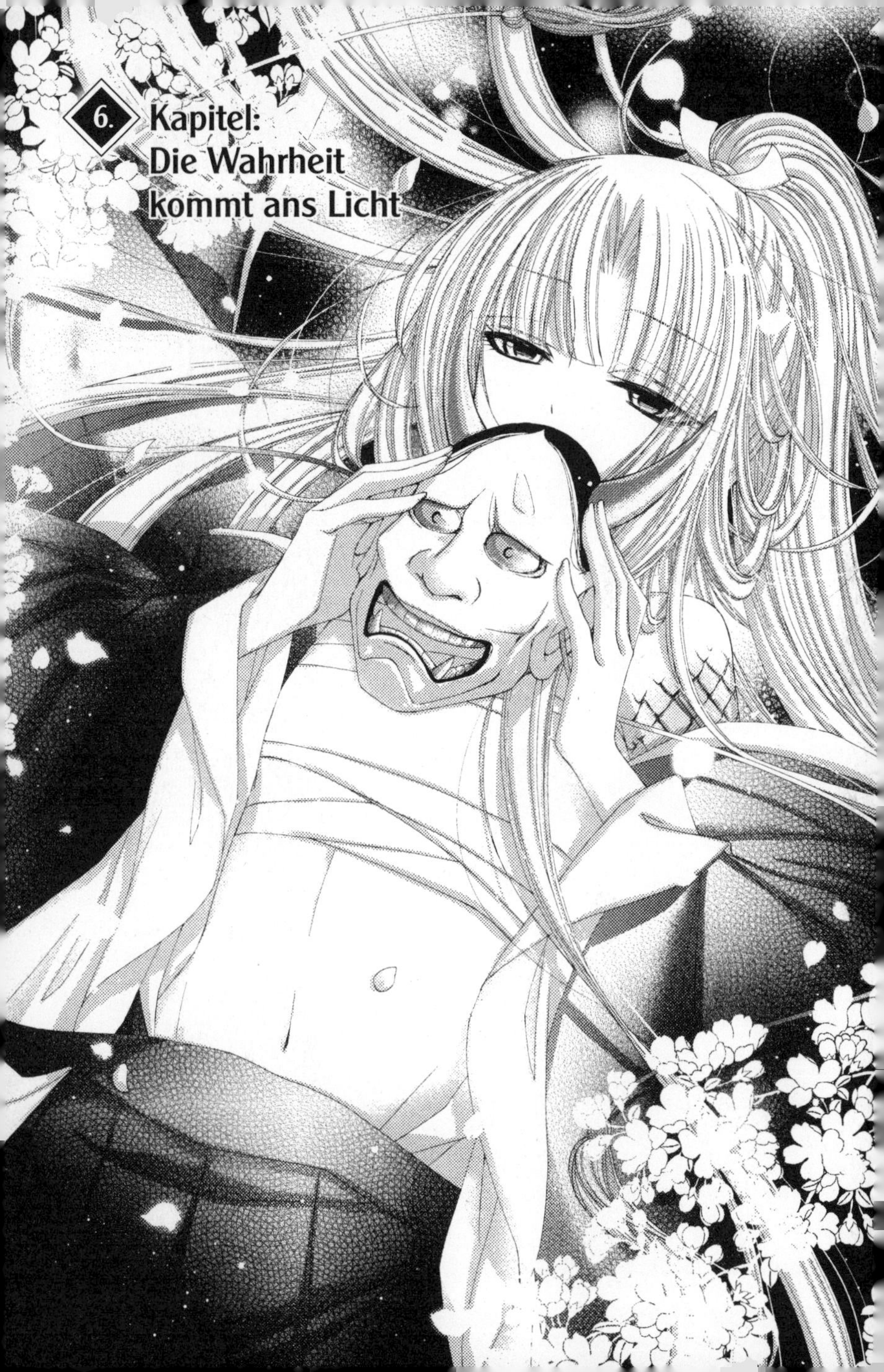
6.
Kapitel:
Die Wahrheit
kommt ans Licht

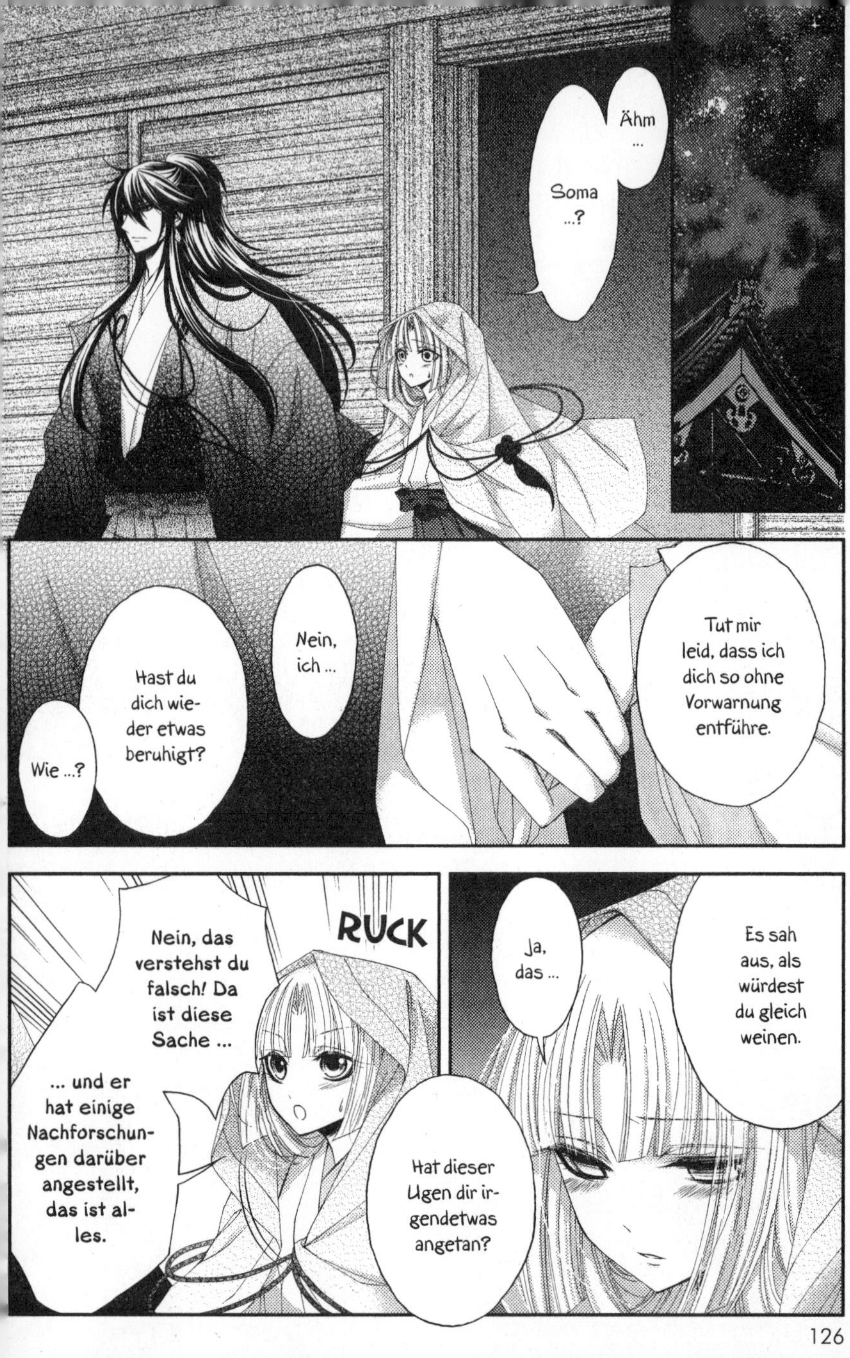

Ähm ...
Soma ...?

Tut mir leid, dass ich dich so ohne Vorwarnung entführe.
Nein, ich ...
Hast du dich wieder etwas beruhigt?
Wie ...?

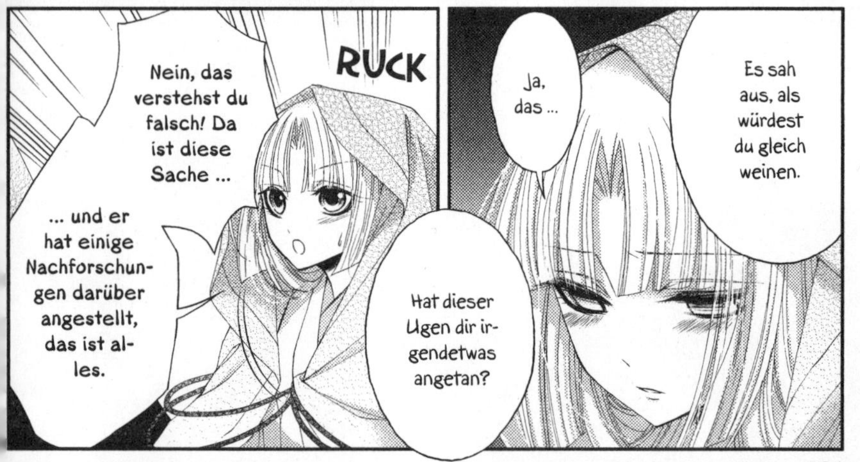

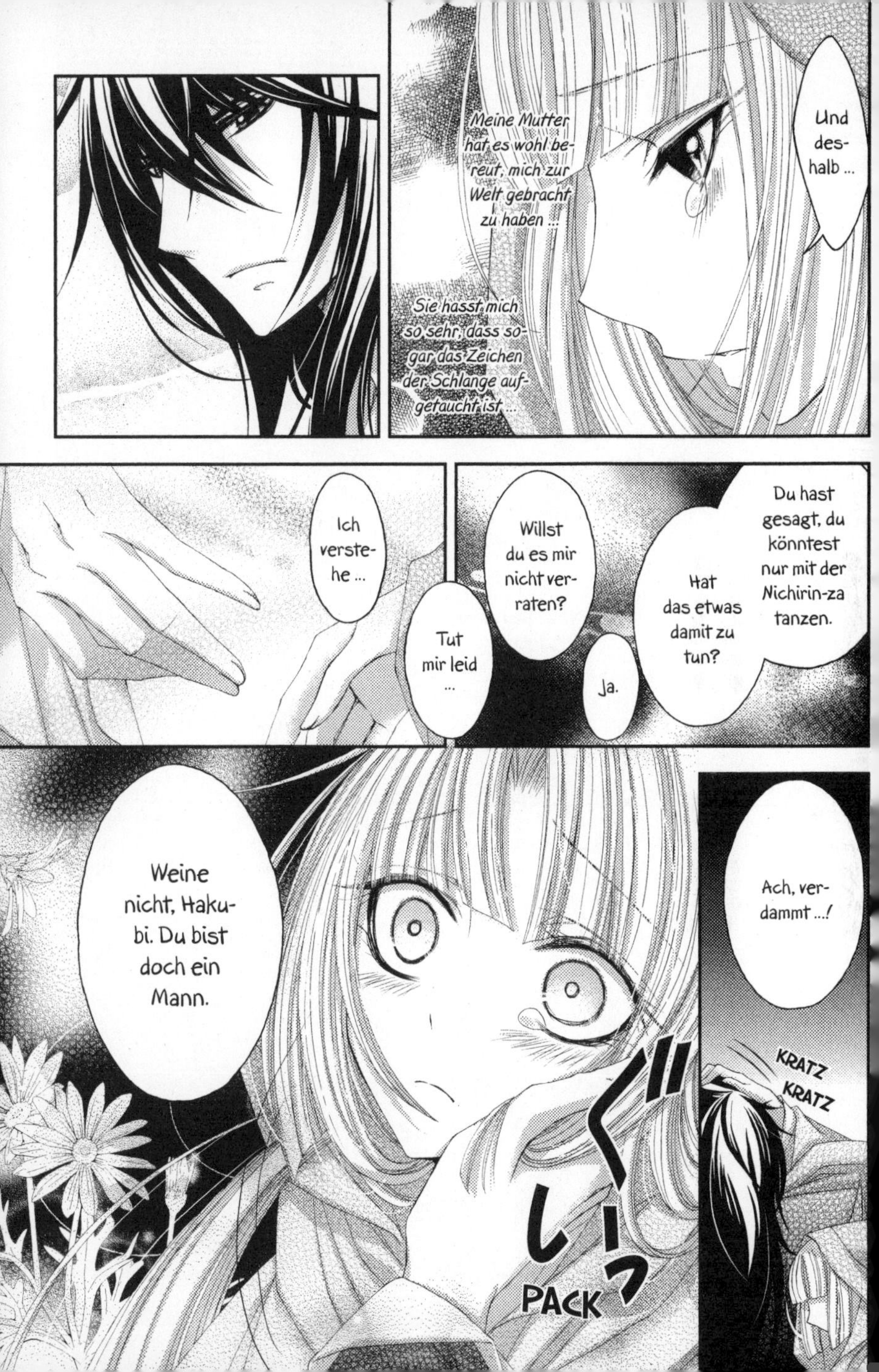
Und des-halb ...
Meine Mutter hat es wohl be-reut, mich zur Welt gebracht zu haben ...
Sie hasst mich so sehr, dass so-gar das Zeichen der Schlange auf-getaucht ist ...
Du hast gesagt, du könntest nur mit der Nichirin-za tanzen.
Hat das etwas damit zu tun?
Ja.
Willst du es mir nicht ver-raten?
Tut mir leid ...
Ich verste-he ...
Ach, ver-dammt ...!
KRATZ KRATZ
Weine nicht, Haku-bi. Du bist doch ein Mann.
PACK

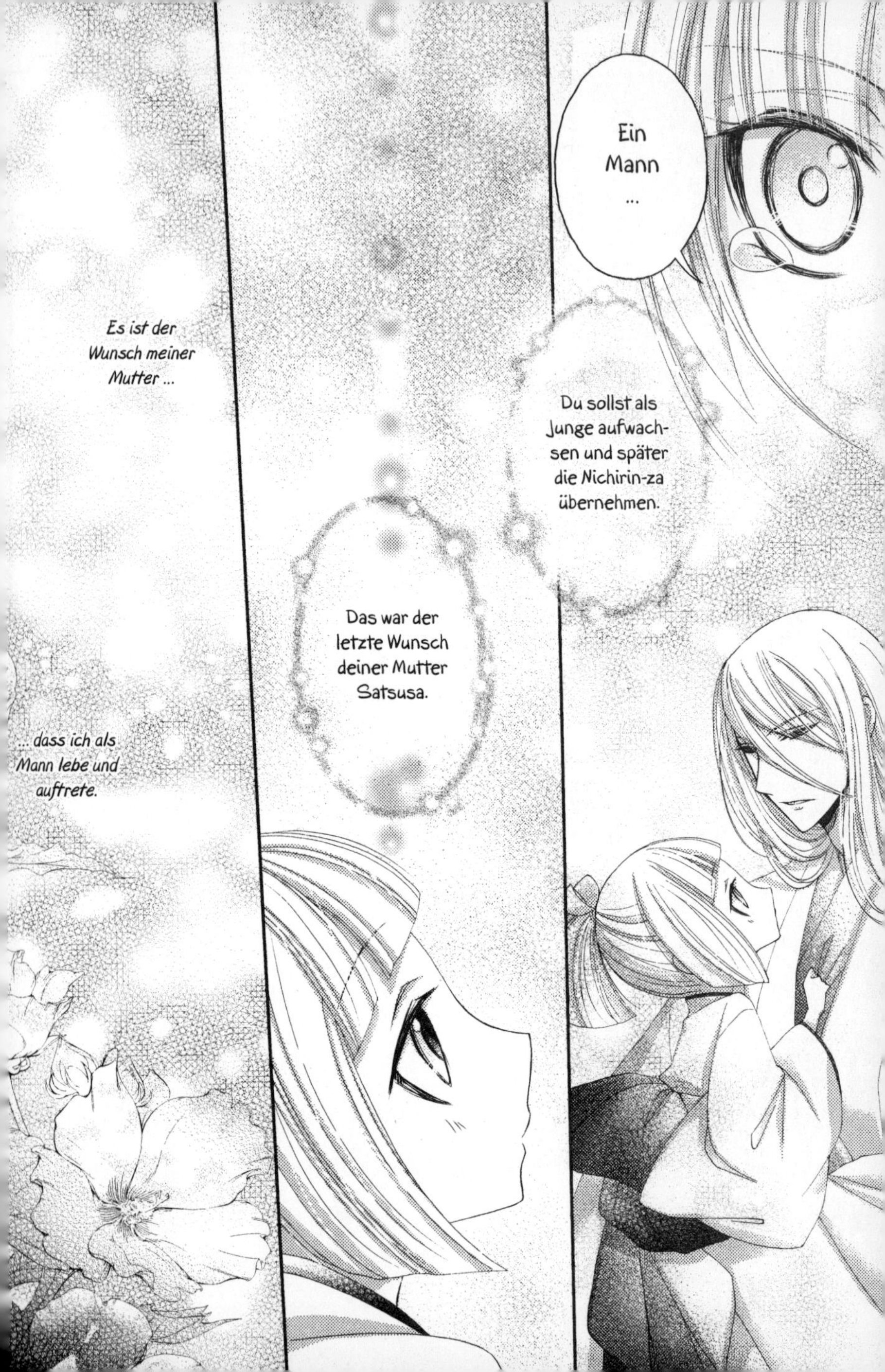

Ein Mann …
Du sollst als Junge aufwachsen und später die Nichirin-za übernehmen.
Das war der letzte Wunsch deiner Mutter Satsusa.
Es ist der Wunsch meiner Mutter …
… dass ich als Mann lebe und auftrete.

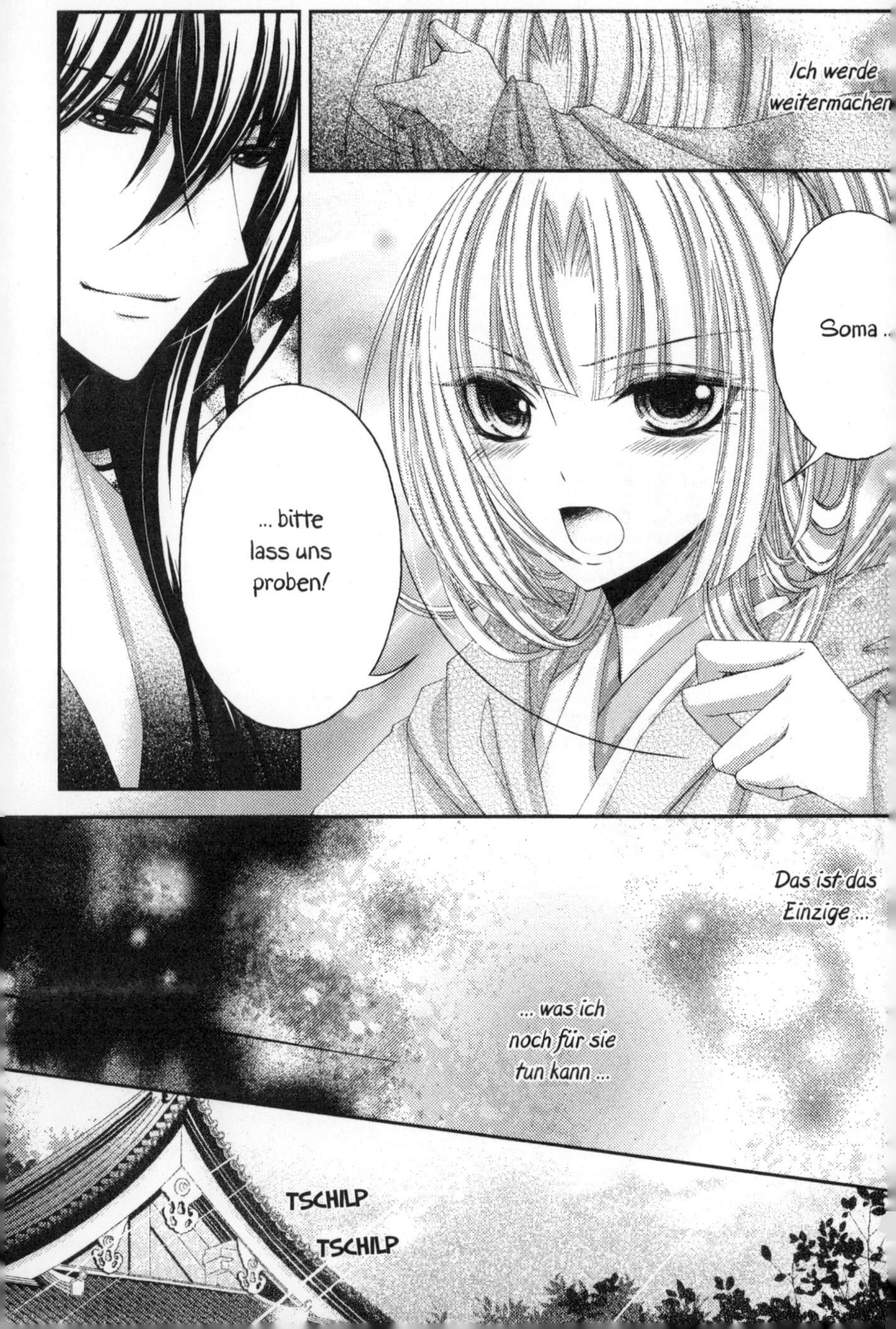

Ich werde weitermachen

Soma ..

... bitte lass uns proben!

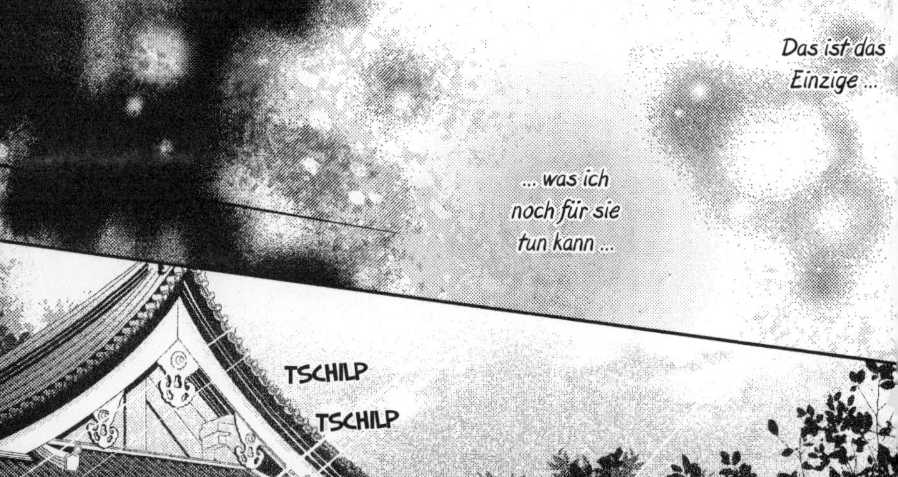

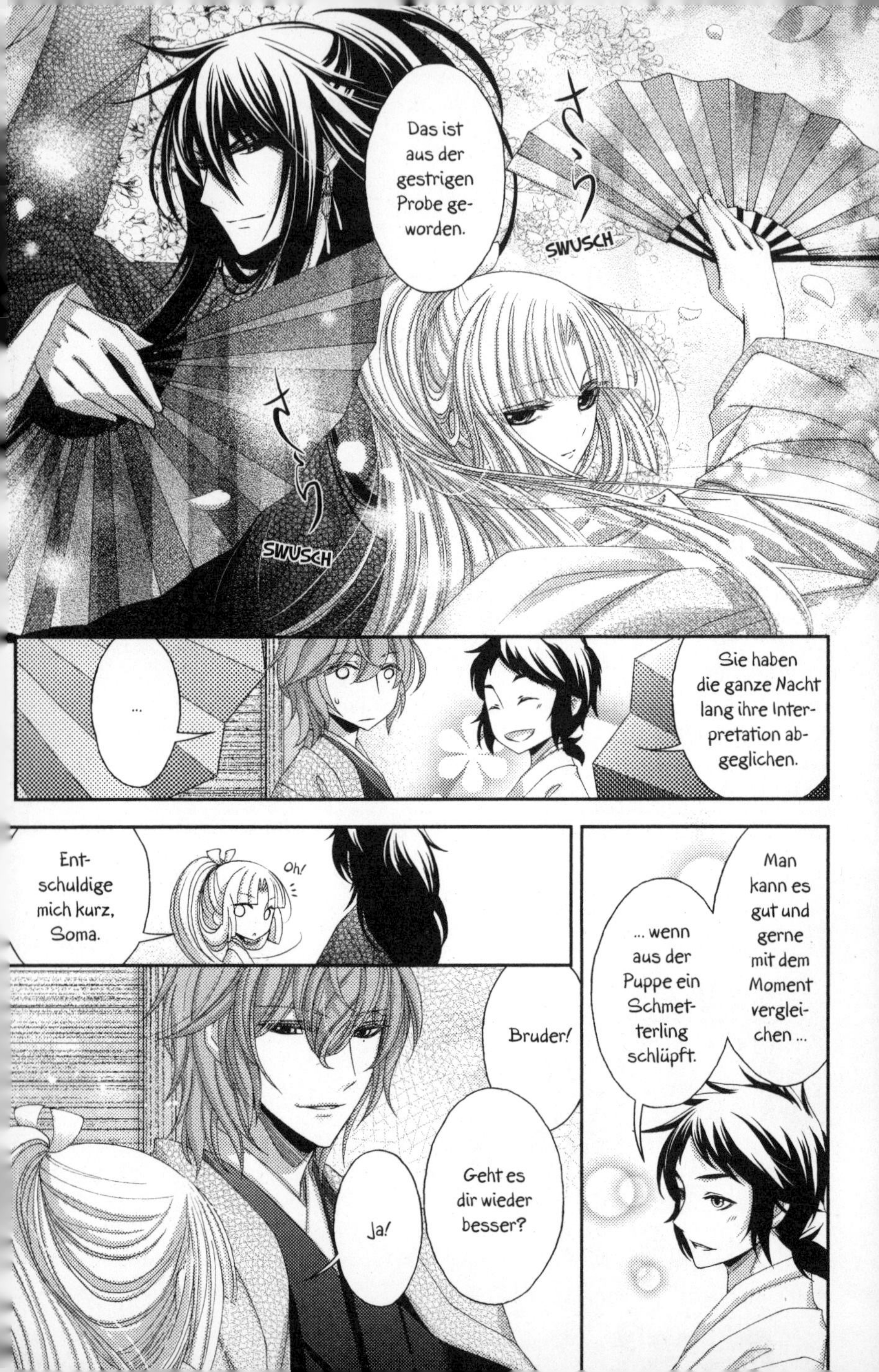
Das ist aus der gestrigen Probe geworden.
SWUSCH
SWUSCH
Sie haben die ganze Nacht lang ihre Interpretation abgeglichen.
…
Man kann es gut und gerne mit dem Moment vergleichen …
… wenn aus der Puppe ein Schmetterling schlüpft.
Oh!
Entschuldige mich kurz, Soma.
Bruder!
Geht es dir wieder besser?
Ja!

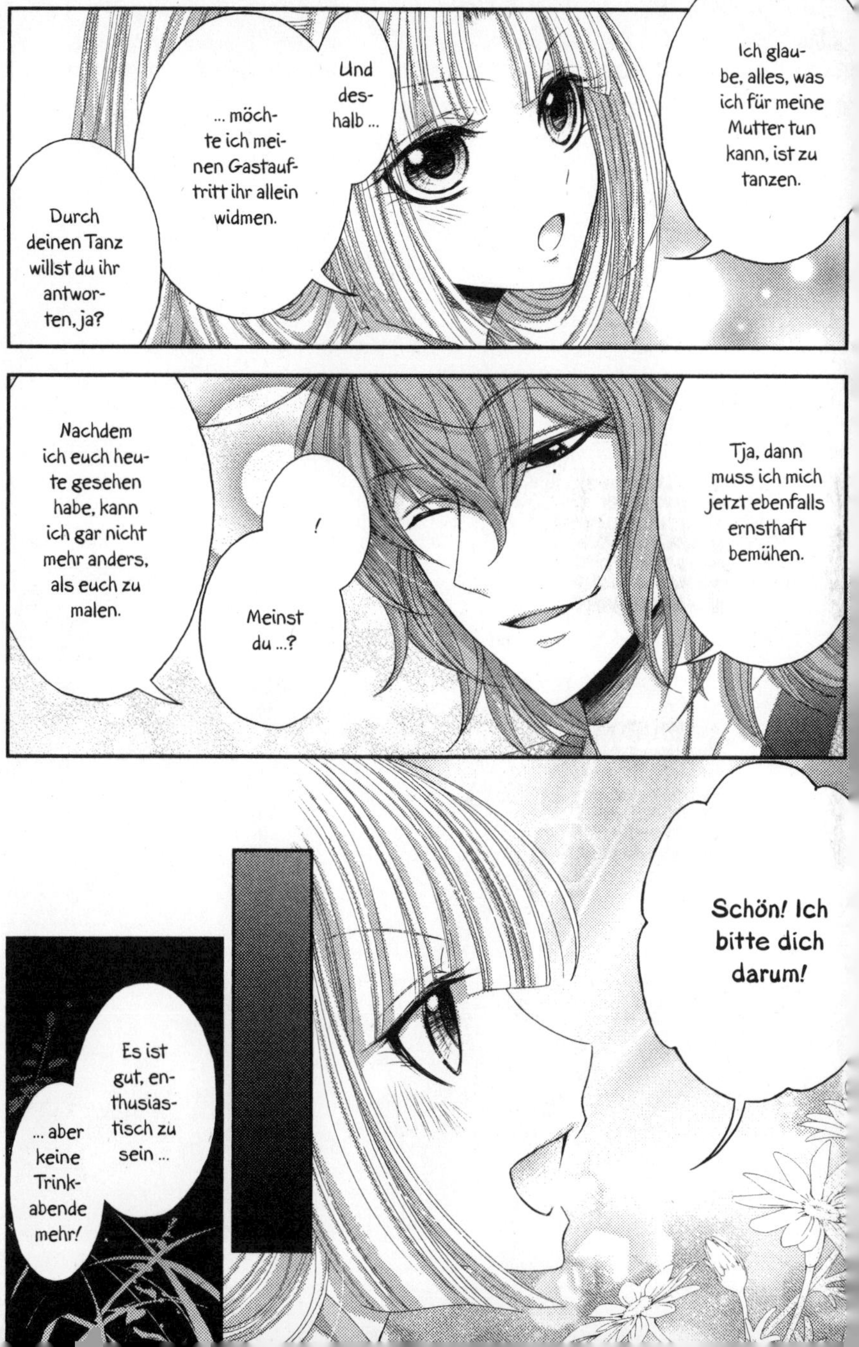

Ich glaube, alles, was ich für meine Mutter tun kann, ist zu tanzen.

Und deshalb ...

... möchte ich meinen Gastauftritt ihr allein widmen.

Durch deinen Tanz willst du ihr antworten, ja?

Tja, dann muss ich mich jetzt ebenfalls ernsthaft bemühen.

!

Meinst du ...?

Nachdem ich euch heute gesehen habe, kann ich gar nicht mehr anders, als euch zu malen.

Schön! Ich bitte dich darum!

Es ist gut, enthusiastisch zu sein ...

... aber keine Trinkabende mehr!

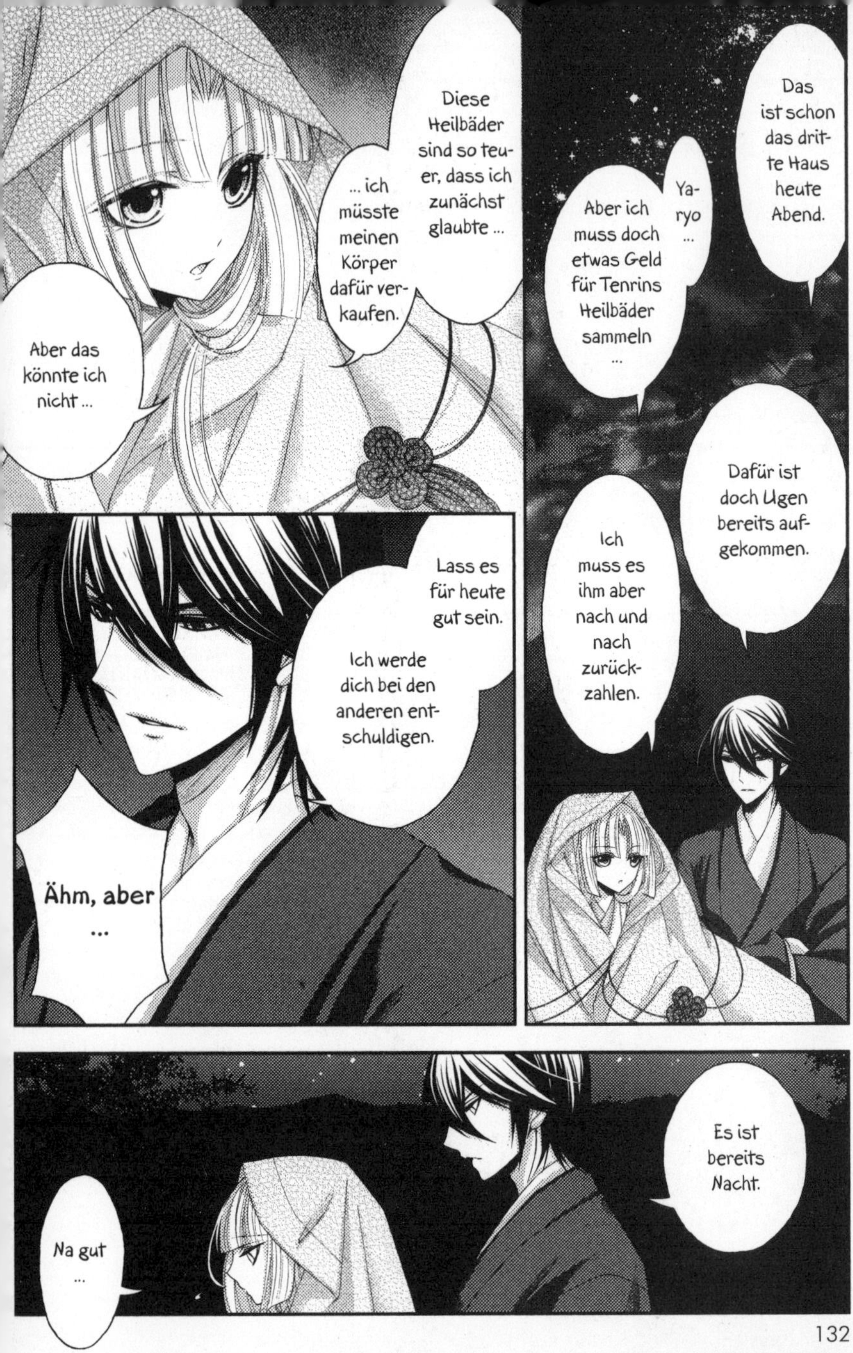

Das ist schon das dritte Haus heute Abend.

Yaryo ...

Aber ich muss doch etwas Geld für Tenrins Heilbäder sammeln ...

Dafür ist doch Ugen bereits aufgekommen.

Ich muss es ihm aber nach und nach zurückzahlen.

Diese Heilbäder sind so teuer, dass ich zunächst glaubte ...

... ich müsste meinen Körper dafür verkaufen.

Aber das könnte ich nicht ...

Lass es für heute gut sein.

Ich werde dich bei den anderen entschuldigen.

Ähm, aber ...

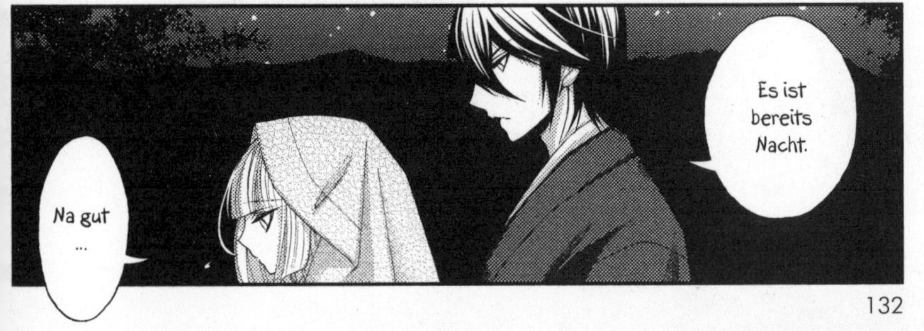

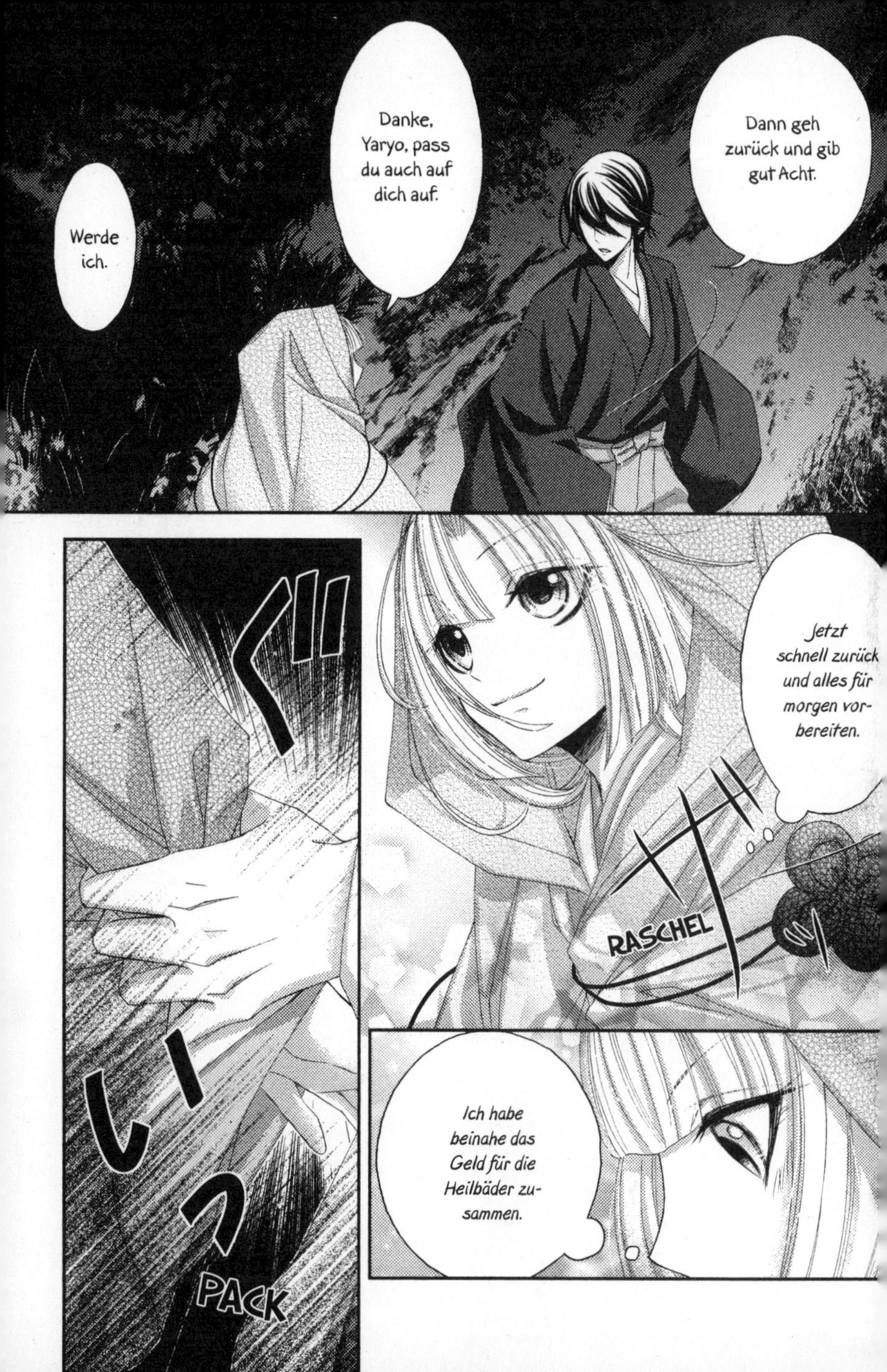
Dann geh zurück und gib gut Acht.
Danke, Yaryo, pass du auch auf dich auf.
Werde ich.
Jetzt schnell zurück und alles für morgen vorbereiten.
RASCHEL
Ich habe beinahe das Geld für die Heilbäder zusammen.
PACK

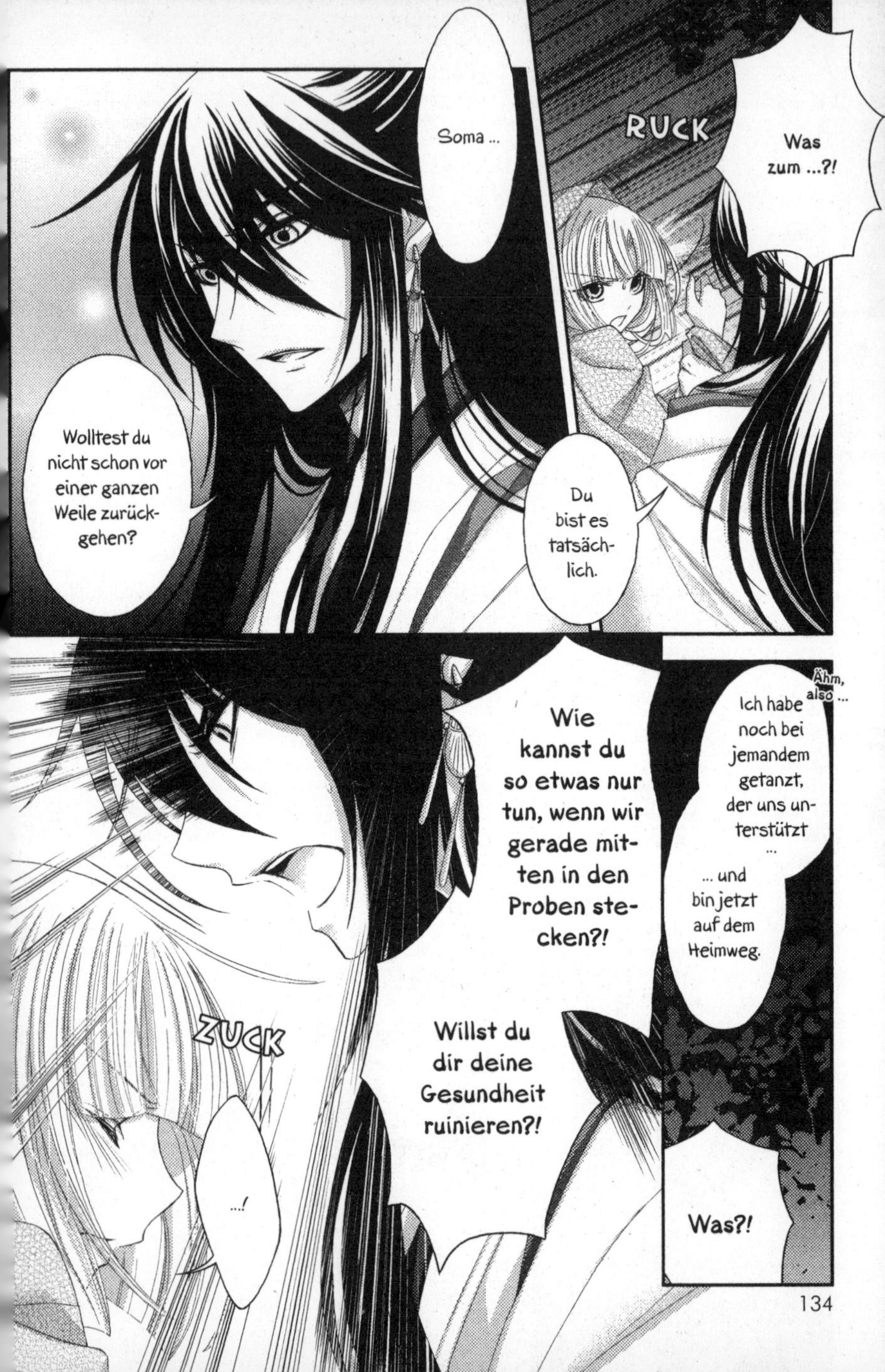
Was zum ...?!
RUCK
Soma ...
Du bist es tatsächlich.
Wolltest du nicht schon vor einer ganzen Weile zurückgehen?
Ähm, also ...
Ich habe noch bei jemandem getanzt, der uns unterstützt ...
... und bin jetzt auf dem Heimweg.
Wie kannst du so etwas nur tun, wenn wir gerade mitten in den Proben stecken?!
Was?!
Willst du dir deine Gesundheit ruinieren?!
ZUCK
...!

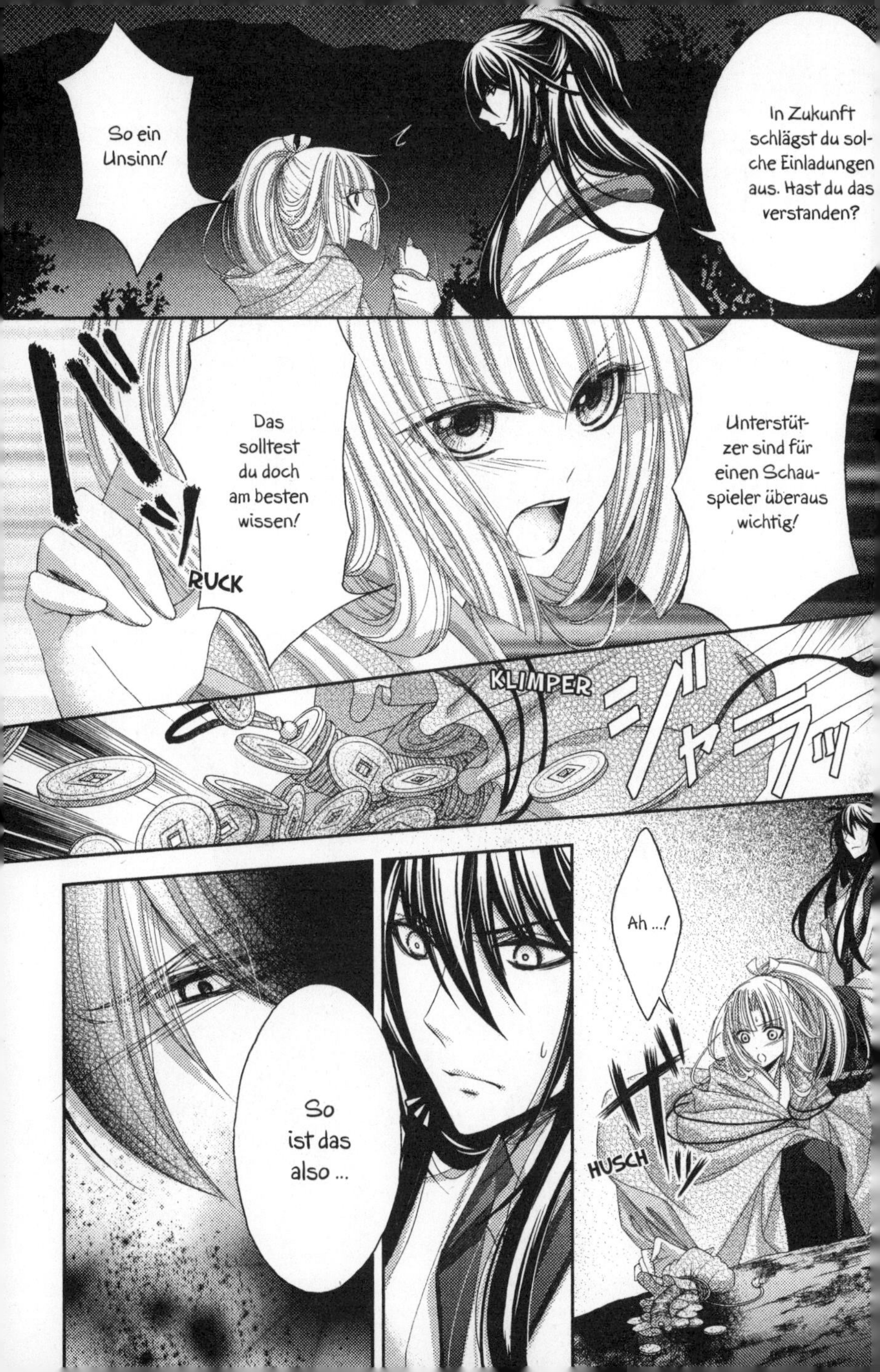
In Zukunft schlägst du solche Einladungen aus. Hast du das verstanden?
So ein Unsinn!
Unterstützer sind für einen Schauspieler überaus wichtig!
Das solltest du doch am besten wissen!
RUCK
KLIMPER
Ah ...!
HUSCH
So ist das also ...

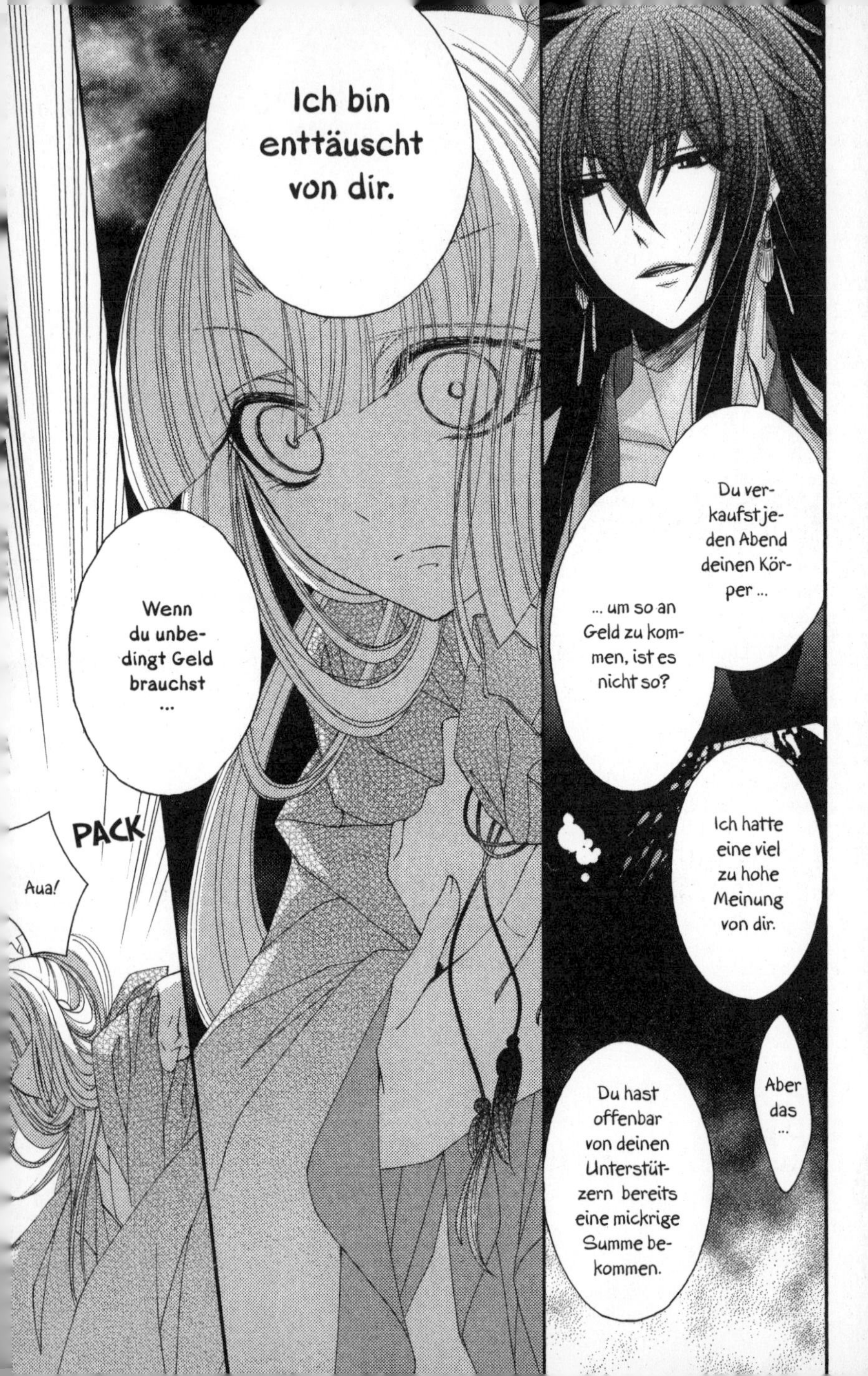
Du verkaufst jeden Abend deinen Körper ...
... um so an Geld zu kommen, ist es nicht so?
Ich hatte eine viel zu hohe Meinung von dir.
Aber das ...
Du hast offenbar von deinen Unterstützern bereits eine mickrige Summe bekommen.
Ich bin enttäuscht von dir.
Wenn du unbedingt Geld brauchst ...
PACK
Aua!

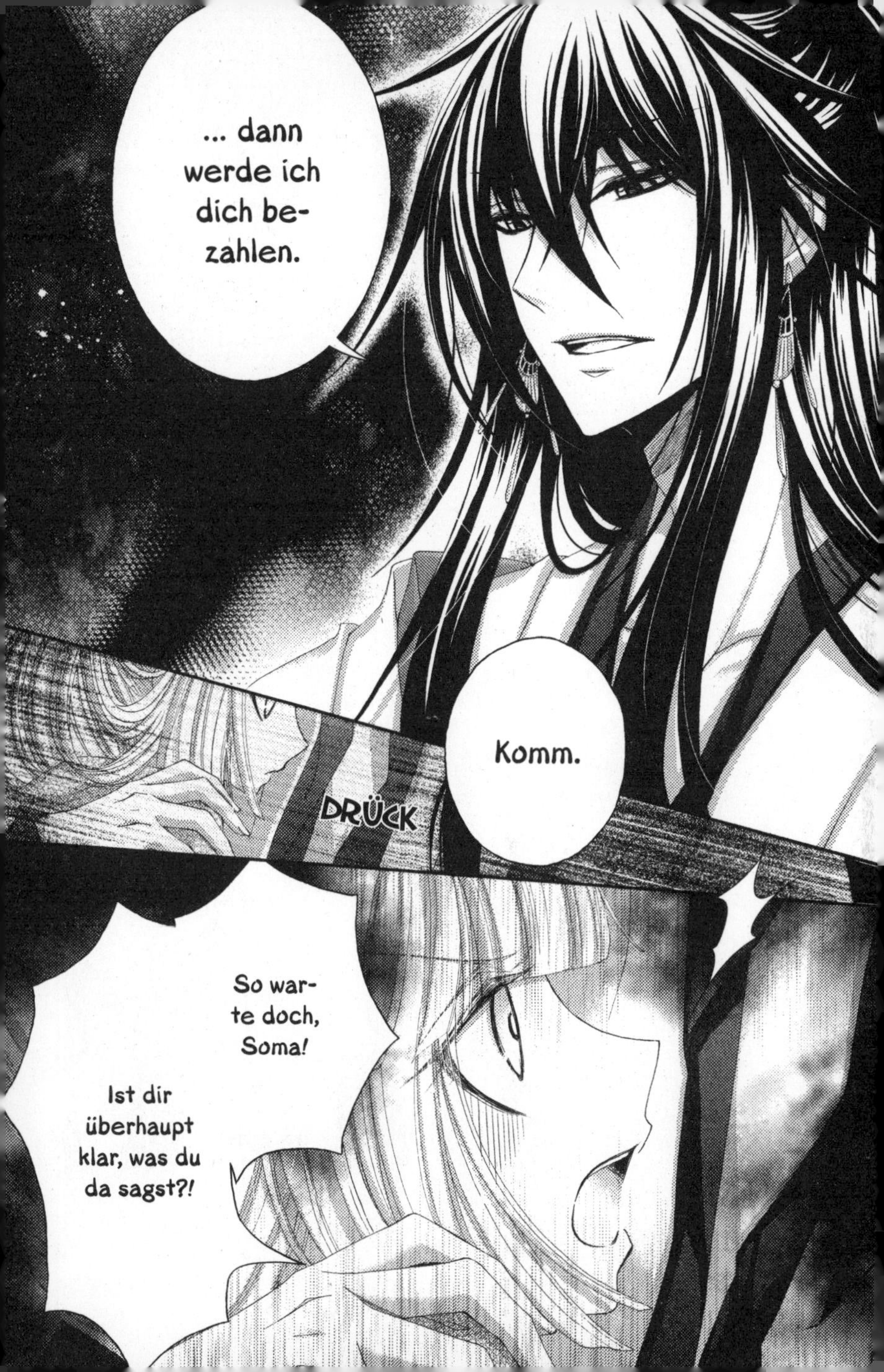
... dann werde ich dich be-zahlen.
Komm.
DRÜCK
So war-te doch, Soma!
Ist dir überhaupt klar, was du da sagst?!

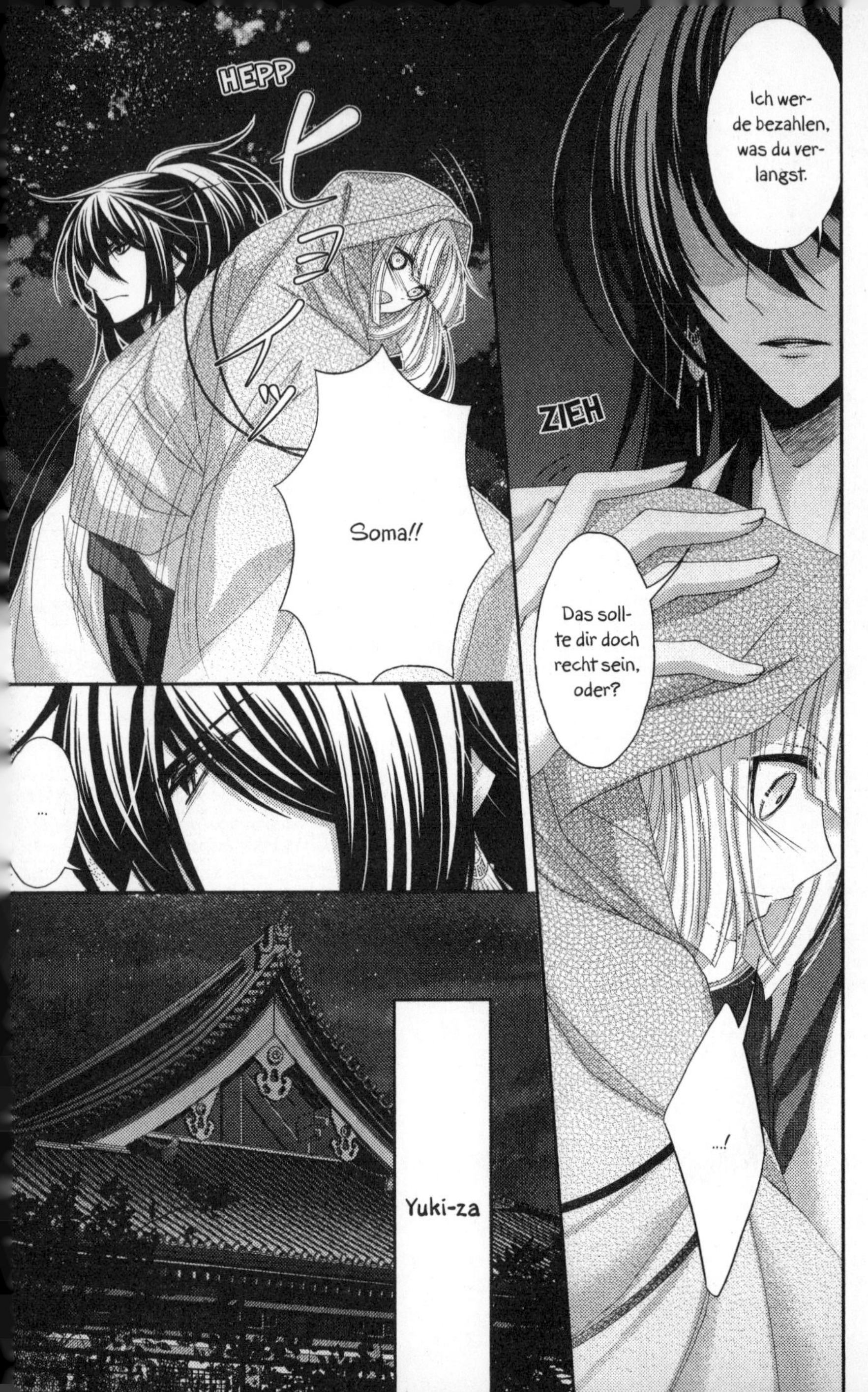
Ich werde bezahlen, was du verlangst.
ZIEH
HEPP
Soma!!
Das sollte dir doch recht sein, oder?
...
...!
Yuki-za

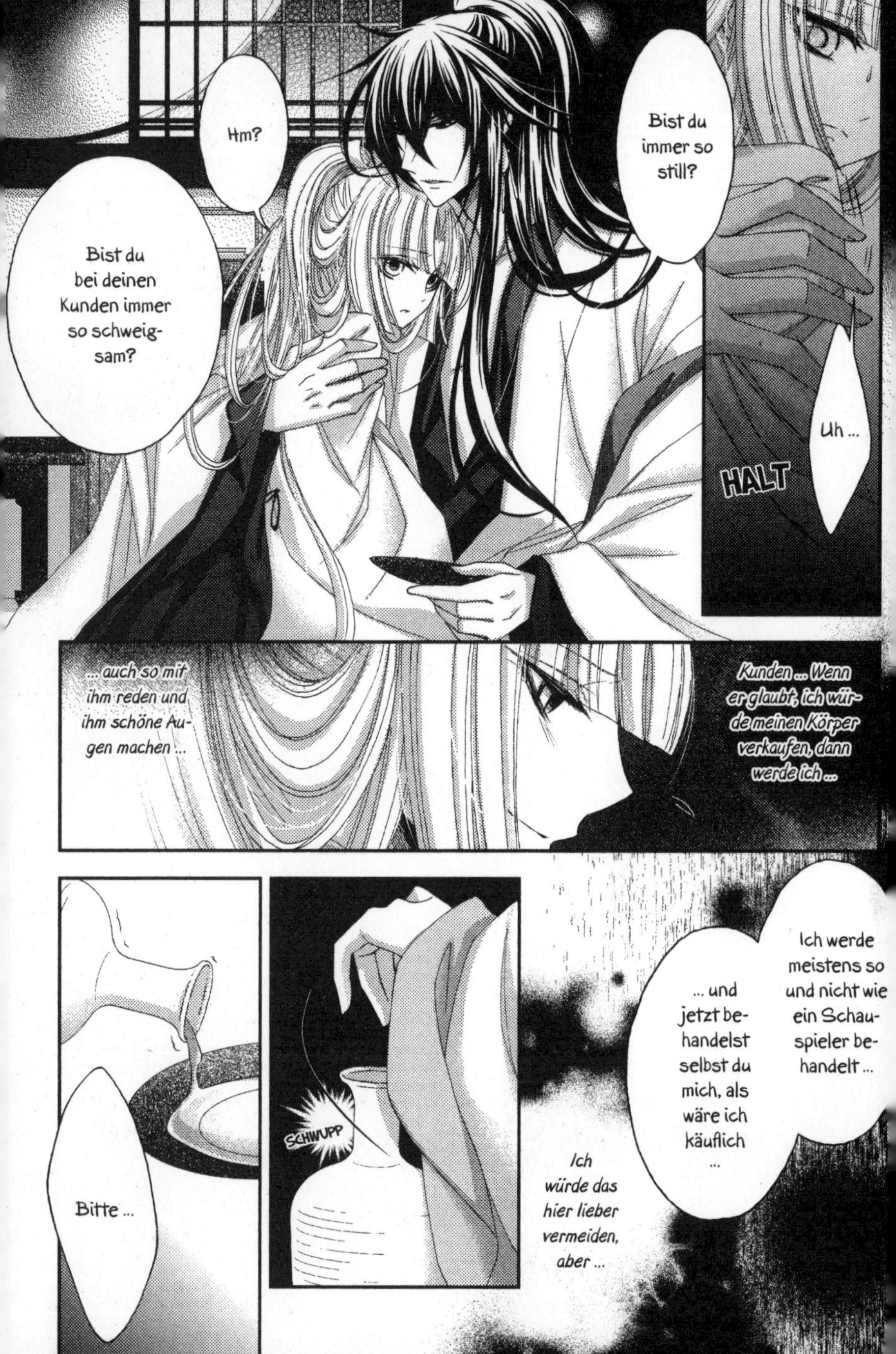
Bist du immer so still?
Hm?
Bist du bei deinen Kunden immer so schweigsam?
Uh ...
HALT
Kunden ... Wenn er glaubt, ich würde meinen Körper verkaufen, dann werde ich ...
... auch so mit ihm reden und ihm schöne Augen machen ...
Ich werde meistens so und nicht wie ein Schauspieler behandelt ...
... und jetzt behandelst selbst du mich, als wäre ich käuflich ...
Ich würde das hier lieber vermeiden, aber ...
SCHWUPP
Bitte ...

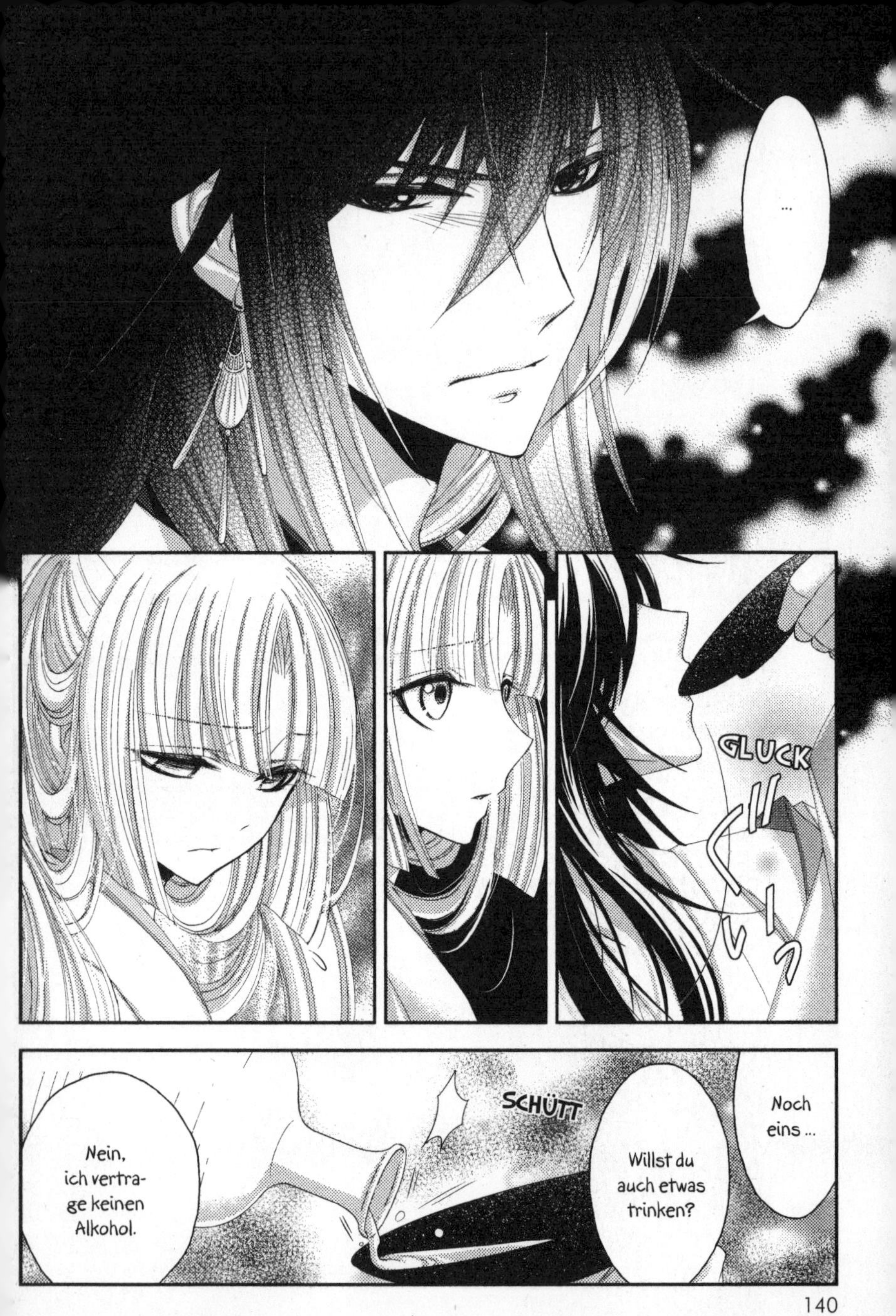

...

GLUCK

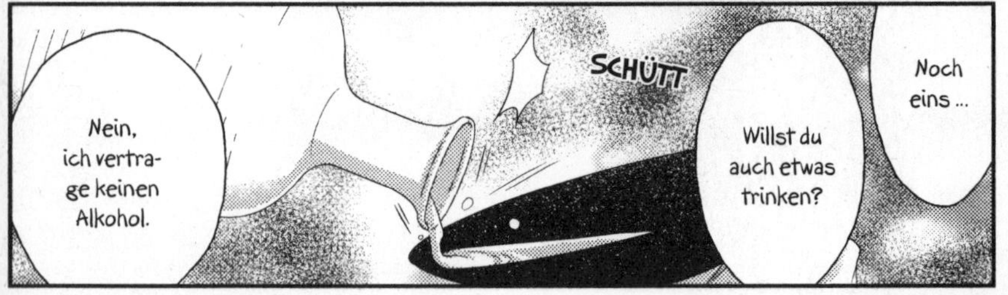
Noch eins ...
Willst du auch etwas trinken?
SCHÜTT
Nein, ich vertrage keinen Alkohol.

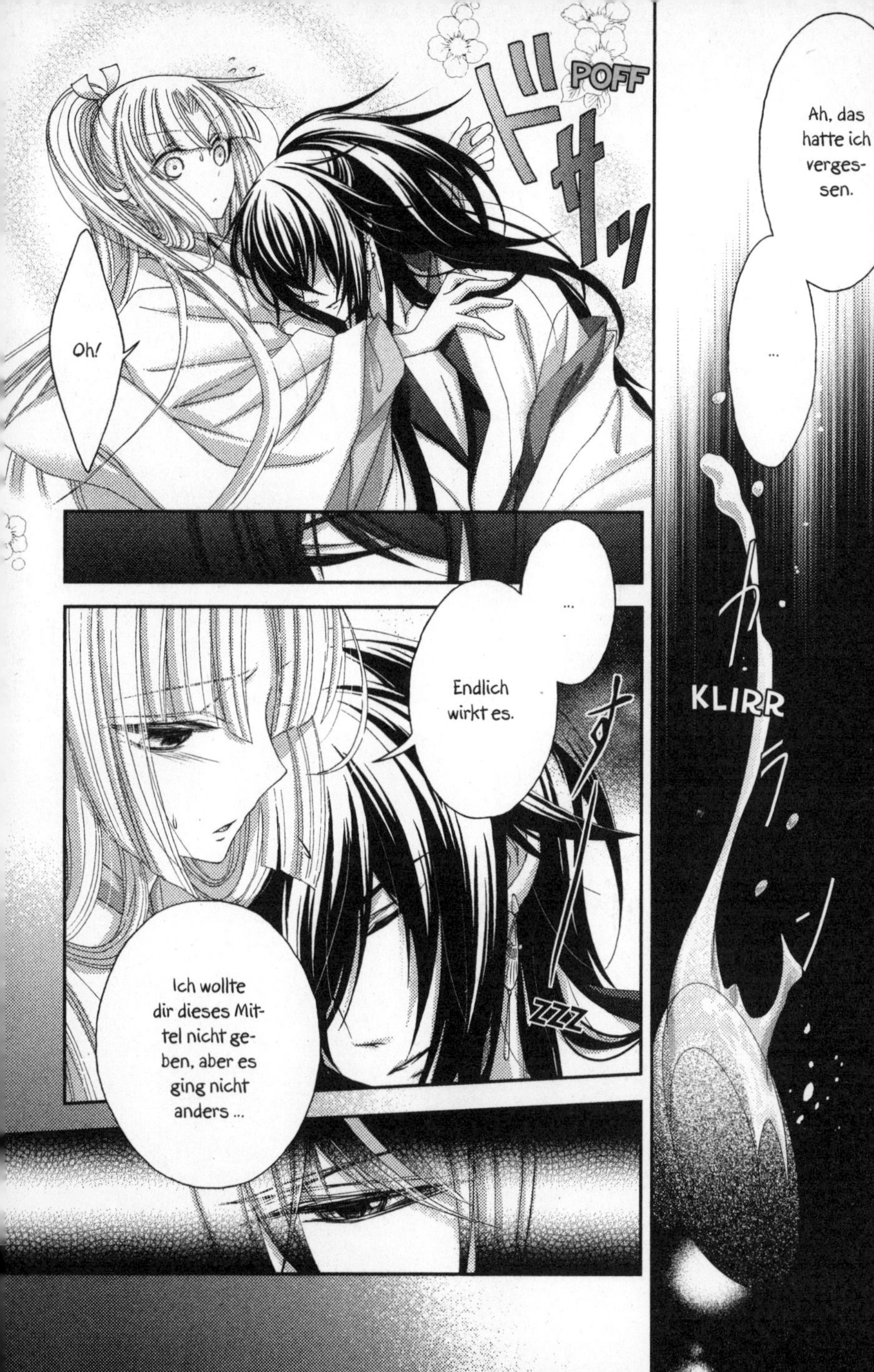
Ah, das hatte ich verges-sen.
...
KLIRR
POFF
Oh!
...
Endlich wirkt es.
ZZZ
Ich wollte dir dieses Mit-tel nicht ge-ben, aber es ging nicht anders ...

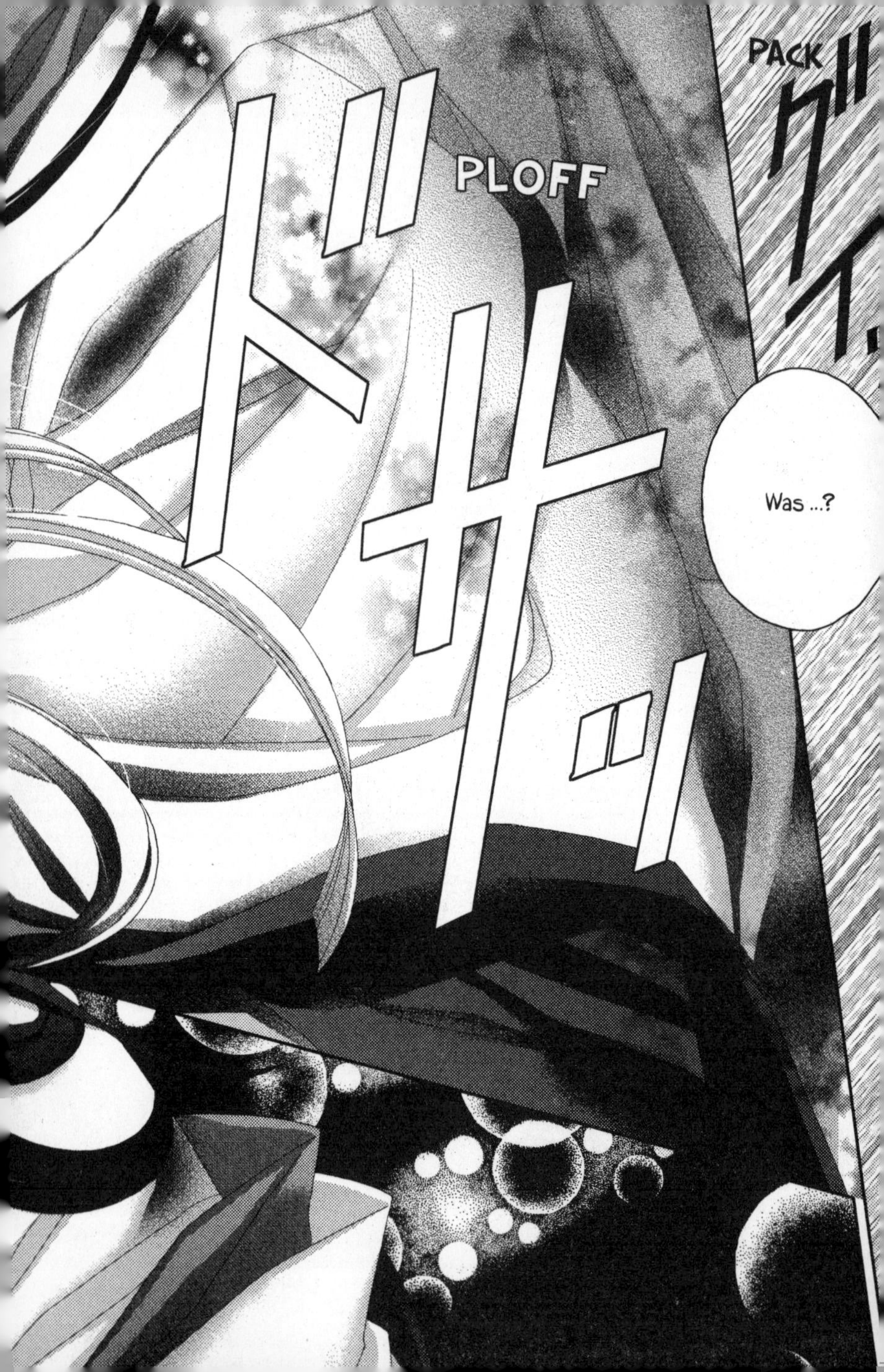
PACK
Was ...?
PLOFF

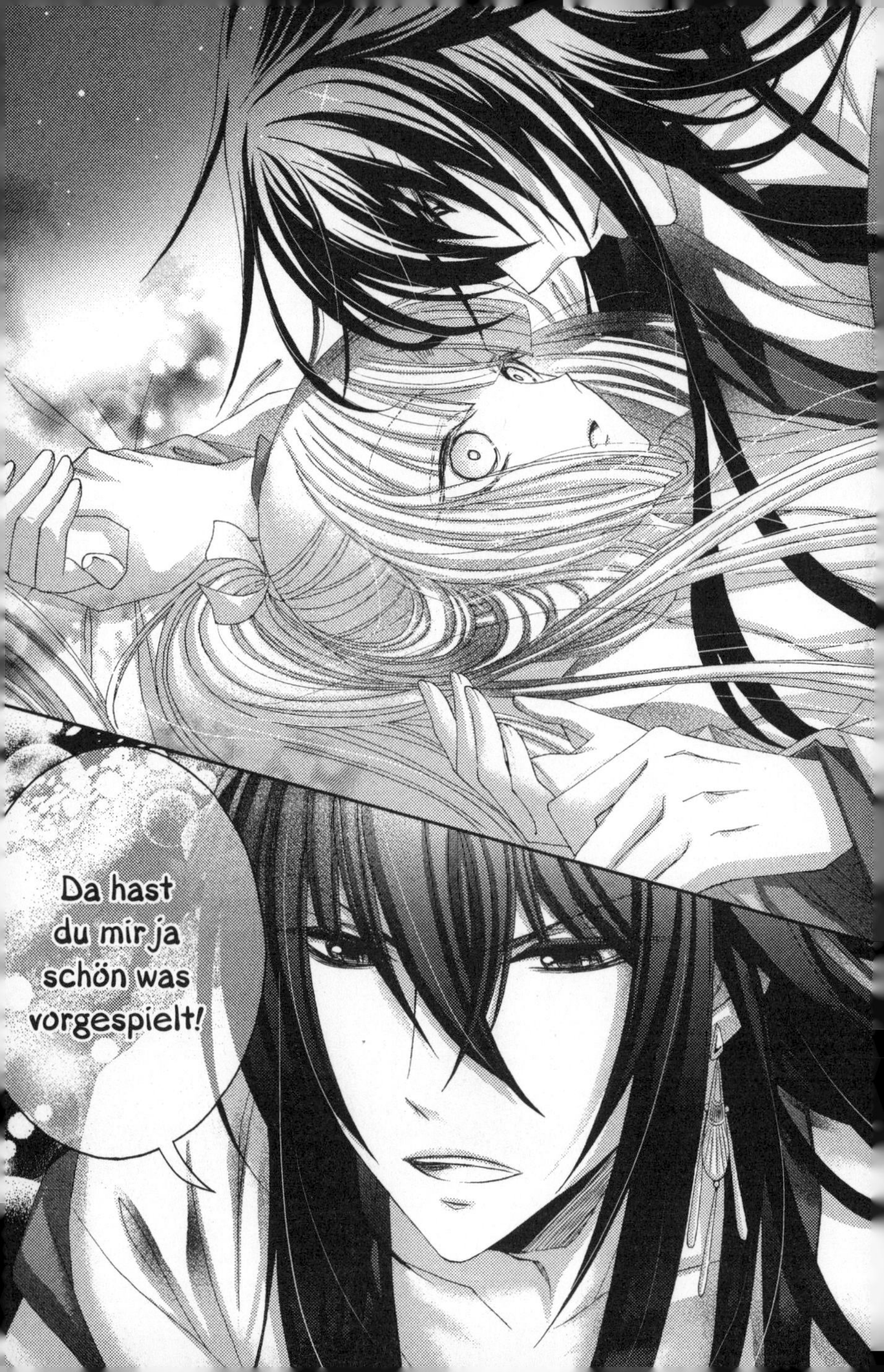
Da hast
du mir ja
schön was
vorgespielt!

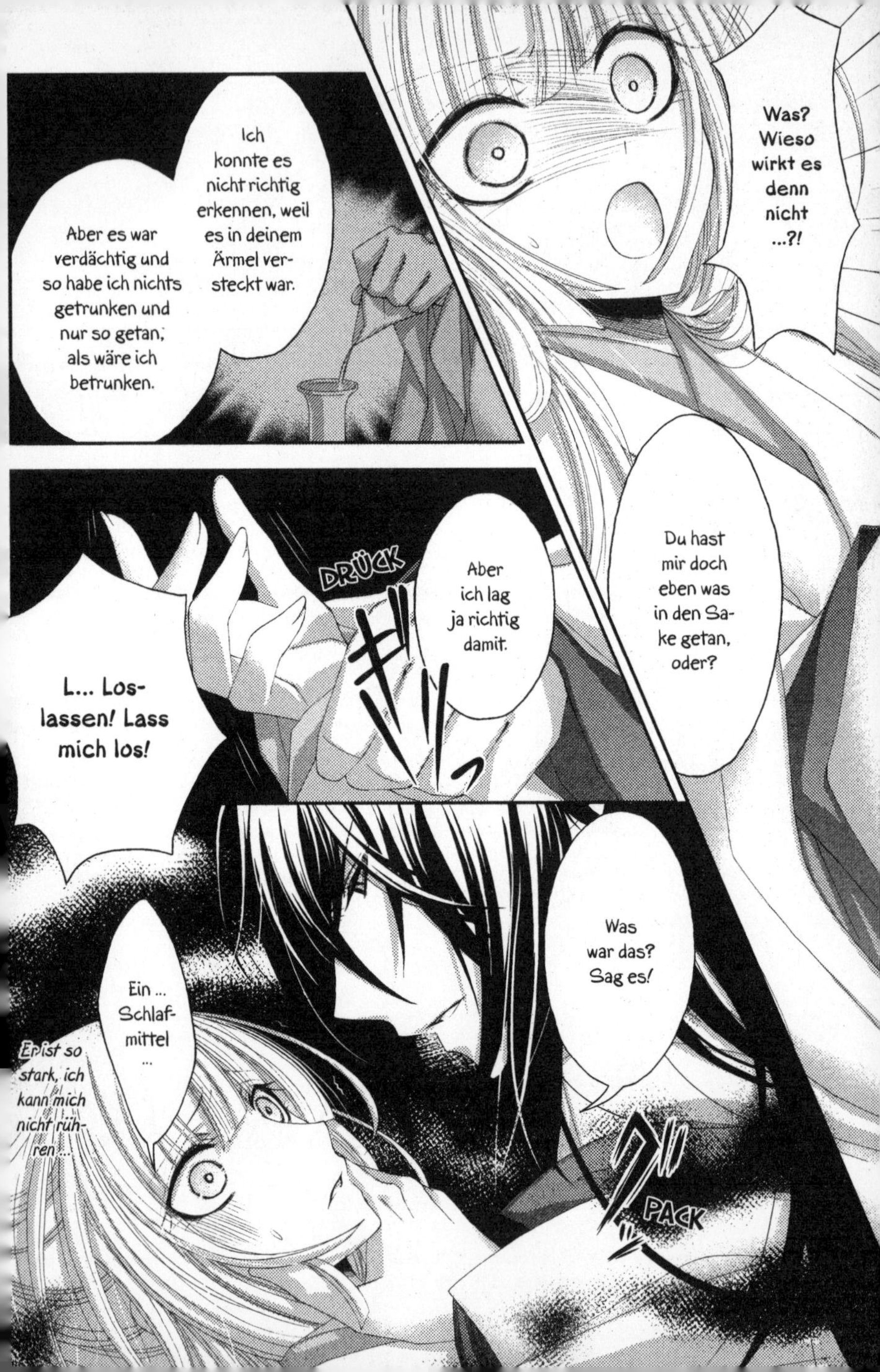
Was? Wieso wirkt es denn nicht ...?!
Ich konnte es nicht richtig erkennen, weil es in deinem Ärmel versteckt war.
Aber es war verdächtig und so habe ich nichts getrunken und nur so getan, als wäre ich betrunken.
Du hast mir doch eben was in den Sake getan, oder?
Aber ich lag ja richtig damit.
DRÜCK
L... Loslassen! Lass mich los!
Was war das? Sag es!
Ein ... Schlafmittel ...
Er ist so stark, ich kann mich nicht rühren ...
PACK

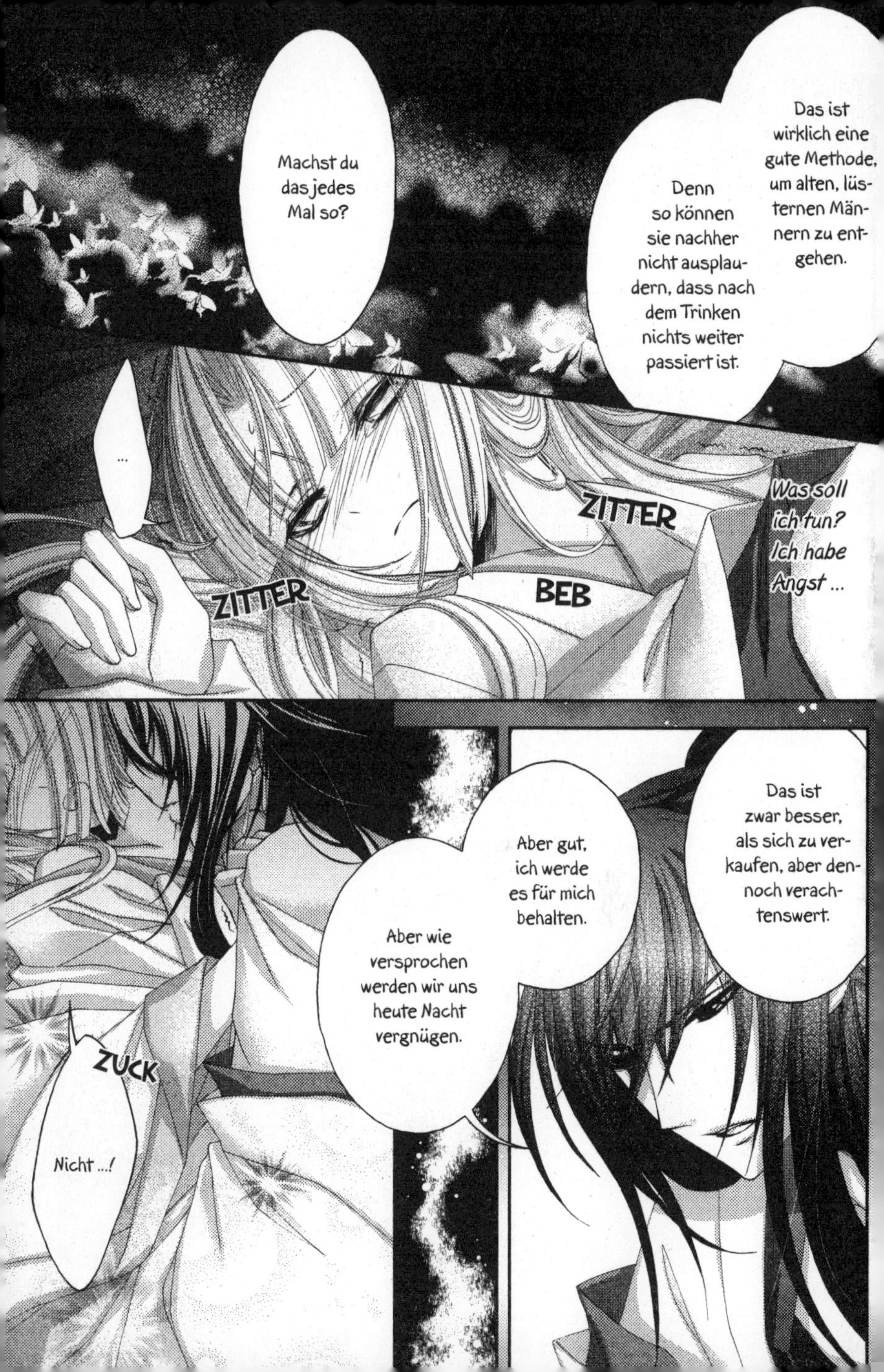
Das ist wirklich eine gute Methode, um alten, lüsternen Männern zu entgehen.
Denn so können sie nachher nicht ausplaudern, dass nach dem Trinken nichts weiter passiert ist.
Machst du das jedes Mal so?
Was soll ich tun? Ich habe Angst ...
ZITTER
BEB
ZITTER
...
Das ist zwar besser, als sich zu verkaufen, aber dennoch verachtenswert.
Aber gut, ich werde es für mich behalten.
Aber wie versprochen werden wir uns heute Nacht vergnügen.
ZUCK
Nicht ...!

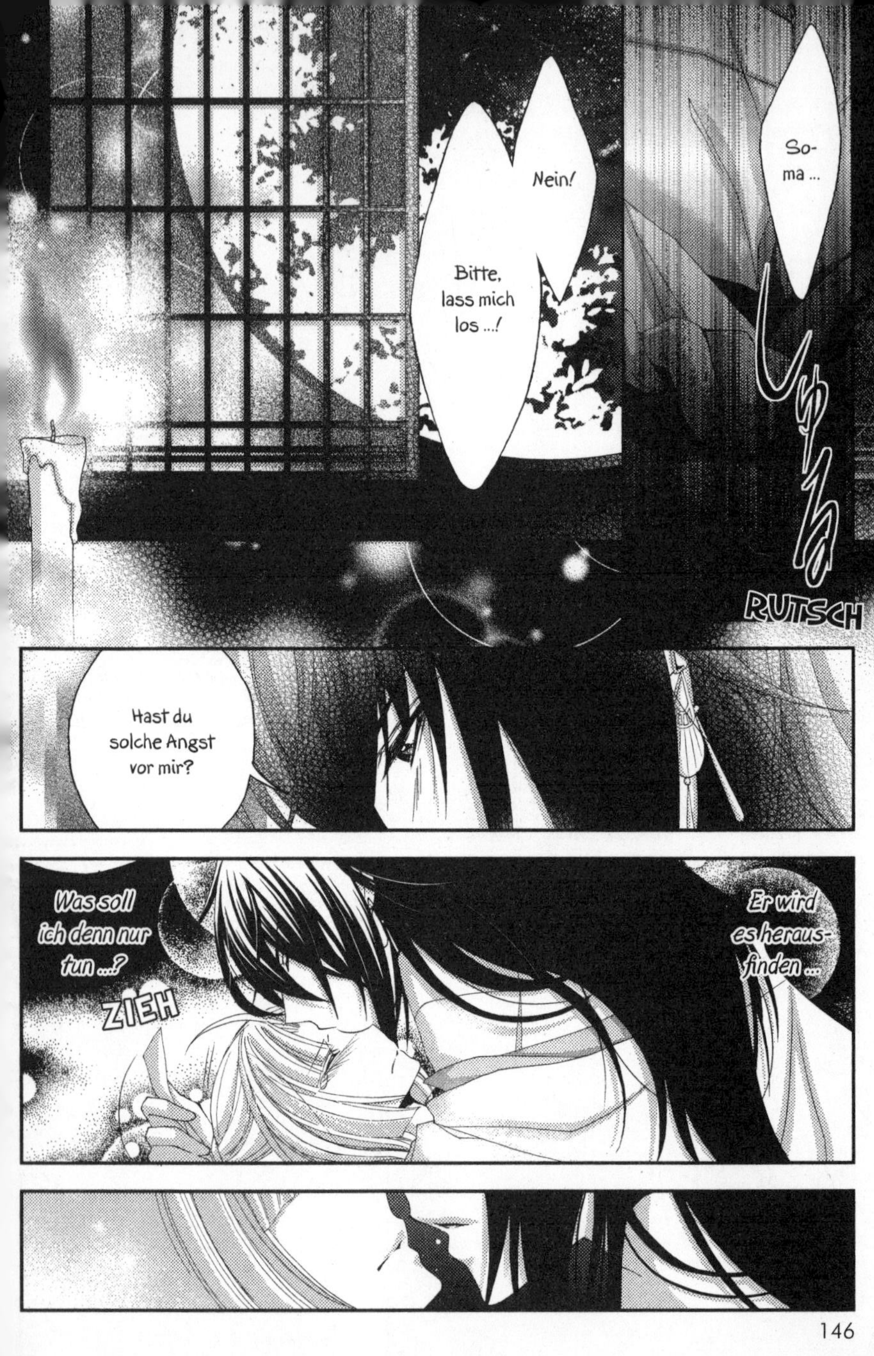

So-
ma ...

Nein!

Bitte,
lass mich
los ...!

RUTSCH

Hast du
solche Angst
vor mir?

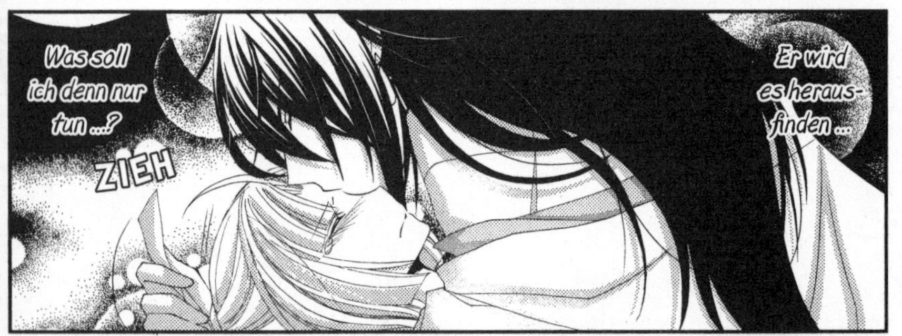

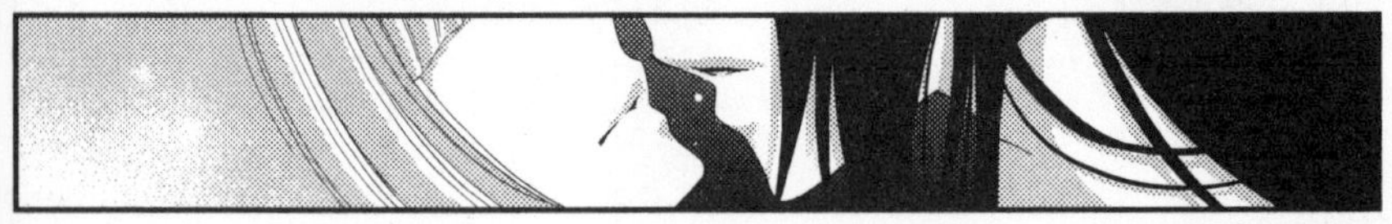

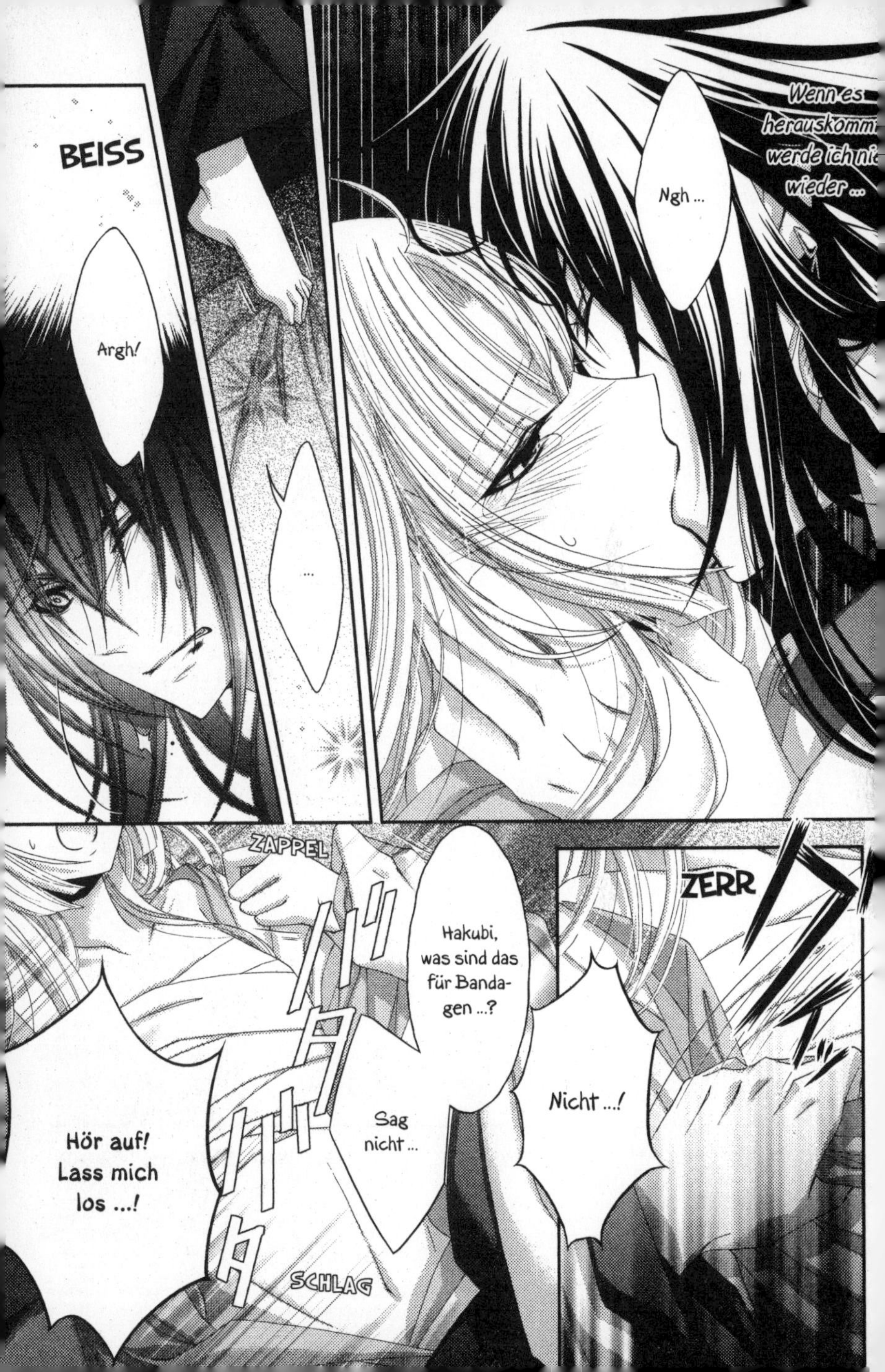
Wenn es
herauskommt
werde ich nie
wieder ...
Ngh ...
...
BEISS
Argh!
ZERR
Nicht ...!
Hakubi, was sind das für Bandagen ...?
Sag nicht ...
ZAPPEL
SCHLAG
Hör auf! Lass mich los ...!

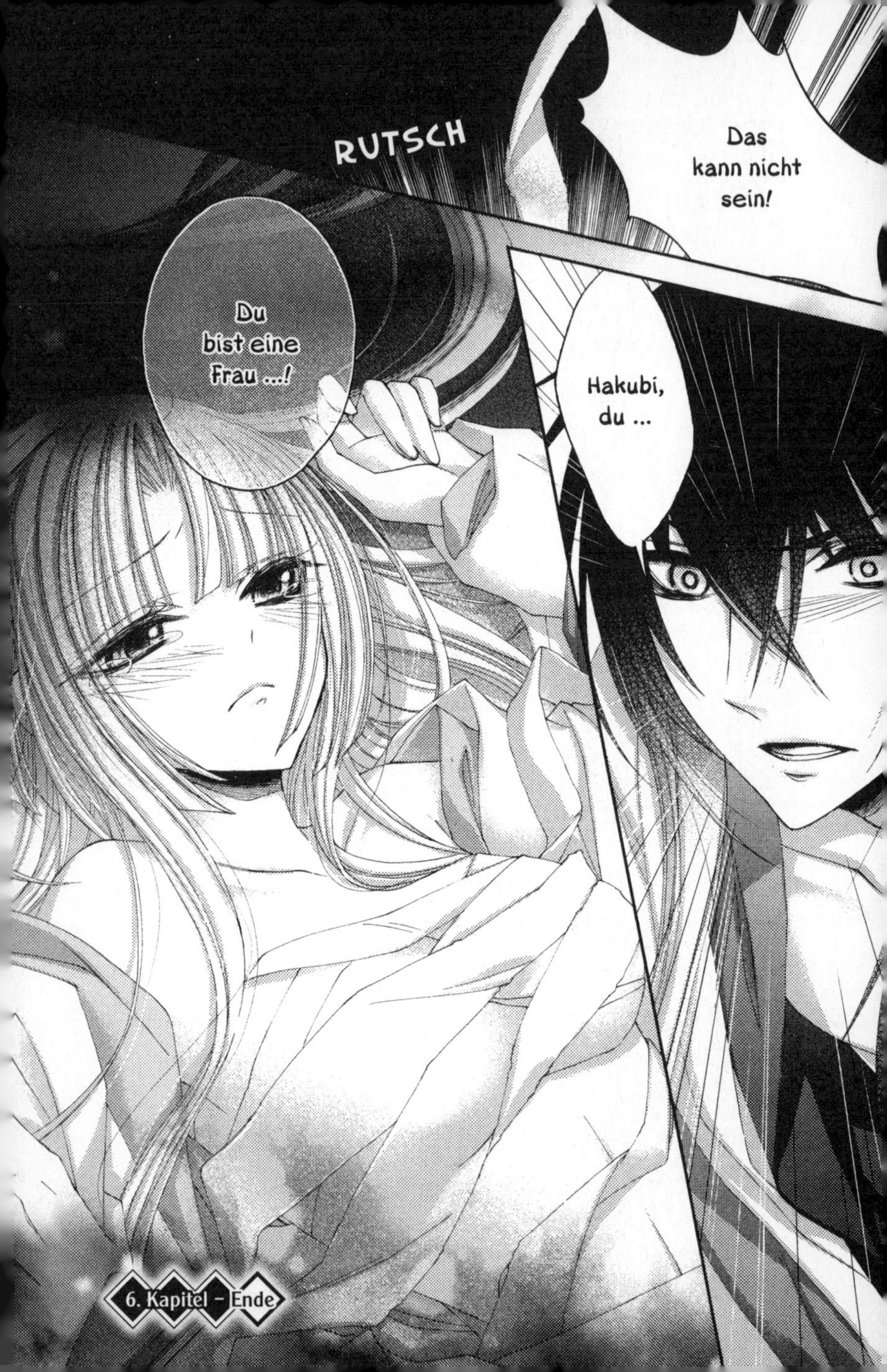
Das kann nicht sein!
RUTSCH
Hakubi, du ...
Du bist eine Frau ...!
6. Kapitel – Ende

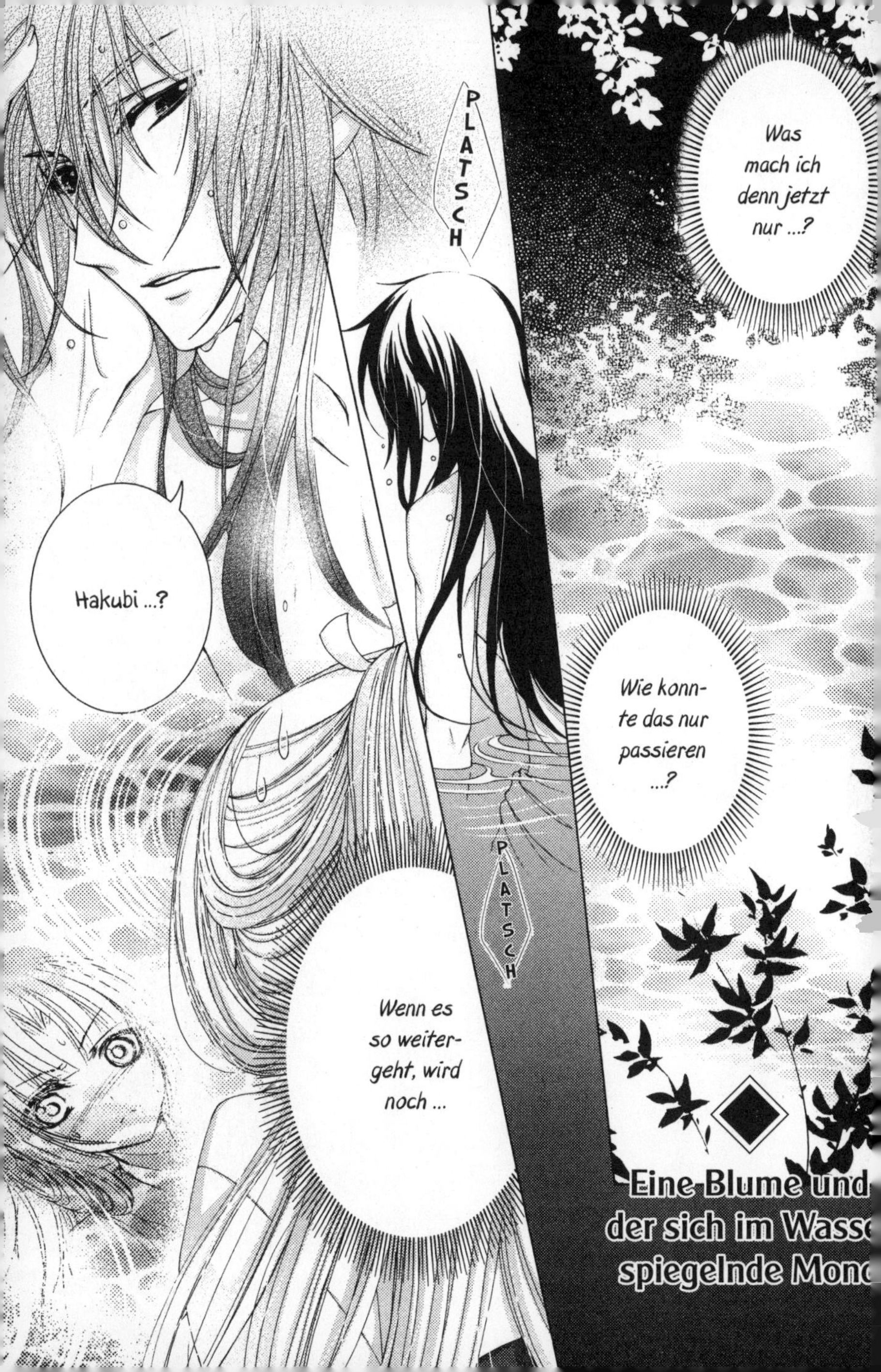
Was mach ich denn jetzt nur ...?
Wie konnte das nur passieren ...?
Eine Blume und der sich im Wasse spiegelnde Mon
PLATSCH
Hakubi ...?
PLATSCH
Wenn es so weitergeht, wird noch ...

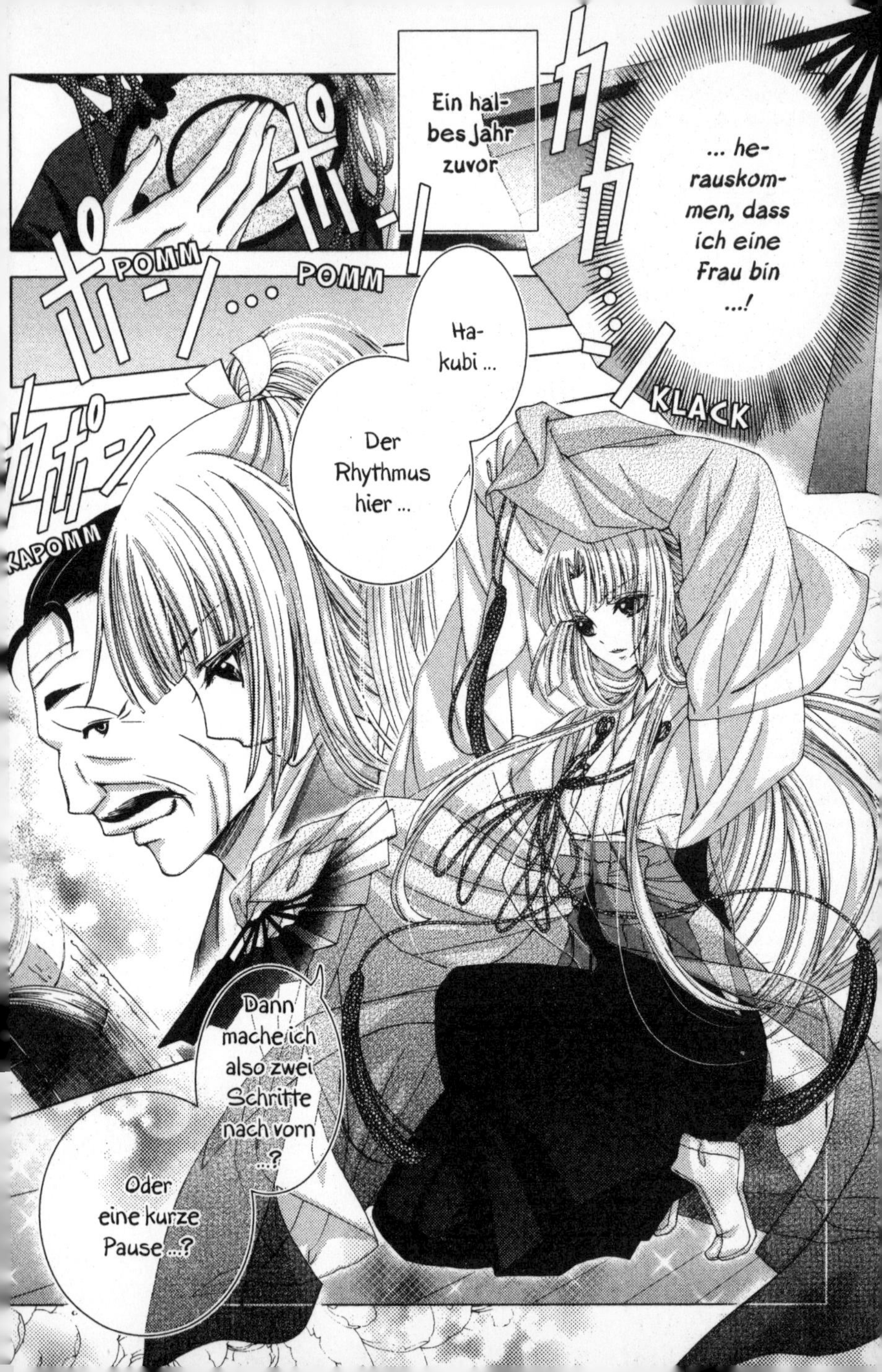
... herauskommen, dass ich eine Frau bin ...!
KLACK
Ein halbes Jahr zuvor
POMM
POMM
KAPOMM
Hakubi ...
Der Rhythmus hier ...
Dann mache ich also zwei Schritte nach vorn ...?
Oder eine kurze Pause ...?

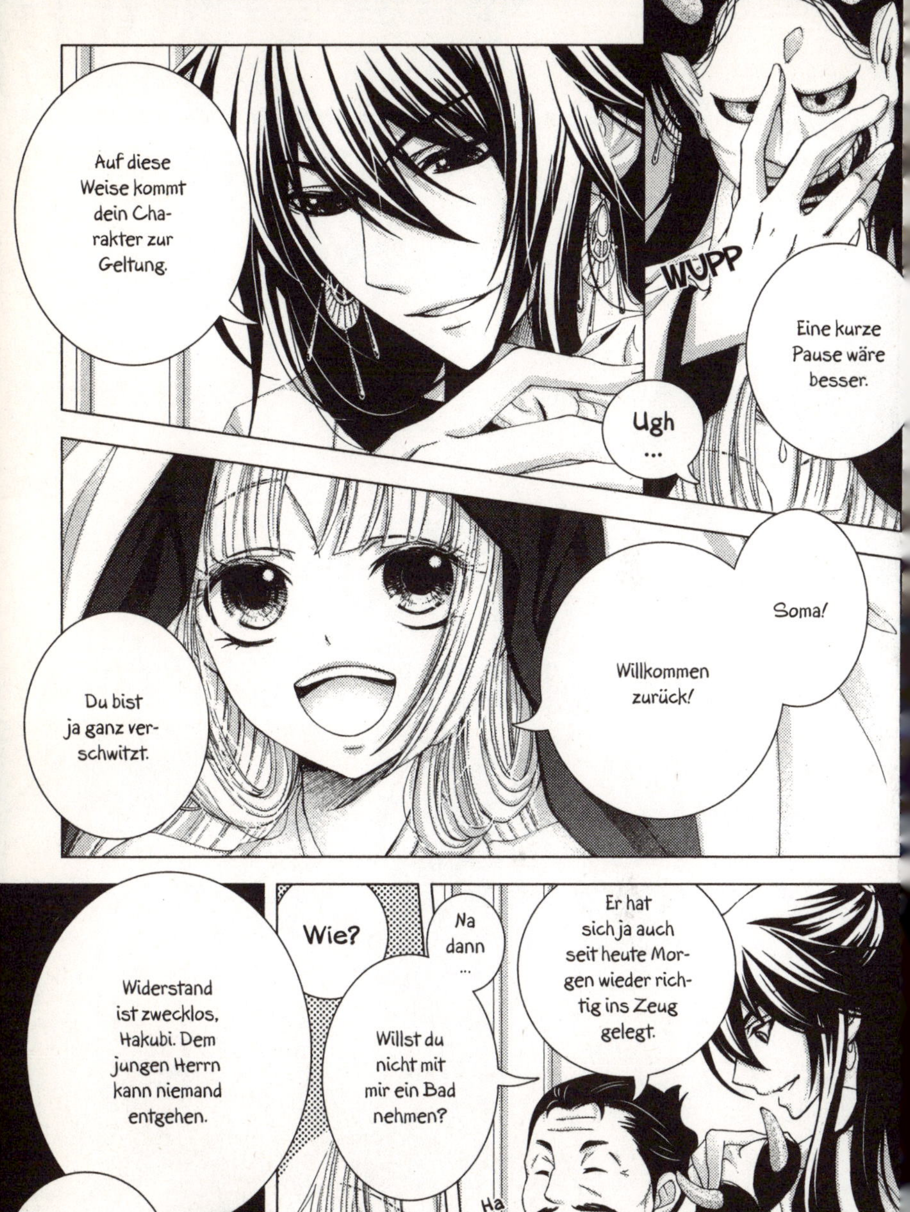
WUPP
Eine kurze Pause wäre besser.
Ugh ...
Auf diese Weise kommt dein Charakter zur Geltung.
Soma!
Willkommen zurück!
Du bist ja ganz verschwitzt.
Er hat sich ja auch seit heute Morgen wieder richtig ins Zeug gelegt.
Ha ha ha!
Hey, das drückt ...
Na dann ...
Willst du nicht mit mir ein Bad nehmen?
Wie?
Widerstand ist zwecklos, Hakubi. Dem jungen Herrn kann niemand entgehen.
Was?

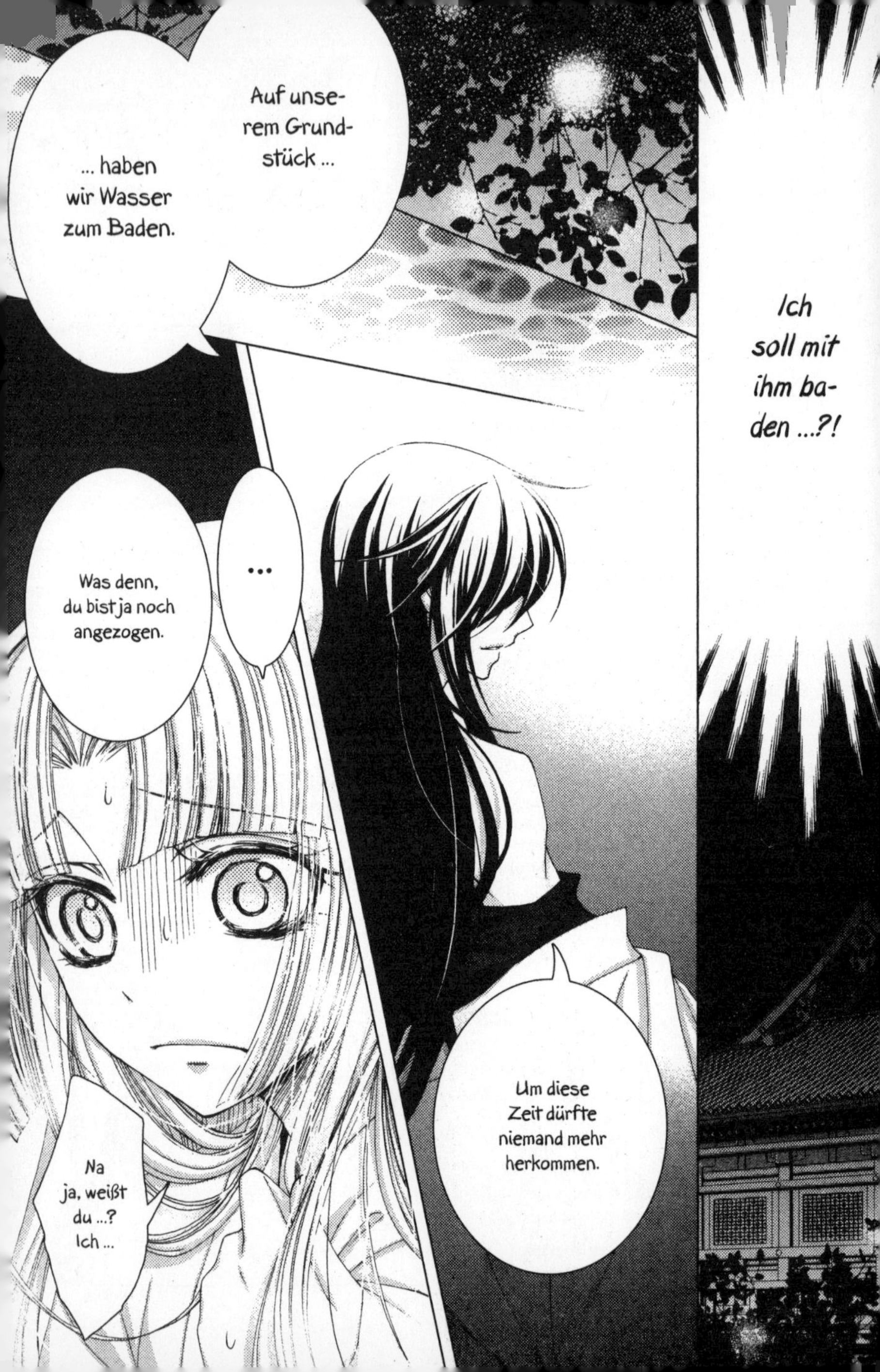

Auf unse-rem Grund-stück ...
... haben wir Wasser zum Baden.
Ich soll mit ihm ba-den ...?!
...
Was denn, du bist ja noch angezogen.
Um diese Zeit dürfte niemand mehr herkommen.
Na ja, weißt du ...? Ich ...

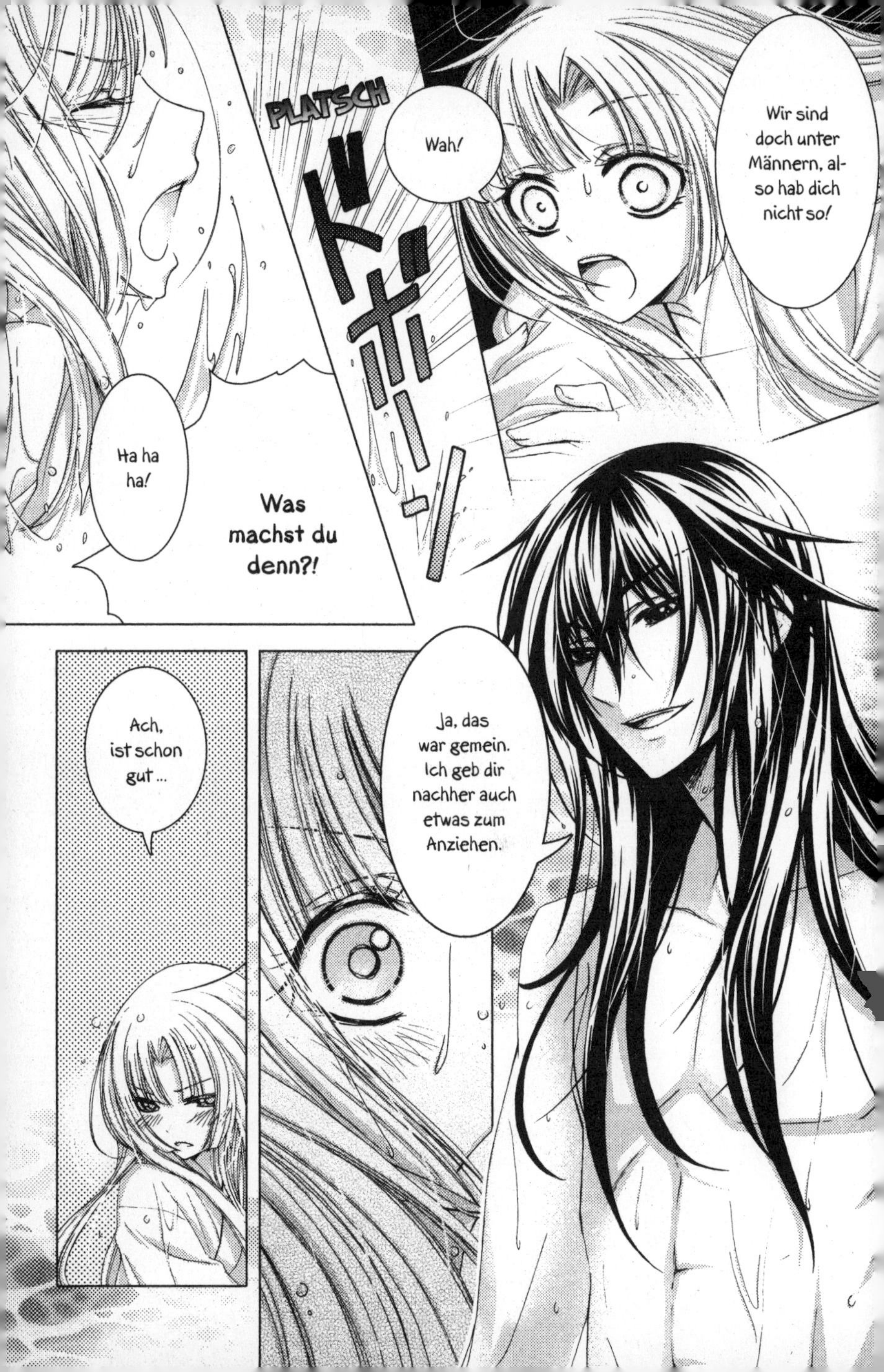
Wir sind doch unter Männern, also hab dich nicht so!
Wah!
PLATSCH
Was machst du denn?!
Ha ha ha!
Ja, das war gemein. Ich geb dir nachher auch etwas zum Anziehen.
Ach, ist schon gut ...

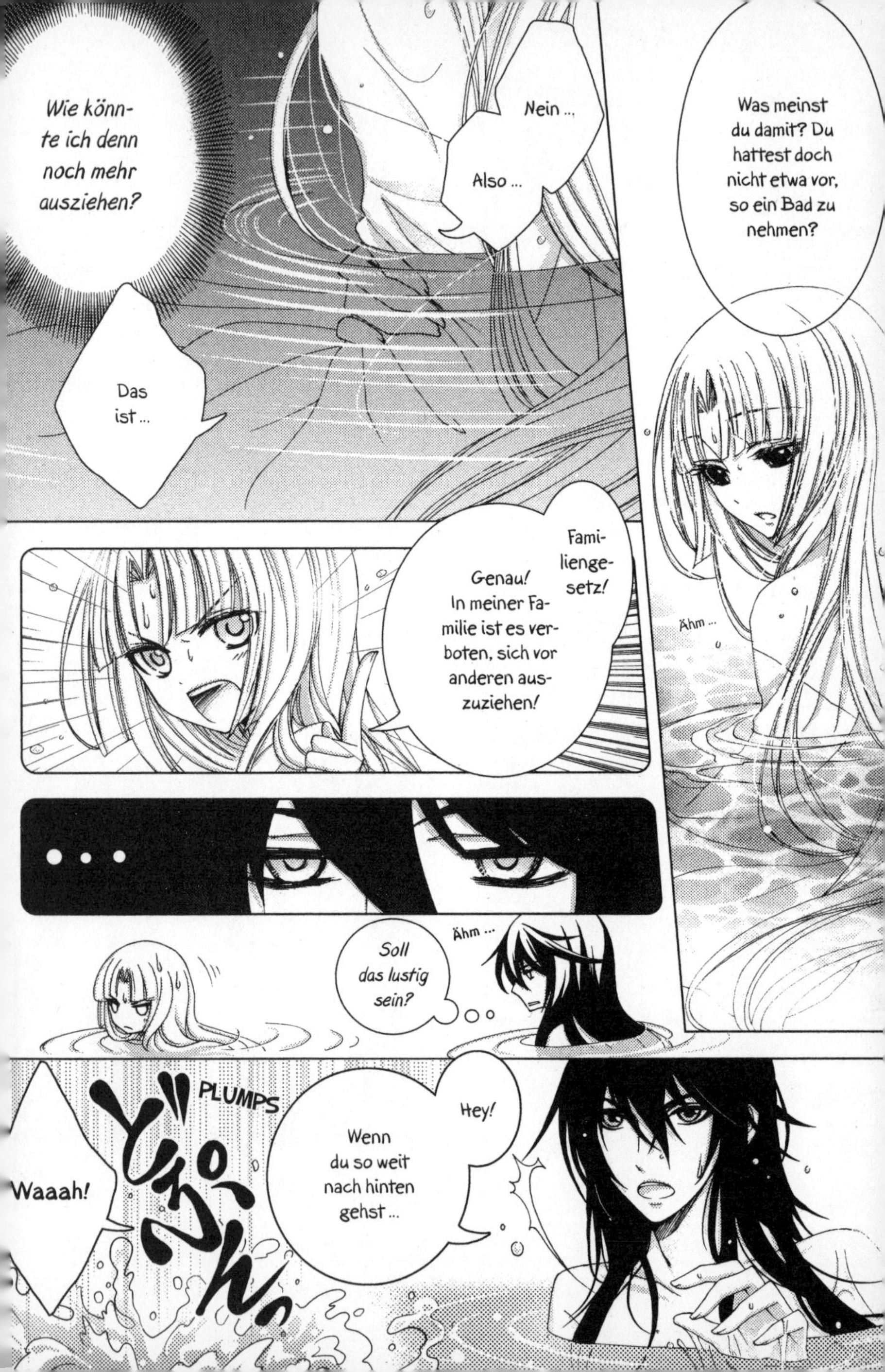
Was meinst du damit? Du hattest doch nicht etwa vor, so ein Bad zu nehmen?
Nein ...
Also ...
Wie könnte ich denn noch mehr ausziehen?
Das ist ...
Ähm ...
Familiengesetz!
Genau! In meiner Familie ist es verboten, sich vor anderen auszuziehen!
• • •
Ähm ...
Soll das lustig sein?
Hey!
Wenn du so weit nach hinten gehst ...
PLUMPS
Waaah!

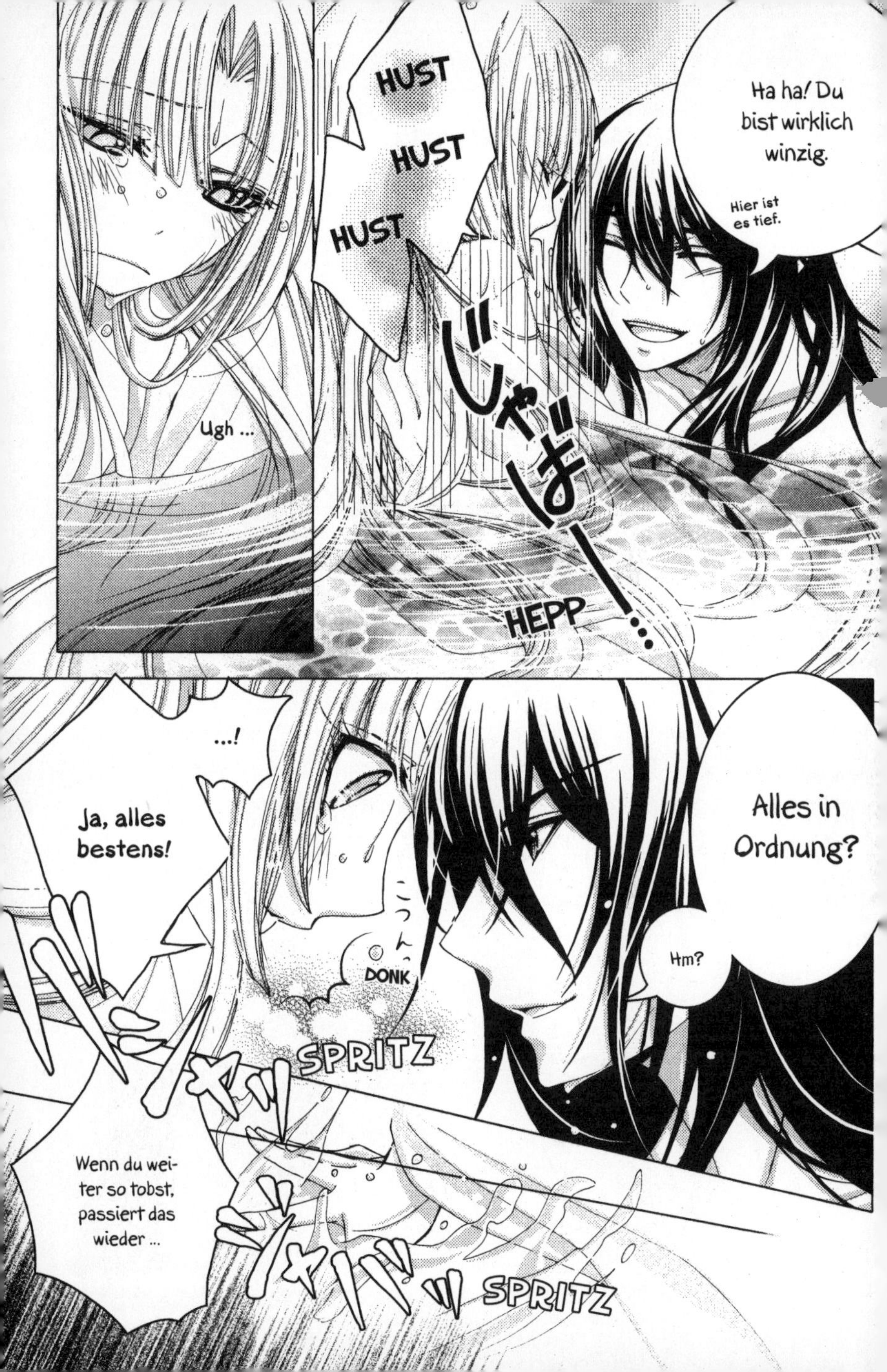
Ha ha! Du bist wirklich winzig.
Hier ist es tief.
HUST
HUST
HUST
じゃばー…
HEPP
Ugh ...
Alles in Ordnung?
Hm?
...!
Ja, alles bestens!
DONK
SPRITZ
Wenn du wei-
ter so tobst,
passiert das
wieder ...
SPRITZ

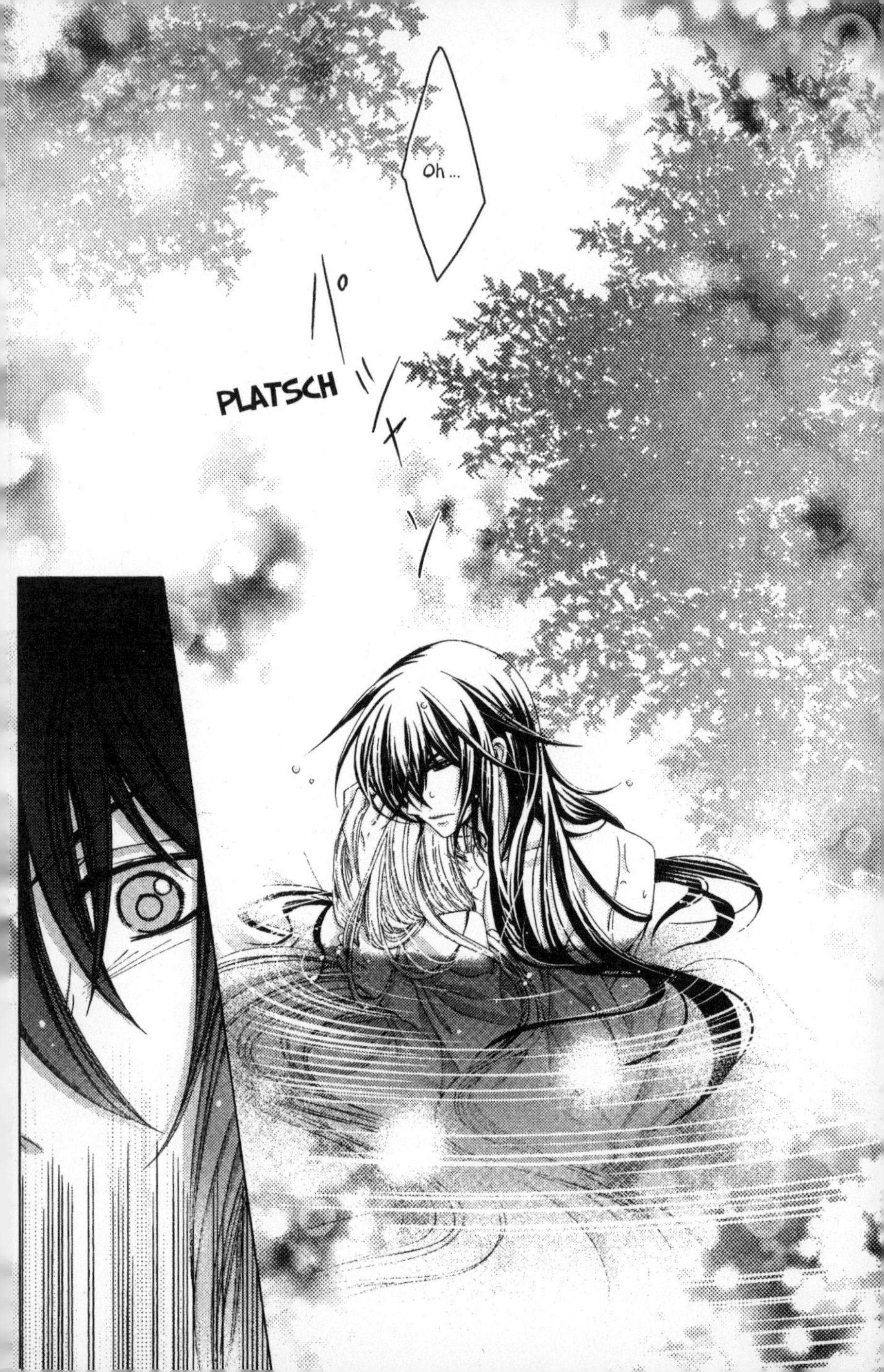
Oh ...
PLATSCH

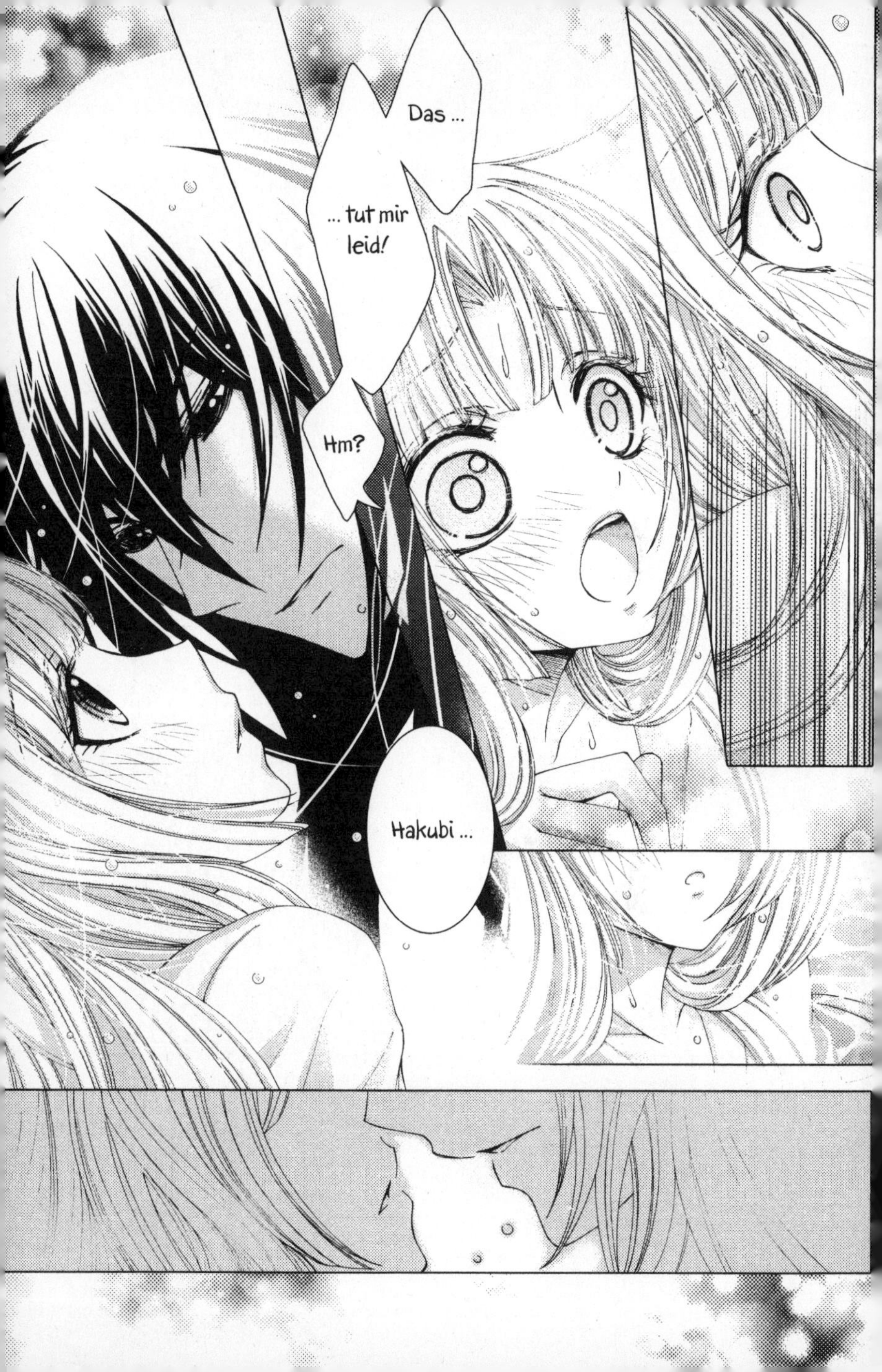
Das ...
... tut mir leid!
Hm?
Hakubi ...

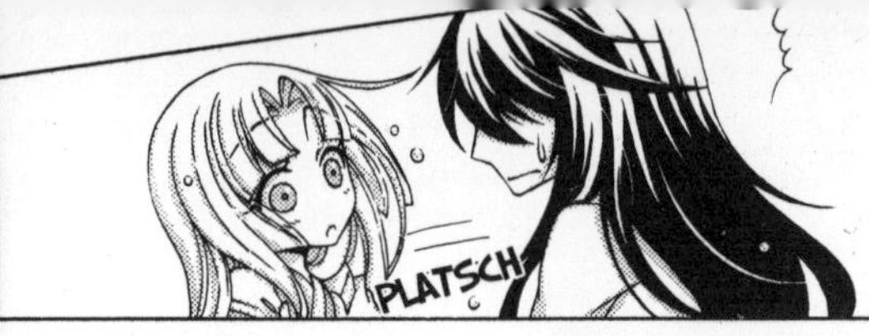

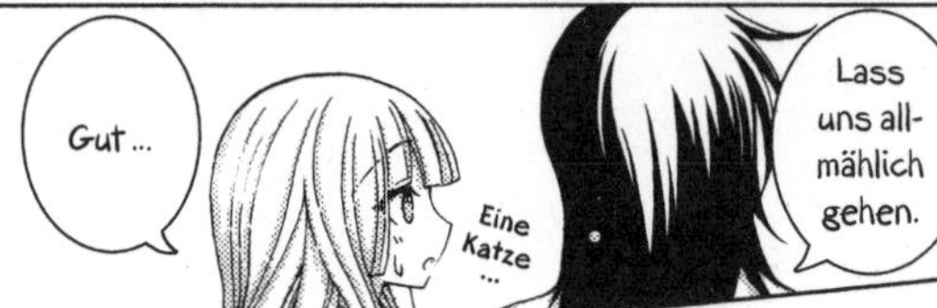

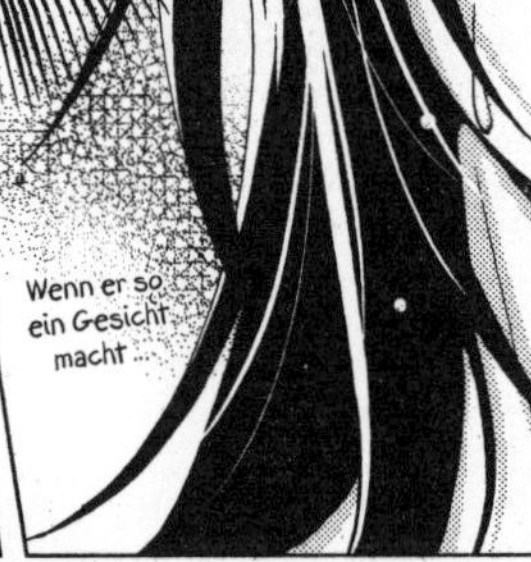

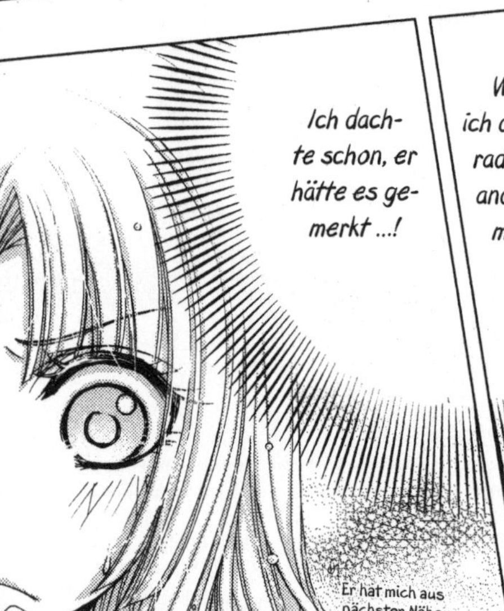

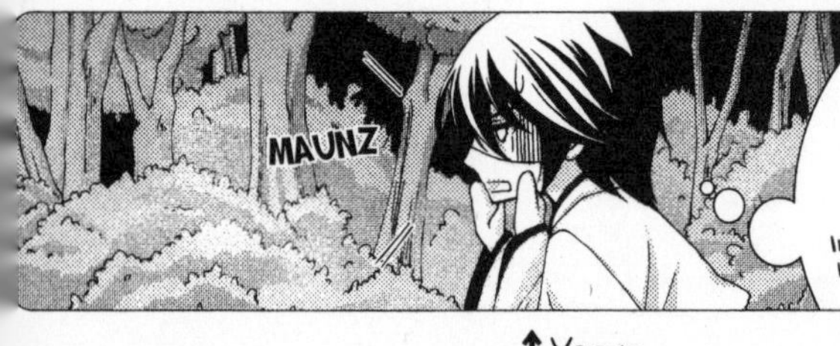

↑ Yaryo

Eine Blume und der sich im Wasser spiegelnde Mond – Ende

Bonus

Vor zehn Jahren

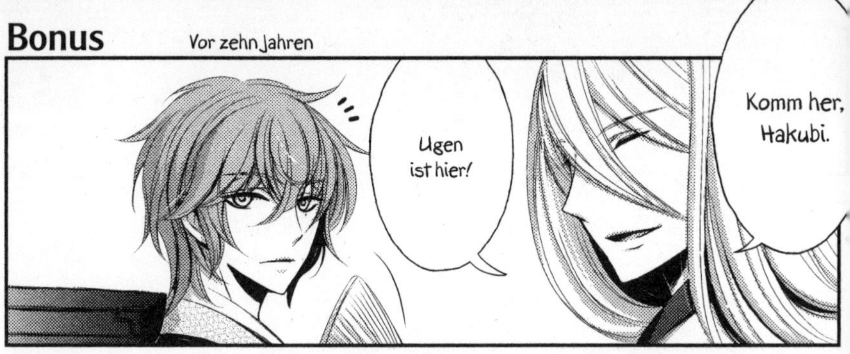

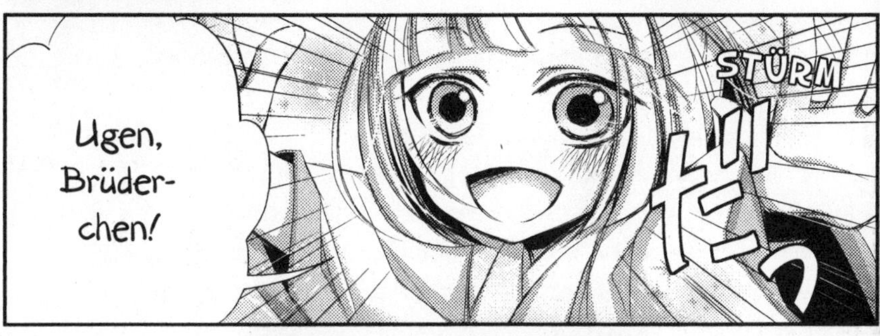

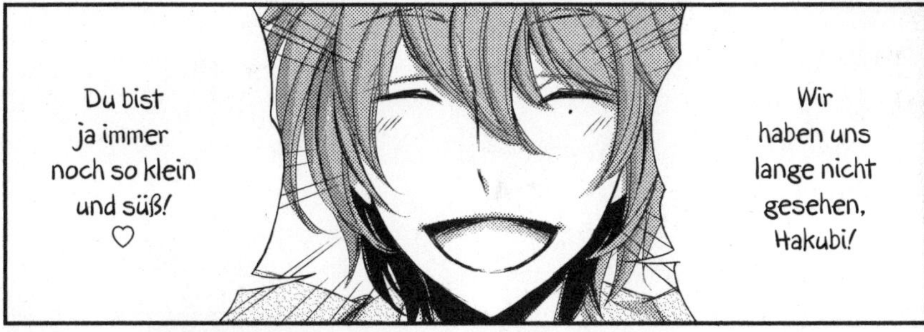

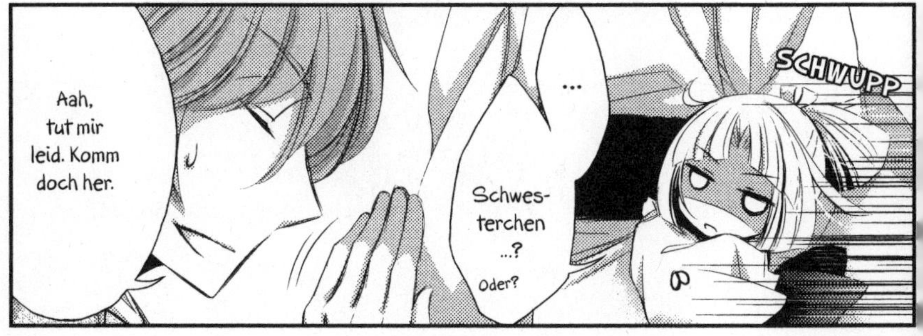

Kurzgeschichte: *Der Tänzer des Wassers*

Yumi Kawai

Der Duft, den die sanfte Brise zu ihm trug, ließ Soma innehalten.

Das war weder die Pflaume, die gerade in voller Blüte stand, noch der Geruch des Frühlingswindes. Dieser Duft, der ganz kurz seine Nase streifte, war viel süßer, viel schwächer und doch verführerischer.

Wo kam er nur her ...?

Soma blickte sich um.

Er befand sich an der Rückseite der Bühne der Nichirin-za, ganz in der Nähe des Kamogawa*.

Aber nein, es war nicht der Geruch des Flusses.

Der Duft war undeutlicher, jedoch wesentlich süßer. Es roch nach frischem Wasser, das geradewegs vom klaren Mond hinuntertropfte.

Frisch und sanft, wie der Duft einer Blume, und doch war es keine Blume. Und er weckte Sehnsüchte ... Der Geruch kam von dem tanzenden Jungen, den Soma erblickt hatte.

Dieser Junge war Hakubi von der Nichirin-za. Ohne Soma zu bemerken, war er vollkommen in seinen Tanz versunken und schwenkte seinen Fächer.

Es machte jedoch nicht den Anschein, als hätte er diesen Duft aufgetragen ...

Soma hatte den Jungen vor Kurzem zum ersten Mal tanzen sehen.

Er verfügte über eine natürliche Anmut, die sich von allen Tänzern unterschied, die Soma bisher gesehen hatte. Und jener Duft unterstrich diese nur noch.

*Fluss in Kyoto

Ach, der Duft des Wassers ...

Eine wunderschöne, aber gespenstische Prinzessin, die im Wasser lebt ...

Er erkannte in ihm die Rolle der Göttin des Wasserfalls.

Soma fand Gefallen an dem Gedanken, der ihm gerade gekommen war.

Das könnte durchaus interessant werden.

Wie wäre es, wenn sie ein neues Stück aufführten, mit Hakubi in der Rolle einer Göttin, der es nicht erlaubt ist, einen Menschen zu lieben? Die Geschichte einer leidenschaftlichen, aber tragischen Liebe zwischen einer Göttin und einem menschlichen Prinzen.

Er wollte ihn die erhabene und wunderschöne Göttin, die durch ihre erste Liebe den Verstand verliert, tanzen lassen.

Mit seinen eigenen Händen wollte er diesen Tänzer, der für ihn noch grob wie ein ungeschliffener Edelstein war, polieren, ihn unterrichten.

Er sollte nach seinen Vorstellungen tanzen.

Er konnte dieser Versuchung einfach nicht widerstehen.

Selbst mit diesem einfachen Gewand und einem alten Fächer war er zu solch einem faszinierenden Tanz fähig. Wie sehr würde er nur strahlen, wenn Soma sich seiner annahm?

Der Entschluss war gefasst.

»Ich bin beeindruckt. Hakubi, komme doch mit zu meiner Schauspieltruppe.«

Das war der Moment, in dem Soma sich entschied, Hakubi in die Yuki-za einzuladen.

Ende

Hakubis Blütentanz – Nachwort

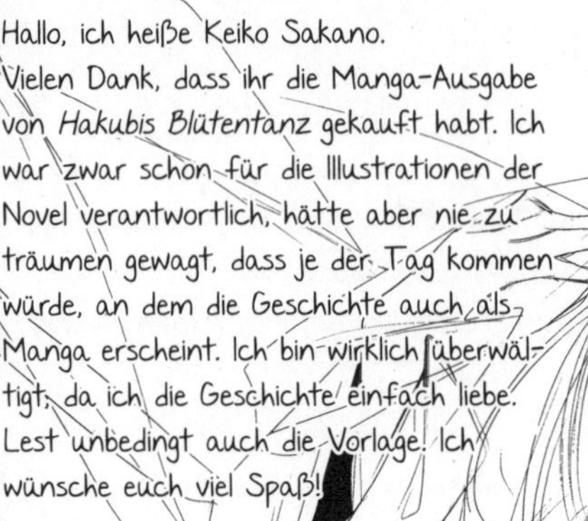

Hallo, ich heiße Keiko Sakano.
Vielen Dank, dass ihr die Manga-Ausgabe von *Hakubis Blütentanz* gekauft habt. Ich war zwar schon für die Illustrationen der Novel verantwortlich, hätte aber nie zu träumen gewagt, dass je der Tag kommen würde, an dem die Geschichte auch als Manga erscheint. Ich bin wirklich überwältigt, da ich die Geschichte einfach liebe. Lest unbedingt auch die Vorlage. Ich wünsche euch viel Spaß!

Für Hakubis Design diente mir Ushiwakamaru* als Vorlage. Somas Haarpracht soll an die dicken Perücken des No-Theaters erinnern.

Dieser Band beginnt mit einer tollen Szene und geht mit einer noch tolleren in den nächsten Band über, an dem ich mit voller Kraft arbeite. Ich würde mich freuen, wenn ihr dann auch wieder dabei seid!

Vielen Dank an:
Yumi Kawai und die Redaktion

Der Designer
R. Sasaki
Akiko Tanno
Toisto

Meine Mutter
Alle, die mich unterstützen

All meine Leser

Eure Keiko Sakano
*Minamoto no Yoshitsune, 1159-1189

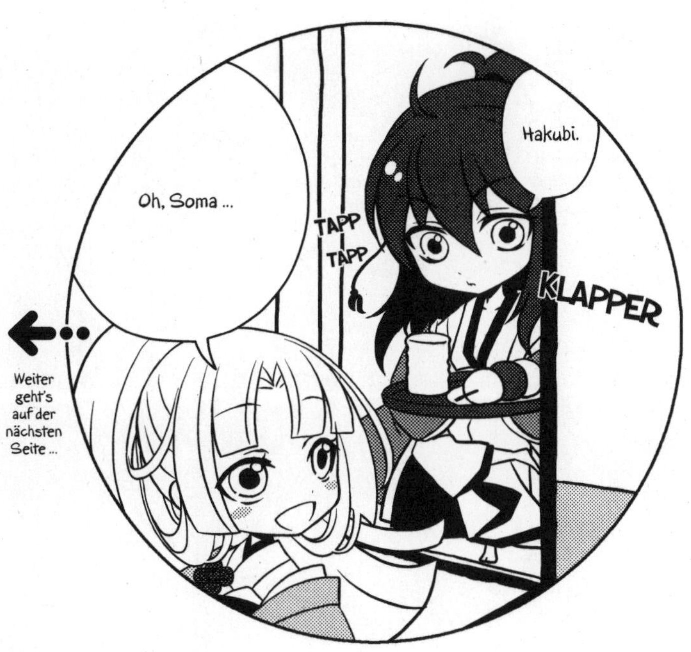

Weiter geht's auf der nächsten Seite ...

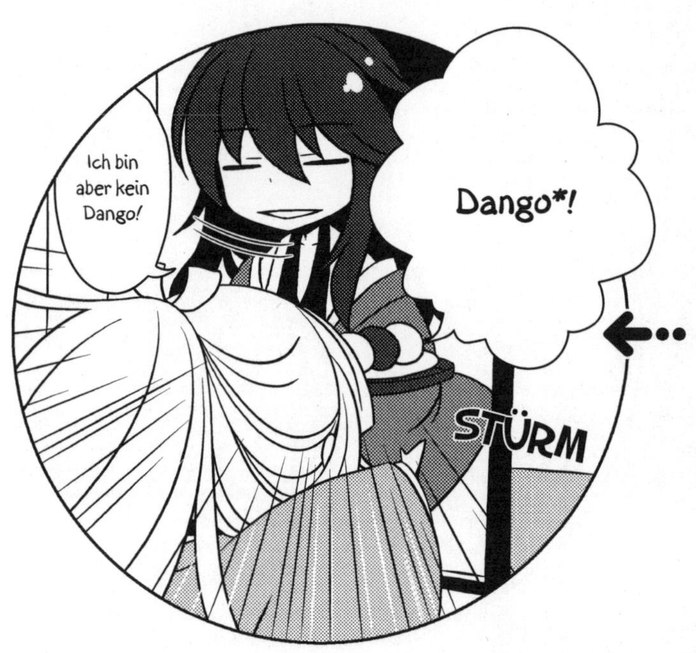

*süße Klöße aus Reismehl

Keiko Sakano

◆ Geboren am 23. Dezember, wohnt in Tokyo.

Hallo, ich heiße Keiko Sakano. Das hier ist mein allererster Manga-Band. Ich würde mich wirklich sehr freuen, wenn ihr euch auch ein wenig mit meinen anderen Werken beschäftigen würdet. Und denjenigen, die das schon getan haben, gefällt *Hakubis Blütentanz* hoffentlich genauso gut!

Yuumi Kawai

◆ Geboren am 14. Dezember, Blutgruppe A, wohnt in der Präfektur Chiba. Sie gewann den Leserpreis der 8. Kadokawa Beans Awards.

Hakubis Blütentanz ist ihr Debütwerk.

Ich bin so aufgeregt, dass eine meiner Geschichten nun zum ersten Mal in Mangaform erscheint. Ich hoffe, ihr habt viel Spaß beim Lesen!

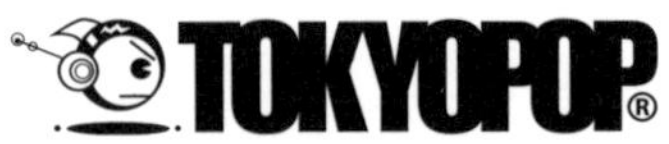

TOKYOPOP GmbH
Hamburg

TOKYOPOP
1. Auflage, 2019
Deutsche Ausgabe/German Edition

Aus dem Japanischen von Mareen Sickel

HANA HA SAKURA YORIMO HANA NO GOTOKU 1

First published in Japan in 2012
by KADOKAWA CORPORATION, Tokyo.
German translation rights arranged
with KADOKAWA CORPORATION, Tokyo
through TUTTLE-MORI AGENCY, INC., Tokyo.

Redaktion: Markus Rohde
Lettering: Vibrant Publishing Studio
Herstellung: Mathias Neumeyer
Druck und buchbinderische Verarbeitung:
CPI – Clausen & Bosse GmbH, Leck
Printed in Germany

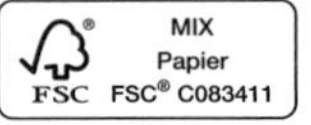

Wir achten auf die Umwelt.
Dieses Produkt besteht aus FSC®-zertifizierten und anderen kontrollierten Materialien.

ISBN 978-3-8420-4741-9

www.tokyopop.de

DEINE WUNDERSAME WELT

Keiko Sakano

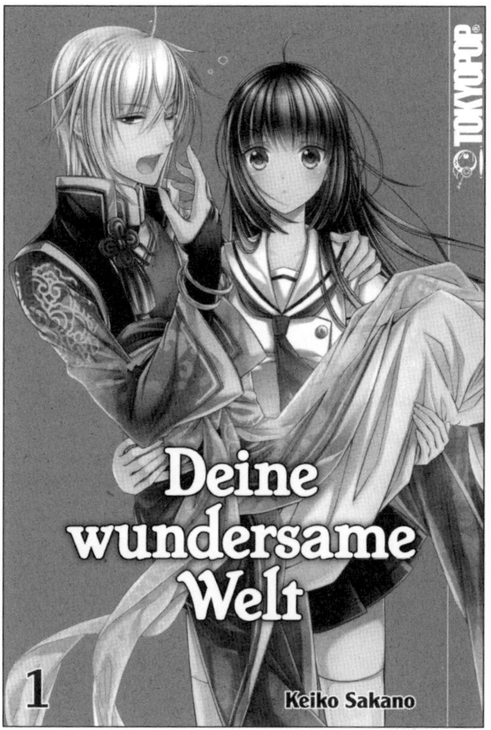

Wer kann sich dem Willen des Himmels entziehen?

Die Schülerin Saki gerät durch eine geheimnisvolle Schriftrolle in die Welt des Romans *Hoshin Engi* aus dem alten China. Dort trifft sie auf dessen Hauptfigur Shiga, der eine neue Dynastie errichten und alle Beteiligten zu Göttern ernennen soll. Doch Shiga benimmt sich so gar nicht wie ein Held, denn ihm ist jeder Handgriff zu viel. Saki will zwar unbedingt nach Hause zurück, doch sie kann ihre Augen nicht vor dem verschließen, was die Ernennung der Götter wirklich bedeutet ...

STOPP!

**Dies ist die letzte Seite des Buches!
Du willst dir doch nicht den Spaß verderben
und das Ende zuerst lesen, oder?**

Um die Geschichte unverfälscht und originalgetreu mitverfolgen zu können, musst du es wie die Japaner machen und von rechts nach links lesen. Deshalb schnell das Buch umdrehen und loslegen!

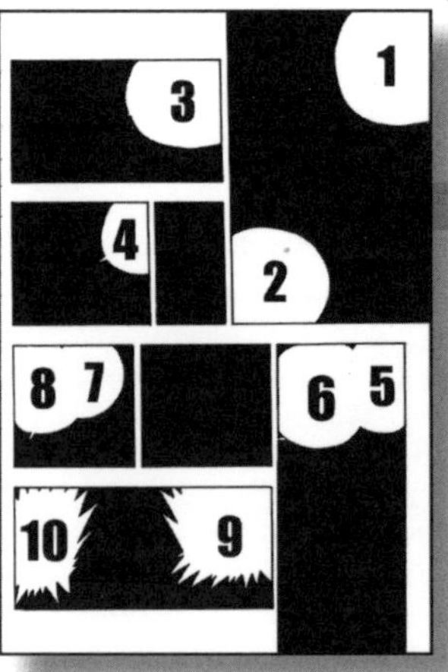

So geht's:

Wenn dies das erste Mal sein sollte, dass du einen Manga in den Händen hältst, kann dir die Grafik helfen, dich zurechtzufinden: Fang einfach oben rechts an zu lesen und arbeite dich nach unten links vor. Viel Spaß dabei wünscht dir TOKYOPOP®!